Puyol

Puyol
La biografía

Lluís Lainz

Prólogo de Louis van Gaal
Epílogo de Vicente del Bosque

© Lluís Lainz i Bech, 2013

Primera edición: noviembre de 2013

© de esta edición: Roca Editorial de Libros, S.L.
Av. Marquès de l'Argentera 17, pral.
08003 Barcelona
info@editorialcorner.com
www.editorialcorner.com

Impreso por EGEDSA
Roís de Corella 12-16, nave 1
Sabadell (Barcelona)

ISBN: 978-84-15242-51-2
Depósito legal: B. 23.642-2013
Código IBIC: WSJA

A todos aquellos que escriben su historia
con la letra del trabajo,
la humildad y el compromiso.

El destino es el que baraja las cartas,
pero nosotros somos quienes las jugamos.

WILLIAM SHAKESPEARE

Índice

Prólogo

por Louis van Gaal

Cuando fui presentado como entrenador del Fútbol Club Barcelona, en verano de 1997, tenía muy claro que muchos jugadores con talento estaban esperando una oportunidad para jugar en el primer equipo. El club tenía, por aquel entonces, dos equipos filiales y un magnífico juvenil. El segundo acababa de bajar a Segunda División B y el Barcelona C había realizado una campaña magnífica en Tercera División, con Josep Maria Gonzalvo como entrenador y con futbolistas jóvenes, pero con mucho futuro. Entre ellos estaba Carles Puyol.

El club decidió que Gonzalvo dirigiera al Barcelona B y afrontara el reto de devolver al equipo a Segunda División A. Y quiso que lo hiciera sobre la base de la misma plantilla que había tenido la temporada anterior. Aunque aquel verano Gerard López había abandonado el Barça para fichar por el Valencia, el equipo consiguió el ascenso y cumplió, también, con la importante función de preparar futbolistas para el primer equipo.

Recuerdo que en los primeros entrenamientos y partidos del segundo equipo, me llamó mucho la atención el gran talento de Xavi, que todavía era juvenil, pero también me sorprendió la gran capacidad de trabajo de Gabri y la enorme personalidad de Puyol. Lógicamente, mantuve muchas conversaciones con los técnicos. Tenía interés por conocer todos los detalles sobre los jugadores con posibilidades de llegar al primer equipo. Me contaron que el joven centrocampista que llamaba la atención por su larga melena había empezado a jugar de portero y que una lesión de columna le obligó a convertirse en un jugador de campo.

Después de actuar en posiciones distintas, llegó al Barcelona. Muchos en el club consideraban que no era lo suficientemente bueno para llegar a la cima. Pero yo no quise perder a un jugador con un carácter como el suyo y le di la oportunidad de incorporarse a la primera plantilla, en principio como suplente de Reiziger. Y la verdad es que nunca me arrepentí de hacerle jugar como lateral derecho.

El día 2 de octubre de 1999 debutó en el primer equipo frente al Real Valladolid. Esa temporada jugó un total de veinticuatro partidos. Ese mismo año también le hice debutar en la Champions League. El resto de su carrera es bien conocido por todos. Carles Puyol tuvo una magnífica progresión y se convirtió en un héroe. Desde la posición de lateral derecho pasó a ocupar la de defensa central y sus éxitos se extendieron también hasta la selección española, con la que en el año 2013 alcanzó los cien partidos internacionales disputados.

Si hablamos de títulos, Puyol ha conseguido todo aquello con lo que puede soñar un futbolista. Siendo capitán del Barcelona ha levantado trofeos tan prestigiosos como la Champions League, la Supercopa de Europa, el Mundial de Clubs, la Liga, la Copa del Rey o la Supercopa de España. Y con la selección ha sido medalla de plata en los Juegos Olímpicos de Sídney, campeón de Europa y campeón del Mundo. En fin, una carrera excepcional que solo está al alcance de unos pocos.

Su carácter es bien conocido también. Carles Puyol fue y sigue siendo un tipo perseverante. Es un fantástico jugador de equipo, que tiene el poder de animar y corregir a jugadores estrella y, al mismo tiempo, hacerse menos importante. Y ha sido precisamente por sus valores humanos por lo que se ha convertido en un símbolo del Fútbol Club Barcelona y también de Catalunya. Su compromiso, su capacidad de sacrificio, su solidaridad con los compañeros, su empatía, su sencillez y su humildad son grandes, muy grandes.

En cuanto a la relación que tuvimos fue espléndida. Siempre ha sido difícil para un entrenador construir una buena relación profesional y personal con los jugadores, porque nuestro mundo funciona a un ritmo frenético. Pero Carles y yo conectamos muy bien desde el primer momento. Hoy, con la perspectiva del tiempo, le sigo viendo como un fantástico profesional, con el corazón colocado en el sitio correcto y con un altísimo nivel de honestidad y de sinceridad. Además, siempre apoyó y ofreció respuestas correctas a sus compañeros y también a mí mismo.

Podría contar muchas anécdotas con las que reforzar los conceptos que estoy escribiendo sobre él. Pero creo que es suficiente recordar una que refleja su forma de ser y su compromiso con el equipo y el club. En mi segunda etapa, los resultados no estaban siendo buenos y se cuestionaba mi continuidad al frente del equipo. Íbamos a jugar en Palma, contra el Real Mallorca. Carles estaba lesionado y quería hacer algo por el equipo y también para ayudarme a mí. Entró en el vestuario y me pidió que le permitiera viajar con nosotros. Yo no podía negarme. Al contrario, su actitud era muy importante y nos ayudó a todos a superar aquel difícil momento.

Para mí, como entrenador, fue una extensión muy importante en el vestuario y también en el campo. Y para todos es, y debe de ser, un ejemplo, un modelo a seguir. Sus cualidades como futbolista son conocidas por todos, como también es conocido su larguísimo y brillante historial como futbolista de élite. Pero en mi opinión y, por encima de todo, es un gran ser humano, del que los lectores podrán conocer muchas cosas a través de esta magnífica biografía de mi amigo Lluís. Personalmente, solo puedo terminar diciendo que me siento honrado de haber tenido la oportunidad de trabajar con Carles Puyol.

LOUIS VAN GAAL,
seleccionador nacional de Holanda

Introducción

$\mathcal{N}$o resulta nada fácil, sino todo lo contrario, sumergirse en la vida de una persona, sea quien sea, y plasmar después todos sus datos en una biografía. Cada fuente de información que consultamos nos aporta elementos con los que enriquecer la historia que pretendemos contar, pero la memoria y la visión de cada uno de los que participan en esa recopilación de hechos y de anécdotas son distintas. De hecho, resulta frecuente que una misma historia sea contada de una manera sustancialmente diferente por todos y cada uno de los que la vivieron.

Esta biografía de Carles Puyol no iba a ser una excepción. Es cierto que conozco al personaje de un modo bastante amplio, porque he tenido la inmensa fortuna de vivir en primera persona muchos de los episodios de su vida. Pero las personas, todas, solemos guardarnos cosas para nosotros mismos y eso hace que llegar a conocer a alguien al cien por cien resulte imposible, incluso cuando tienes la posibilidad de consultar a gente que ha estado ahí y que puede referirte las cosas de un modo directo y, por tanto, en primera persona.

En uno de sus poemas, Ramón de Campoamor escribió que «en este mundo traidor, nada es verdad ni es mentira; todo es según el color del cristal con que se mira». Y eso es así y vale, también, a la hora de contar la vida de Carles Puyol. Cuando he preguntado por él, nadie ha tenido una mala palabra. Pero se han producido enormes contradicciones entre personas que, supuestamente, vivieron los hechos origen de las consultas. Mas aún, el propio Puyol escribió en el prólogo de *De puertas adentro. Los 113 años del FC Barcelona contados en 113 historias* (Editorial Córner, octubre 2012) que se había enterado de cosas relacionadas con su propia vida leyendo el borrador del libro.

Al margen de estas breves consideraciones, quiero dejar constancia expresa de que esta biografía de Puyol, entendida únicamente como el relato de su vida, no es ni más ni menos que eso: una recopilación de hechos y anécdotas de los treinta y cinco años que han transcurrido desde su nacimiento hasta finales de septiembre de 2013. Es obvio que la mayoría de las páginas de este libro se corresponden a la trayectoria profesional de un tipo ejemplar, no por su virtuosismo con el balón en los pies, sino por el carácter, la fuerza de voluntad y la capacidad de hacer frente a todas las dificultades que han marcado y seguirán marcando su carrera y su existencia.

También se refieren cosas del ámbito de su vida privada. No demasiadas, porque Carles ha sido siempre un celoso guardián de su intimidad y porque, autorizada o no, esta biografía no tendría razón de ser al margen de su condición de futbolista. Carles Puyol ha cumplido ya diecisiete temporadas en el Fútbol Club Barcelona y cien partidos con la selección española. Las suyas son cifras a las que solo han llegado unos pocos privilegiados. Y no todos han podido levantar tantos y tantos trofeos como él. Desde la Copa del Rey de juveniles, que conquistó en junio de 1996, hasta el trofeo del Campeonato de Liga que levantó en mayo de 2013, ha encadenado toda clase de títulos colectivos e individuales, de club y de selección.

Solo Xavi Hernández le supera en el ámbito de las estadísticas globales. Y únicamente Paco Gento, Víctor Valdés, Iker Casillas, Andrés Iniesta y Lionel Messi le igualan en títulos. Es cierto que Carles Puyol ha pertenecido a una generación única y quien sabe si irrepetible. También es verdad que el protagonista de esta biografía no puede competir en talento con muchos de los compañeros de su viaje por la historia del fútbol. Pero, más allá de aspectos relacionados con la condición física, la calidad técnica y la capacidad táctica, ninguno de ellos, absolutamente ninguno, puede superarle en valores tan fundamentales en el fútbol y en la vida como la actitud ante el trabajo y la perseverancia en el compromiso.

Nacido en Vielha

*E*l refranero español dice que el hombre no es de donde nace, sino de donde pace. Discutible o no, porque todos los dichos suelen tener su contrario, la verdad es que si le preguntas a Carles Puyol por algo tan simple como el nombre de la población en la que nació, siempre responde con orgullo y un punto de tozudez: «En La Pobla de Segur». Pero eso no es técnicamente cierto. La verdad, toda la verdad y nada más que la verdad es que el protagonista de esta biografía nació en Vielha, en plena Vall d'Aran. Y no fue precisamente por casualidad.

Josep Puyol, el padre de Carles, había nacido en Mas de Gras, una típica masía catalana situada en la Vall d'Adons, un paraje singular y rodeado de montañas, a apenas veinte kilómetros de La Pobla de Segur. El valle se encuentra en la comarca de la Alta Ribagorça, está adscrito al término municipal de Pont de Suert y se encuentra a 1.356 metros de altura sobre el nivel del mar. A escasa distancia de la casa familiar, todavía existe un pequeño municipio que tiene el nombre de Adons y que hoy tiene solo cuatro habitantes.

Adons es una localidad con una historia milenaria. En el año 961 ya se tenía constancia de la existencia de su castillo, del que apenas quedan los restos de una muralla, en lo alto de la roca que domina el pueblo. Tampoco quedan demasiadas piedras de la original iglesia románica de Sant Vicenç, antigua parroquia que llegó a contar con tres sacerdotes y que, durante la Edad Media, perteneció al obispado de Roda de Ribagorça. Famosa por su sagrario de madera dorada, que se conserva en el Museu Diocesà de Lleida, la iglesia fue construida bajo los dominios de los barones de Erill, los señores de aquellas tierras.

Los señoríos fueron una institución similar a los feudos.

Como tal, la figura del señorío consistía en la adjudicación de tierras y de vasallos que la Corona hacía a determinadas familias como recompensa por los servicios prestados. Estos privilegios permitían a la monarquía ejercer un control social, económico y político sobre las diferentes zonas. La Constitución de 1812, la de las Cortes de Cádiz, puso fin a estas instituciones, cuya extinción definitiva se produjo en el año 1831.

Más allá de estas acotaciones, el hecho es que Mas de Gras tiene un significado muy especial para Puyol. Y no solo porque su padre, por quien siempre tuvo verdadera devoción, naciera allí. Como se verá en otros capítulos, Carles pasó en aquella masía muchos fines de semana antes de trasladarse a Barcelona, ya cumplidos los diecisiete años. Hoy, la casa de la familia, que fue construida en el siglo XI y remodelada en diversas ocasiones, está deshabitada. De hecho, la última persona que residió en la masía fue Ramona, su abuela paterna, que nunca quiso trasladarse a vivir a La Pobla de Segur, como le proponía frecuentemente su hijo Josep.

La madre de Carles, Rosa Saforcada, tiene sus orígenes familiares en Arrés, un pequeño municipio de la comarca de la Vall d'Aran, situada en el margen derecho del río Garona. La localidad, formada por Arrés de Jos, Arrés de Sus y Era Bordeta, llegó a tener unos doscientos habitantes en la década de los años treinta, pero actualmente apenas cuenta con una treintena de vecinos. Arrés se encuentra a catorce kilómetros de Vielha, la ciudad en la que Rosa conoció a Josep Puyol, quien se había trasladado hasta la capital de la Vall d'Aran por motivos laborales.

En 1975, la pareja contrajo matrimonio en la iglesia de Santa Maria de Balaguer, un magnífico templo gótico que fue construido entre los siglos XIV y XVI, bajo el impulso de la condesa Cecilia de Cominges. Las obras se iniciaron en 1351 y la consagración no se produjo hasta 1558. Semejante tardanza en la construcción fue debida tanto al gran tamaño de la iglesia (mide sesenta y cinco metros de largo, veinticinco de ancho y otros veinticinco de alto) como a la gran dificultad que hubo en muchos momentos para hacer frente al coste de las obras. Eso condicionó en parte la pureza del estilo del templo. Aun así, está considerado monumento histórico artístico.

Unos días después de la boda, la joven pareja regresó a Vielha para proseguir su ritmo de vida cotidiano. En solo unas semanas, Rosa se quedó embarazada del que sería el primero de sus dos hijos. Nació en el hospital de Vielha, donde la madre fue bien atendida por el doctor Serrano. El primer vástago de la familia Puyol-Saforcada fue bautizado con el nombre de Josep Xavier, aunque pronto y familiarmente empezaron a llamarle «Putxi».

Transcurridos apenas unos meses, Josep Puyol tuvo que hacerse cargo de la casa familiar de la Vall d'Adons. Sus padres ya eran mayores y no podían atender de la forma más adecuada el ingente trabajo que representaba cuidar las tierras de labranza y también el ganado que había en Mas de Gras. Así que Josep, Rosa y el pequeño Josep Xavier abandonaron Vielha y se trasladaron a la masía, que se encuentra a unos diecisiete kilómetros de la población de Pont de Suert.

Fue poco después, muy poco después, cuando Josep y Rosa tomaron la decisión de instalarse en una zona urbanizada. No querían que Josep Xavier, de apenas tres meses de edad, se criara en un lugar agreste y tan alejado de la civilización. Así que sopesaron las ventajas y los inconvenientes de la mudanza y se trasladaron, ahora con carácter definitivo, a La Pobla de Segur. Se trataba y se trata del segundo municipio más relevante de la comarca del Pallars Jussà, cuya capital es Tremp.

La Pobla de Segur está considerada como la puerta del Pirineo de Lleida. El municipio está delimitado por la confluencia de los ríos Noguera Pallaresa y Flamisell, que se reúnen en el pantano de Sant Antoni. El embalse fue construido a partir de 1913 por la empresa canadiense Barcelona Traction, Light and Power Company Limited. Tiene una superficie de 927 hectáreas y, por su tamaño y su capacidad, es el quinto pantano más grande de Catalunya. El agua que se acumula a partir de la presa situada frente al municipio de Talarn, se usa con fines hidroeléctricos, para el regadío y también para el consumo doméstico. El aprovechamiento de energía que produce el pantano está calculado en torno a los 30.000 kilovatios de potencia.

Existen documentos relativos a La Pobla de Segur que datan del año 976. Según dichos textos, el nombre de la población tiene que ver con dos conceptos. El primero, se refiere a la formación de un núcleo nuevo, creado a partir de un proyecto de población que otorgaba determinados privilegios y propiedades a quienes accedieran a instalarse allí para llevar a cabo la activación de la zona. La segunda parte del topónimo tiene que ver, según los historiadores, con el término céltico «segodunum».

La Pobla de Segur mantiene un nivel de población similar al que alcanzó a mediados del siglo XX. Desde entonces ha sufrido pequeñas oscilaciones, al alza o a la baja, y hoy tiene 3.156 habitantes.

Abandonar Mas de Gras en beneficio de la familia, obligó a Josep Puyol a llevar a cabo un sacrificio. A partir de ahora tendría que cubrir diariamente la distancia entre La Pobla de Segur y la Vall d'Adons para mantener la casa de la familia. Es decir para que las tierras y el ganado siguieran siendo productivos. Eso sí, Rosa y Josep Xavier se instalaban en la masía durante los fines de semana.

En verano de 1977, la alegría invadió de nuevo a la familia. Rosa Saforcada se había quedado embarazada otra vez. Así, en la primavera de 1978, Josep Xavier iba a tener un hermanito. Según todos los cálculos, la criatura iba a nacer a mediados de la segunda quincena del mes de abril. Eso al menos es lo que creían todos y, de forma especial, el doctor Serrano. Porque Rosa había decidido que, a pesar de la distancia entre La Pobla de Segur y Vielha, quería que el parto de su segundo hijo fuera atendido por el mismo ginecólogo que cuidó de su primer embarazo.

A primeros del mes de abril, Rosa Saforcada se desplazó hasta la capital de la Vall d'Aran. Se instaló en casa de su familia, con la intención de descansar el máximo posible durante los últimos días de su embarazo y estar lo más cerca posible del hospital de Vielha. El parto se adelantó unos días y el 13 de abril de 1978 vino al mundo Carles Puyol. El doctor

Serrano, su comadrona y sus enfermeras tuvieron un parto relativamente plácido, a pesar de que la criatura vino al mundo con cuatro quilos de peso y eso siempre suele complicar un poquito las cosas.

La estancia de Rosa y el pequeño Carles en el hospital de Vielha fue corta. Apenas estuvieron allí durante los tres días que la madre necesitó para recuperarse del parto. Así, el día 16 de abril, la familia reemprendió viaje de regreso a La Pobla de Segur. Hoy en día, y salvo que el puerto de la Bonaigua se encuentre cerrado o deba transitarse por él con cadenas, el trayecto que separa la capital de la Vall d'Aran y la casa de los Puyol puede realizarse en algo más de una hora. Pero Josep condujo su coche despacito para hacer que el trayecto, muy sinuoso, resultara lo más cómodo posible para la madre y para el recién nacido.

Es obvio que el certificado de nacimiento de Carles dice que vino al mundo en el hospital de Vielha. Por lo tanto, en el Registro Civil, en su Libro de Familia y, a partir de ahí, en todos los documentos oficiales, se indica que es natural de Vielha. Pero Puyol se siente tan identificado con la ciudad en la que vivió hasta que se trasladó a Barcelona que siempre que le preguntan dónde nació, responde que es de La Pobla de Segur. Y lo hace con tanto orgullo y fuerza interior, que a nadie nos queda la menor duda ni, por supuesto, pizca de ganas de discutírselo.

Una infancia feliz

Suele decirse que la fecha de nacimiento y la alineación de los planetas en el momento en que nacemos tienen una gran influencia en nuestra forma de ser, en nuestro carácter, en nuestras virtudes y nuestros defectos. No pienso rebatirlo y, mucho menos, teniendo en cuenta que la astrología es una ciencia y que los buenos astrólogos son capaces de definir nuestros principales rasgos de personalidad con una extraordinaria exactitud. Únicamente necesitan que les hagamos saber la fecha y la hora exactas de nuestro aterrizaje en el mundo.

Carles nació bajo el signo solar de Aries, que está representado por la figura de un carnero. Es, por tanto, un signo de fuego. Los auténticos expertos le definen de un modo que coincide de una forma casi absoluta con el Puyol al que conocen sus mejores amigos. Todos ellos le consideran una persona amistosa, aunque de modales enérgicos; firme en el apretón de manos; de sonrisa fácil; entregado a causas idealistas y humanitarias; defensor de los débiles y luchador ante la injusticia; decidido a la hora de expresar sus opiniones y de pelear por sus retos; aparentemente ingenuo, pero atrevido e intrépido hasta el punto de no tenerle miedo a nada ni a nadie; capaz de levantarse tantas veces como sea necesario y afrontar siempre un nuevo intento, aun a riesgo de volver a caer; fantasioso y soñador; e incapaz de decir una mentira sin que se le note.

Incluso su imagen física responde al prototipo de Aries que describen los expertos. Basta con reproducir unas líneas de la obra *Sun signs*, de Linda Goodman, para darse cuenta de que es así: «El aspecto físico del carnero es bien fácil de reconocer. Los aries tienen rasgos decididos, habitualmente bien delimitados, raras veces blandos o borrosos. Las cejas, bien marcadas, suelen juntarse con el estrecho puente de la nariz, hasta formar el signo del carnero, tal vez para advertir, a quien se le pueda ocurrir la tonta idea de intentar detenerle o someterle, que esos cuernos simbólicos van en serio». Goodman añade que «es posible encontrarle algún lunar o cicatriz en la cabeza o en la cara... / ... Tanto los hombres como las mujeres de este signo tienen normalmente los hombros anchos y no es extraño que caminen con el cuerpo un poco inclinado hacia delante, guiándose con la cabeza, por así decirlo, y casi siempre con mucha prisa».

Quizá lo que más sorprende de las definiciones de Goodman es todo lo que se refiere a la salud de los nacidos en el mismo signo que Puyol: «Todos los Aries, en algún momento de su vida, mostrarán alguna forma de comportamiento temerario que les signifique sufrir heridas en la cabeza o en la cara. También serán probables los cortes y quemaduras, y los dolores de cabeza, a veces tan intensos que pueden llegar a la jaqueca... / ... Las erosiones cutáneas, los dolores en las rodillas y las molestias estomacales se encarnizan también con quienes nacen a fines de marzo y durante abril... / ... Cuando lo veáis confinado en cama, y casi sin habla, podéis estar seguros de que está realmente enfermo. Aun así, para mantenerle acostado es posible que se necesite un par de esposas».

Linda Goodman refiere que los rasgos de la personalidad de los distintos signos del zodiaco son perceptibles desde la infancia. Destaca que «es probable que Aries camine antes que otros niños y, sin duda alguna, hablará antes» y afirma que «los niños Aries serán los líderes entre sus compañeros de juego» y, como quien no quiere la cosa, desliza que «el metal de Aries es el hierro y su piedra, el diamante, la sustancia más dura que se conoce». El estudio del niño, el hombre, el empleado o el jefe de ese signo sigue ofreciendo pautas que, por muy genéricas que resulten, se ajustan perfectamente a la forma de ser y a los comportamientos que Carles Puyol ha mostrado a lo largo de su vida. Una vida que se inició con una infancia feliz, que su gente y él mismo han recordado a través de sus episodios más llamativos.

Su madre, Rosa Saforcada, siempre ha referido que su segundo hijo empezó a andar a los nueve meses, dando vueltas alrededor del sofá. También ha dicho que Carles fue un niño que difícilmente se estaba quieto y que no se cansaba nunca de ir de acá para allá. Todos coinciden, por otra parte, en que esa forma de ser le venía heredada por vía paterna, ya que tanto su padre, Josep, como su abuelo, que también se llamaba Josep, eran inquietos y activos como él. Difícilmente, eso sí, sus dos antepasados más próximos protagonizaran tantas anécdotas y gamberradas en sus primeros años de existencia.

Ordenarlas en el tiempo se hace difícil, porque cuando alguien nos pregunta por episodios de la vida de terceras personas, todos solemos contar las cosas de un modo desordenado. Es como si, a medida que vamos explicando historias, nos vinieran a la cabeza otras nuevas. O quizá sea que no somos capaces de establecer si este o aquel hecho fueron anteriores o posteriores en el tiempo. Y eso también le ha sucedido a los amigos, compañeros o entrenadores que han contribuido, con sus generosas aportaciones, a enriquecer el anecdotario de esta biografía. Aun así, es de justicia reconocer que el propio Puyol ya refirió unas cuantas de las primeras gestas de su infancia en el libro que, escrito por el periodista Albert Masnou, se puso a la venta con ocasión del día de Sant Jordi de 2003, cuando Carles acababa de cumplir veinticinco años y aún no había ganado ningún titulo como profesional.

Más allá de que le llamaran «el hombre del saco» por su extraordinaria afición a recoger todo lo que se iba encontrando por encima de las mesas, bien en Mas de Gras o bien en el piso de La Pobla de Segur, siempre me ha llamado poderosamente la atención que la primera vocación de Carles Puyol fuera ser policía. La cosa es que en verano de 1982, mientras se disputaba el Mundial de España de fútbol, la familia Puyol Saforcada decidió pasar unos días de vacaciones en la playa. Junto a unos amigos de los padres, alquilaron un apartamento en la Costa Brava. Concretamente en el municipio de Roses. Todas las mañanas iban a la playa. Y un buen día, Carles sobresaltó a todos con su repentina desaparición.

Hasta ahí, nada que no haya sucedido en otras muchas familias. La mía, sin ir más lejos. Pero el desenlace de la historia fue distinto. Resulta que a Carles Puyol le entraron ganas de hacer pipí. Ni corto ni perezoso, dejó a su hermano Josep Xavier y a los hijos del matrimonio amigo de sus padres, y se fue en busca de un lugar discreto en el que dar salida a su necesidad fisiológica. Su madre empezó a desesperarse tan pronto como le echó en falta y, según recuerda Josep Xavier, no paraba de decir que en cuanto apareciera Carles, recogían los bártulos y regresaban a La Pobla de Segur. En esto, una pareja de policías municipales apareció con el niño cogido de la mano. Unas chicas extranjeras le habían encontrado en el paseo marítimo y decidieron ir en busca de los policías para que ayudaran al niño a encontrar a sus padres. Fue entonces cuando Carles le dijo a su madre que, de mayor, quería ser policía.

Claro que si cada anécdota o gamberrada que protagonizó durante la infancia le hubiera sugerido la posibilidad de desarrollar una profesión, Carles Puyol también habría podido ser jardinero, experto en la poda de árboles. Un día, en su afán por recoger todo lo que encontraba a su paso, se hizo con unos billetes y con unas monedas que había sobre el tocador del dormitorio de sus padres. Cuando echaron en falta el dinero, sus padres supieron perfectamente dónde ir a buscarlo. Y acertaron. Estaba en manos de Carles. Su padre, como no podía ser de otro modo, decidió castigarle y le mandó al rincón de pensar. La desgracia para sus padres fue que en aquel rincón había una planta y que, para matar su aburrimiento, el chiquillo no tuvo otra ocurrencia más feliz que la de ir arrancando una a una las hojas, hasta que el tronco del arbusto quedó literalmente pelado.

Ni el nuevo castigo ni otros parecidos que le impusieron sus padres sirvieron de mucho. El carácter de Carles era el que era y solo quedaba esperar a que, a medida que fuera madurando, modulara un poco su conducta de niño travieso. Un niño que se sentía especialmente libre los fines de semana, cuando subía con el resto de la familia a la casa de sus abuelos, Mas de Gras. Allí se lo pasaba en grande. Primero correteando alrededor de las vacas; después, disparando con las escopetas de balines; y cuando ya fue un poco mayor, y alcanzaba los pedales, conduciendo uno de los tractores que se utilizaban para los trabajos del campo.

Durante la semana, en La Pobla de Segur, era otra cosa. En el pueblo no corría el riesgo de quedarse enganchado al cable electrificado que se usa para evitar que las vacas escapen. Tampoco podía disparar con la escopeta de balines contra botellas, piedras o latas de refrescos. Y menos aún podía subirse al tractor naranja que, todavía hoy, la familia conserva en su poder. Allí en la civilización, Carles Puyol tenía otros dos entretenimientos: la bicicleta y el balón. Las dos le dejaron importantes cicatrices, las que vaticinaba la astróloga y escritora Linda Goodman para todos los Aries, siendo todavía muy niño.

Carles Puyol y Javier Pérez, su amigo de toda la vida, no le tenían miedo a nada ni a nadie. Eso sí, les gustaba encontrar lugares tranquilos para afrontar sus nuevos retos y poder hacer sus gamberradas sin que nadie les molestara. Una vez, colocaron una rampa de madera en el suelo para ver cuán lejos eran capaces de llegar con sus bicicletas. Tomaban carrerilla, atacaban la rampa y volaban durante metros. Cuando las distancias eran cortas, evitaban la caída. La rueda trasera se posaba sobre el suelo, luego dejaban caer la delantera y tan felices. Pero a medida que fueron buscando nuevas marcas, la velocidad era superior, el vuelo mucho mayor y el riesgo de caída infinito.

Así que muchas veces acabaron en la consulta del médico del pueblo, el doctor Algueró, quien más de una vez tuvo que recurrir a los puntos de sutura o a la escayola para curar a aquellos Zipi y Zape de carne y hueso. El rubio Zipi era Carles y el moreno Zape, su amigo Javi. Y decir que Carles era el rubio no es ninguna metáfora, sino una realidad. El pequeño de los Puyol nació con el cabello claro y lo mantuvo así durante años. Todo el mundo se preguntaba de dónde habría salido ese color de pelo y nadie encontraba una respuesta lo bastante concluyente como para atribuirle aquel rasgo físico a alguno de sus antepasados.

La primera bicicleta, que se le había quedado pequeña a su hermano Josep Xavier, le duró apenas dos meses. El tiempo que tardó en estamparla contra una pared por ir más rápido de la cuenta y entrar en una curva sin el menor control. Afortunadamente, a Carles no le pasó nada. La segunda bicicleta tampoco resistió demasiado tiempo, para preocupación de su madre, que sufría pensando que algún día podría ocurrir una desgracia. Por el contrario, su padre se identificaba mucho con la forma de ser de su hijo. El propio Carles Puyol dijo más de una vez que eran iguales. Se refería al carácter. Porque desde un punto de vista físico, el mayor parecido siempre lo tuvo con su abuelo Josep.

Puyol ya no tuvo una tercera bicicleta. Su padre le prometió que se la compraría si aprobaba todas las asignaturas de octavo de Enseñanza General Básica (EGB). Carles tenía trece años. Y estaba tan seguro de que conseguiría su objetivo que se fue a la tienda de bicicletas de La Pobla de Segur, eligió el modelo que más le gustaba y le dijo al propietario que se la guardara, porque unos días después, iría a recogerla. Nada más lejos de la realidad. Al ir a buscar las notas, el chaval se encontró con un inesperado suspenso en matemáticas. La reacción de Carles fue explosiva. Se enfadó mucho. No podía entender que un compañero al que había ayudado, dándole las respuestas, hubiera aprobado y él, no.

La pelota le duró más que la bicicleta. De hecho, le dura todavía. Vivir justo delante del Camp Municipal de La Pobla de Segur le vino a las mil maravillas. Solo tenía que cruzar la calle y ya estaba allí, dándole patadas al balón. Carles y su inseparable amigo Javi iban todas las tardes, después del cole. Coincidían con Josep Xavier y con otros muchachos mayores que ellos. Pero les daba igual, aunque eso comportara algún sacrificio. Nadie quería jugar de portero y siempre le tocaba a uno de los pequeños ponerse debajo de la portería. Esa es la razón por la que el primer puesto que Puyol tuvo en un equipo de fútbol fue el de guardameta.

Su carácter de tipo trabajador, de tipo comprometido y de tipo ganador, le llevó a excederse en sus capacidades. Y los golpetazos que se daba para evitar que la pelota se colara en la portería fueron tremendos. Tanto que al poco tiempo tuvo que renunciar a una tarea que había acabado por gustarle. La columna vertebral, esa misma que según los horóscopos toma la forma de quien va con la cabeza y el cuerpo inclinados hacia delante, le molestaba cada vez más.

Entonces era niño, muy niño. Y su pasión por la pelota le llevaba, como nos ha pasado a otros muchos chavales, a perder la noción del tiempo. Así que, cada dos por tres, Rosa tenía que salir de casa, cruzar la calle, entrar en el Camp Municipal de La

Pobla de Segur y recordarle a su hijo que debía volver a casa, que ya era la hora de cenar. «Cinco minutos más», pedía siempre Carles. Y los cinco minutos, claro está, se convertían muchas veces en una hora. Son cosas que no han cambiado con el paso del tiempo. Todavía hoy es de los últimos en abandonar el campo de entrenamiento. Acabada la sesión, siempre se queda un rato más. Unos días, haciendo estiramientos; otros chutando a portería y, de vez en cuando, colocándose debajo de los palos para recordar sus inicios en el fútbol.

Cuestión de escuelas

*D*el mismo modo que las personas tenemos tres vidas, la pública, la privada y la secreta, también tenemos tres escuelas. Y más allá de que los planetas del sistema solar puedan marcar los rasgos generales de nuestra personalidad, es obvio que las enseñanzas que recibimos nos sirven para modular nuestros defectos y potenciar las virtudes que translucimos en nuestro recorrido por el mundo. En el caso de las escuelas, es obvio que la primera y más importante es la familia. Después vienen, seguramente por este orden, el colegio y el ámbito del tiempo libre.

Puyol tuvo la suerte de asistir a tres magníficas escuelas. Nació en el seno de una familia que siempre supo poner en valor las cosas esenciales y que supo transmitírselas a sus descendientes. Desde varias generaciones, han sido gente sencilla, sana, generosa, trabajadora, sacrificada y orgullosa de sí misma y de los suyos. Carles considera, no obstante, que las mejores virtudes que ha heredado de los suyos han sido la tenacidad de su padre y la nobleza de su madre.

Simultáneamente, Puyol se formó en el colegio Sagrada Família, donde, además de las enseñanzas propias de cada etapa de sus estudios, un magnífico grupo de profesores, mitad hermanas de la orden y mitad seglares, le reforzó los conceptos del respeto, la humildad, la disciplina y el compromiso. Por último, Carles terminó de formarse en el ámbito del deporte, con directivos, entrenadores y compañeros que le modelaron en aquellos mismos y en otros valores tan preciados como el compañerismo, la solidaridad o el trabajo en equipo.

El simple hecho de que Carles muestre un sentido de pertenencia a La Pobla de Segur tan acentuado como para cuestionar que naciese en Vielha, no deja de ser un síntoma evidente de lo que han significado y significan para él todas esas personas y lugares —no hay figuras sin paisaje— que participaron de un modo tan decisivo en su formación como persona y como futbolista. Tanto es así que cuando se trasladó desde el Pallars Jussà hasta Barcelona, se apoyó en Antoni Oliveres y su esposa Conxita Solé y en Ramon Sostres y su esposa Marisa Brenuy, dos parejas que resultarían claves antes, durante y después de su llegada al FC Barcelona.

Precisamente Conxita es una de las personas que mayor incidencia tuvo en la educación de Puyol. No en vano, fue una de las maestras que guio sus pasos en aquel centro, entonces concertado, de la avenida Catalunya. Carles cursaba, por aquel entonces, tercer curso de EGB y tenía poco más de ocho años. Ella recuerda aquella etapa de un modo muy especial, aunque no fuera, de ninguna manera, la más intensa que le tocó compartir con él.

A aquella edad tan temprana, Carles Puyol ya era un torbellino. Tenía muy buen corazón, pero era muy movido, inquieto, nervioso… Y por si fuera poco tenía un punto de rebeldía. Cuando alguna cosa no le parecía justa, reaccionaba de modo un tanto visceral, entre otras razones porque era un niño y, por tanto, inmaduro. Tanto, que un buen día de aquel curso, Conxita le reprendió por una nimiedad y el chiquillo, ni corto ni perezoso, se levantó de la silla de su pupitre, le gritó a su profesora que no tenía razón, recorrió el pasillo hasta la puerta del aula, la abrió y emprendió el camino del campo de fútbol de delante de su casa. Por pura casualidad, su madre había salido a comprar y se encontró a su hijo. Después de preguntarle qué estaba haciendo allí, le cogió de la oreja y le llevó de vuelta al colegio, donde volvió a reprenderle delante de su profesora y de sus más de cuarenta compañeros de clase.

Como la mayoría de escuelas en zonas rurales de cualquier país, el colegio Sagrada Família de La Pobla de Segur contaba con espacios para la práctica del deporte, incluida una pista polideportiva de hormigón pulido sobre la que Puyol disputó, años después, sus primeros partidos de fútbol-sala. Antes, cuando Carles tenía solo seis años, participó por primera vez en las Olimpiadas Comarcales. Eran unos juegos en los que intervenían niños de varias escuelas del Pont de Suert, Tremp y La Pobla. Se celebraban pruebas de salto de altura, velocidad, medio fondo, relevos… Los resultados fueron inmejorables desde la primera edición, en la que Puyol se colgó dos medallas al cuello. Rosa, su madre, guarda una veintena de ellas y unas cuantas copas de esas prácticas deportivas escolares.

Aunque Carles Puyol llevaba muchos años jugando partidillos de fútbol y de fútbol-sala en el Camp Municipal de La Pobla de Segur, la primera vez que disputó una competición reglada fue a los trece años, es decir, en el año 1991. Hasta entonces solo había jugado, en choques informales, con su hermano y sus amigos, muchos de ellos dos años mayores que él. Solo había un club de fútbol en el municipio y solo tenía un equipo, que participaba en ligas de categoría regional. Josep Xavier, Carles, Javi y sus demás amigos eran demasiado jóvenes todavía. A lo sumo podían jugar en categoría infantil o en cadetes.

El colegio Sagrada Família inscribió a dos equipos para entrar en competición. Los mayores, con Josep Xavier Puyol, jugarían un campeonato de carácter autonómico y los menores, con Carles, disputarían el torneo provincial. En el grupo del menor de los Puyol había buenos jugadores, entre ellos Javi Pérez. Ganaron todos los partidos, excepto uno que finalizó en empate. Consiguieron goleadas tan amplias como un 26-0 que Carles nunca ha querido decir contra qué equipo se produjo, seguramente para no ridiculizar a nadie. Se clasificaron invictos para la fase final.

Sin embargo, en el primer partido de la fase final empataron con el equipo de Juneda, un municipio de la provincia de Lleida, situado al norte de la comarca de Les Garrigues, en el límite de las comarcas del Segrià y la Plana d'Urgell. Era una población similar en dimensiones y número de habitantes a La Pobla de Segur, hecho que permitía pensar que el encuentro sería más competido que los que habían disputado antes, contra equipos de municipios menores. En cualquier caso, el hecho es que aquel empate les sentó como un tiro. Las lágrimas de la mayoría de los jugadores del equipo todavía se recuerdan hoy.

Saber que en el deporte no siempre se puede ganar, y que muchas veces se pierde, es importante. Sobre todo en etapas de formación. Y esos jovencitos de pantalón corto, aprendieron aquella tarde que o no eran tan buenos o había otros tan buenos como ellos y que, si querían ganar el torneo, tendrían que esforzarse más que en esa confrontación ante el Juneda. Es más, por culpa de aquel empate, la clasificación se había puesto de tal manera que si el equipo del colegio Sagrada Família de La Pobla de Segur quería ser campeón no tendría suficiente con ganar el partido frente a los Maristas de Lleida, sino que debería hacerlo por un margen de cinco goles. Vencieron por 9-3.

Después de ganar su primer título como futbolista y más allá de la alegría que significó, tanto a nivel individual como colectivo, conquistar aquel trofeo, Carles Puyol siguió con el ritmo de vida propio de un chico de su edad. Continuó con los estudios y también con la práctica del fútbol-sala. En 1992, sin embargo, su equipo participó en el Campeonato de Catalunya. Es decir, que si conseguían clasificar al Sagrada Família para la fase final, quizá tuviera la misma suerte que su hermano, que la temporada anterior se había desplazado a Barcelona para disputarla.

Puyol tenía metido entre ceja y ceja el nombre de la ciudad de Barcelona. A fin de cuentas, su sueño era llegar a jugar algún día en el Fútbol Club Barcelona y una cosa (la ciudad) estaba asociada a la otra (el equipo de fútbol). Seguramente por eso le produjo una enorme decepción que, una vez clasificado el equipo del Sagrada Família para la fase final, los organizadores determinaran que los partidos que iban a decidir el Campeonato de Catalunya se jugasen en la localidad de Tremp, la capital del Pallars Jussà, a solo una docena de kilómetros de su domicilio. Además, el equipo no pudo conquistar el trofeo. Pero acabó siendo el subcampeón.

Aquel mismo año, unos meses antes de que se celebraran los Juegos Olímpicos de Barcelona, Puyol y su amigo Javi Pérez fueron convocados para jugar con la selección sub-14 de fútbol del Pallars Jussà. Nunca antes se habían puesto unas botas ni habían jugado un partido en campo grande. No debieron de hacerlo mal, porque unas semanas después de participar en esa convocatoria en Tremp, volvieron a ser llamados, esta vez para jugar en Lleida con la selección de la provincia. Las dos veces, el padre de Javi les llevó en su coche.

Carles y Javi tienen muy mal recuerdo de aquella segunda convocatoria. En el vestuario, llegaron tarde al reparto de camisetas. El seleccionador les dijo que no se preocuparan, que aunque no saldrían como titulares, jugarían en la segunda parte. Tener que ponerse una camiseta sudada por otro de los seleccionados les importaba poco. Pero les sentó como un tiro jugar únicamente los diez últimos minutos y en posiciones muy diferentes a las que ellos hubieran deseado. Javi Pérez, además, cuenta que cuando el entrenador le dijo que se colocara en una de las bandas e hiciera basculaciones, tuvo la sensación de que le hablaban en chino. Jamás había oído que en el fútbol hubiera que bascular. Puyol salió como centrocampista, pero apenas tuvo tiempo de tocar la pelota. Los dos abandonaron el campo del Atlètic Segre con un «cabreo» de tres pares de narices.

El CF La Pobla de Segur seguía sin tener equipos de categorías inferiores, aunque era evidente que aquel grupo de chavales que competía con su colegio en los torneos de fútbol-sala acabaría por ser el origen del primer equipo juvenil del club. Aquella misma temporada, Jordi Mauri citó a Javi Pérez, Toni Carrió, Jordi Segú y Carles Puyol, todos ellos en el límite de los catorce años, para que se entrenaran un par de días a la semana con el primer equipo del club. Algunos jugadores de la plantilla tenían treinta años o más. En el mejor de los casos, esos futbolistas que competían en Segunda Regional les doblaban la edad.

Puyol tendría que esperar a la primavera de 1993 para viajar a Barcelona y cumplir su deseo de jugar allí una fase final del Campeonato de Catalunya. El equipo se desplazó en autocar y quedó alojado en el hotel Aragón, relativamente cerca de la Sagrada Família. La maldición que vaticinan los astros a los nacidos bajo su signo solar y que se recoge perfectamente en el libro *Sun signs*, hizo entonces su aparición. Linda Goodman había escrito que todos los Aries, sin excepción, «mostrarán alguna forma de comportamiento temerario que les signifique sufrir heridas». En el segundo partido, Puyol se lesionó en el dedo gordo del pie derecho. Los médicos dictaminaron que sufría una fisura en uno de los metatarsianos. Apenas podía calzarse las zapatillas y, por supuesto, no podía chutar. Así que el campeonato se acabó para él. Su equipo finalizó tercero.

Negar que Carles vivía pendiente del balón era imposible. Y desvincular a Puyol de su amigo Javi Pérez, también. Ambos estudiaban juntos, jugaban juntos al fútbol-sala y se entrenaban juntos con el equipo de La Pobla de Segur. Era impensable ver al uno sin el otro. La suya era una relación tal que cuando Javi suspendió nueve asignaturas en segundo de Bachillerato Unificado Polivalente (BUP) y su padre tomó la decisión de que repitiera curso, Carles renunció a estudiar las asignaturas de latín, catalán y castellano que debía recuperar en septiembre solo para poder continuar yendo a clase con su mejor amigo.

Ya entonces, el Club de Fútbol La Pobla de Segur creó su equipo juvenil. Josep Maria Poyatos y Josep Maria Tirbió eran los encargados de dirigir la plantilla de la que formaría parte el joven Carles Puyol. Pero tanto él, como otros compañeros, seguían compitiendo con el equipo de fútbol-sala del colegio Sagrada Família. Ese año volverían a clasificarse para la fase final del Campeonato de Catalunya, que se celebraría en Salou (Tarragona). Fueron subcampeones, tras perder la final con el colegio Sant Miquel de Barcelona. Puyol jugó lesionado desde el segundo partido. Esta vez, y según sus propias palabras, se rompió la mano. Su entrenador, Bep Ortega, le hacía masajes para tratar de mitigar el dolor y Carles, que sufría en silencio para evitar que le dejaran fuera del equipo, salía a jugar los partidos con un vendaje compresivo, a modo de protección.

De regreso a La Pobla de Segur, los médicos decidieron practicarle unas radiografías para conocer el verdadero alcance de la lesión. Las placas revelaron que tenía dos huesos de la mano fracturados. Así que tuvieron que escayolarle. El doctor Algueró le recomendó que llevara el brazo en cabestrillo para favorecer la circulación sanguínea del brazo y le citó para un mes y medio después. Entonces le quitaría el yeso y podría iniciar la recuperación. De acuerdo con aquel pronóstico, Puyol no podría participar en el torneo de verano que se iniciaría tres semanas después. Y eso sí que no podía consentirlo un tipo tan cabezón y tan competitivo como él. O sea que un buen día cogió el punzón de un compás y, poco a poco, con una paciencia

impropia de un tipo inquieto como él, fue rompiendo la escayola hasta que consiguió quitársela. Ya no había impedimento
para que pudiera participar en aquel campeonato de fútbol-
sala. Y vaya si lo hizo. Pero no como jugador de campo, para lo
que no le hubiera hecho demasiada falta usar aquella mano a
medio recuperar: ¡Carles jugó aquel torneo de portero!

Ese verano de 1994, Puyol pasó a jugar en el primer equipo
de La Pobla de Segur, que acababa de ascender a Primera Regional. Su hermano Josep Xavier y su amigo Javi también formaban parte de esa plantilla. Putxi jugaba habitualmente como
delantero centro y Carles actuaba como centrocampista, en el
puesto de interior que ocuparía en sus primeros años como jugador del Fútbol Club Barcelona, tanto en el juvenil de División de Honor, con Joan Martínez Vilaseca, como en el Barcelona B o en el Barcelona C, con Josep Maria Gonzalvo.

Al comienzo de aquella temporada, Carles Puyol estaba
muy lejos de imaginarse todo lo que le sucedería al cabo de
unos meses, en la primavera de 1995. Si le hubieran dicho que
un mito como Oriol Tort iría a verle jugar, que estaría tres semanas a prueba en el FC Barcelona y que vería cumplido el
sueño de su vida, firmando contrato para jugar en el juvenil
azulgrana de División de Honor, no se lo habría creído. Pero
todo aquello sucedió y, además, se dieron las circunstancias
para que pudiera despedirse del que fue su primer club.

Era el último partido de la temporada. Todo el mundo le recomendó que no jugara. Nadie en todo el pueblo quería que se
lesionara y se frustrara el sueño de una vida. Carles, sin embargo, le pidió a Mauri que le dejara jugar unos minutos. Su
entrenador no podía negarle ese deseo y le hizo saltar al
campo. Puyol fabricó el gol de la victoria, con una asistencia a
su hermano Josep Xavier, quien de este modo se convirtió en el
máximo goleador del equipo, con un gol más que Carles.

¿Quién le llevó al Barça?

*L*a historia de cómo llegó Carles Puyol al Fútbol Club Barcelona es muy larga. Pero no solo larga de contar, por la gran cantidad de anécdotas y de hechos que la rodearon, sino porque tuvo una previa, del todo circunstancial, que se remonta al año 1991. El club mantenía entonces un contrato con la empresa catalana Meyba (acrónimo de los apellidos Mestre y Ballvé), que suministraba los equipamientos a todos los equipos profesionales y del deporte de base del club azulgrana. El compromiso finalizaba el día 30 de junio de 1992 aunque, desde meses antes, diversas marcas de ropa deportiva habían establecido negociaciones con representantes de la entidad, para irse posicionando con vistas a la disputa del concurso.

Puyol tenía, en aquellos momentos, trece años. Ni a él ni a nadie se le hubiera pasado por la cabeza que las conversaciones que el FC Barcelona estaba celebrando con las distintas firmas de material deportivo tuvieran algo que ver con la futura incorporación del jovencísimo futbolista al que, por aquel entonces, ya era el club de su vida. El FC Barcelona con Johan Cruyff como director técnico y entrenador del primer equipo, seguía entonces con paso firme hacia la consecución de la segunda de sus cuatro ligas consecutivas y, lo que era todavía más importante, apuntaba hacia la que fue la primera Copa de Europa de la historia del club. Carles seguía las evoluciones del *Dream Team* desde su casa en La Pobla de Segur, junto a su hermano Josep Xavier y sus amigos de la infancia.

Hasta ocho empresas de equipamiento deportivo optaron al nuevo contrato, aunque únicamente tres pudieron afrontar las exigencias mínimas que se planteaban en las bases de convocatoria del concurso: Meyba, cuyo contrato aún vigente le otorgaba el derecho de tanteo frente a cualquier oferta superior; la multinacional Adidas, que trató de reventar cualquier tipo de acuerdo hasta el último minuto y Kappa, que en aquellos momentos vestía al gran Milan de Arrigo Sacchi, con Mauro Tassotti, Franco Baresi, Alessandro Costacurta, Carlo Ancelotti, Frank Rijkaard, Roberto Donadoni, Ruud Gullit, Marco van Basten y, por supuesto, Paolo Maldini, el futbolista en cuyo espejo empezó a mirarse muy pronto Puyol.

Los representantes en España de la marca italiana Kappa eran, por aquel entonces, dos absolutos desconocidos. Y seguramente siguen siéndolo, al menos para el gran público. Se llamaban y se llaman Josep Lluís Bermell y Antonio Peidro. Este último fue quien, a través de su amigo José Antonio de la Cruz, exjugador del club en los años setenta y técnico del fútbol-base en esos momentos, estableció los primeros contactos con el gerente del Barça, Anton Parera, y abrió las puertas a la futura negociación entre el club y Magnificio Calcificio Torinese, que así se denominaba la sociedad propietaria de Kappa.

El concurso se convocó en noviembre de 1991 y se alargó hasta que, el 13 de enero de 1992, se firmó el contrato entre el Barcelona y Magnificio Calcificio Torinese. Durante dos largos meses se llevaron a cabo conversaciones de todo tipo. Incluso la Generalitat de Catalunya presionó a Josep Lluís Núñez a favor de la empresa catalana Meyba. Pero el presidente barcelonista tenía muy claro que el objetivo del concurso era obtener los mayores ingresos posibles e hizo oídos sordos a cualquier petición de favor. En cambio, Núñez jugó con la información que contenían las ofertas de las empresas aspirantes al contrato y, en el último momento, aprovechó un postrero y desesperado intento de Adidas para arrancarle otros treinta millones de pesetas —unos 180.000 euros— a la empresa ganadora.

Así que el día 1 de julio de 1992 entró en vigor, finalmente, el contrato entre el club azulgrana y Kappa. El acuerdo permitiría al FC Barcelona ingresar la suma de quinientos millones de pesetas (unos 3 millones de euros) por el total de los tres años de duración del compromiso. De dicha cantidad, 350 millones de pesetas serían abonados en metálico y los 150 millones restantes, en material deportivo para los distintos equipos del club, valorado a precio de coste. Asimismo, la firma italiana ofreció una comisión por la venta de camisetas azulgrana a otros países de Europa y del mundo y se comprometió a fabricar, conjuntamente con la empresa Dupond, un tejido que resultaría revolucionario en el mundo del deporte.

El FC Barcelona y Meyba habían cerrado trece años de relación con la conquista de la Copa de Europa, ganada el 20 de mayo de ese 1992 en el mítico estadio de Wembley y ante la Sampdoria de Vujadin Boskov. Un gol de Koeman, en el lanzamiento de una falta directa que se produjo en el minuto 114 del partido, permitiría a José Ramón Alexanko levantar la que hasta aquel momento era la copa más deseada de la historia del club. En La Pobla de Segur, Puyol contemplaba por televisión la imagen del capitán azulgrana recogiendo el trofeo en el palco real del ya derribado recinto londinense. Por cierto que José Ramón Alexanko, que levantó ese trofeo, acabaría siendo otro de los grandes protagonistas del fichaje de Puyol por el Barcelona.

Meyba estaba sumida en una profunda crisis económica, pero soñó hasta el último momento con ejercitar la cláusula de tanteo que contemplaba su viejo contrato. Por eso trató de sacarle partido a la conquista de la primera Copa de Europa en la historia del club. El equipo había afrontado el choque de Wembley vestido de color naranja de la cabeza a los pies, pero los jugadores se colocaron la camiseta azulgrana para acudir al palco real para recoger el trofeo.

En pura teoría, el contrato de Magnificio Calcificio Torinese debía alargarse hasta el 30 de junio de 1995. Pero la empresa que daba vida a la marca Kappa entraría en crisis como consecuencia de su propia voluntad de crecer. Tras vestir al equipo de Estados Unidos en los Juegos Olímpicos de Los Ángeles y de Seúl, patrocinar al equipo Ferrari de Fórmula-1 y abastecer de ropa deportiva a numerosos clubs de primerísima línea europea, como la Juventus o el Ajax, la sociedad italiana murió de éxito. Sus directivos no supieron poner freno a su desmesurada ambición y la consecuencia fue un terrible desequilibrio de sus balances.

La justicia italiana determinó la suspensión de pagos de Magnificio Calcificio Torinese en 1993. Aquella decisión podía causar un grave perjuicio económico al FC Barcelona. La previsión de ingresos se vería considerablemente alterada si no se encontraba una solución urgente. El Barcelona se puso en movimiento de forma inmediata y consiguió la autorización del tribunal italiano para que una empresa española se hiciera cargo del contrato de Kappa con el club. En origen, fue la sociedad Lamasport —creada por el filatélico Celestino Lamas Bolaño— la que asumió las obligaciones reflejadas en el compromiso. Pero solo unos meses después sería Sport Kappa, integrada por tres empresarios catalanes, dos de ellos con residencia en Andorra, los que se harían con la responsabilidad de fabricar y distribuir las prendas deportivas de la marca y, por lo tanto, de responder ante el club azulgrana.

Aquellos tres socios eran Antoni Oliveres, Joan Baro y Pere Matamales. El primero de ellos era natural de Bretui, un pequeño pueblecito del Pallars Sobirà, de solo diecisiete habitantes y situado a veitiún kilómetros de La Pobla de Segur. Oliveres, conocido en toda la zona como Peret de Bretui, porque así se llama la casa familiar en la que nació, había contraído matrimonio con Conxita Solé y tenía fijada su residencia en La Pobla de Segur, relativamente cerca de la casa en la que vivía Carles.

Puyol conocía muy bien a la esposa de Oliveres. Como ya quedó reflejado en el capítulo anterior, Conxita había sido una de sus profesoras en el colegio Sagrada Família, donde cursó sus estudios de Enseñanza General Básica y el Bachillerato Unificado Polivalente (BUP). Pero Carles apenas recordaba al hombre que resultaría decisivo en su futuro como futbolista. Y eso que, durante muchos años, Antoni Oliveres había mantenido relaciones comerciales con la familia Puyol. Años atrás, el ahora accionista de Sport Kappa se había dedicado a la compraventa de ganado y visitaba con mucha frecuencia la vivienda de Mas de Gras, donde más de una vez coincidió con Carles.

La influencia de Oliveres en el fichaje de Puyol por el FC Barcelona fue muy grande, como se comprobará más adelante. Pero aún sucedieron muchas cosas antes de que se iniciara el proceso que concluiría con la firma del primer compromiso del futbolista con el club azulgrana. Entre ellas, la celebración de un nuevo concurso para la adjudicación del nuevo contrato por la vestimenta deportiva. El compromiso de Kappa finalizaba el 30 de junio de 1995, pero Núñez tenía encima de la mesa de su despacho una importante propuesta de Nike y no quiso perder la oportunidad de mejorar los ingresos del club por este concepto.

También la firma alicantina Kelme entró en la pugna, con otra oferta de gran calado. Pero Sport Kappa había hecho un gran esfuerzo por salvar el contrato de Magnificio Calcificio Torinese con el FC Barcelona y no estaba dispuesta a ceder. La inversión económica había sido grande y se habían involucrado en el proyecto otras muchas empresas textiles y de calzado. Además, se había establecido un almacén en Adrall, población colindante con la Seu d'Urgell, y también oficinas en Barcelona. Y el pan de muchas familias dependía de que se renovara el compromiso.

Oliveres, Baro y Matamales tuvieron que hacer importantes sacrificios. No solo a nivel económico, sino también a nivel humano. Finalmente, el 14 de junio de 1994 se firmó la prórroga del contrato hasta el 30 de junio de 1999. Marco Boglione, quien, tras la quiebra de Magnificio Calcificio Torinese, había creado Basic Merchandise para mantener el negocio de la empresa italiana, respaldó el proyecto de Sport Kappa. El compromiso permitió al Barça incrementar sus ingresos por este concepto y alcanzar los 225 millones de pesetas anuales (1,3 millones de euros). Además, parte del contrato se cobraría a través de la fundación del club azulgrana.

El principal sacrificio de Sport Kappa no fue, sin embargo, económico. A partir de la firma del nuevo contrato, la persona que actuaría como enlace entre el club y la marca de prendas deportivas dejaría de ser Antonio Peidro y pasaría a ser Rafa Carrasco, exdirector del equipo ciclista Kelme. Carrasco había mediado entre Josep Lluís Núñez y el periodista José María García para que este último pusiera fin a su cruzada personal contra el presidente azulgrana. El puesto fue, sin duda, la recompensa a su gestión. Mientras, Peidro siguió trabajando como representante y como persona de confianza de la empresa durante algunos años más.

42

Todo este repaso histórico tiene que ver, y mucho, con el fichaje de Carles Puyol por el FC Barcelona. De no haberse producido toda esta cadena de circunstancias relacionadas con los contratos de Kappa, la incorporación del jugador al fútbol-base azulgrana no se hubiera producido. La amistad de Antonio de la Cruz con Antonio Peidro dio paso a que el representante de la firma italiana en Barcelona entablara amistad con José Ramón Alexanko, que en aquellos tiempos había asumido la responsabilidad de coordinar la cantera barcelonista.

Sin estos tres personajes, esta biografía no habría sido posible. De eso, estoy completamente seguro. Tan seguro como que en la primavera de 1995, Antoni Oliveres pidió a Antonio Peidro que tanteara a José Ramón Alexanko para ver qué posibilidades había para que el FC Barcelona le hiciera una prueba a un muchacho de diecisiete años que llevaba dos temporadas jugando con el primer equipo de La Pobla de Segur, en categoría regional. Al margen de estos datos, el representante de Kappa y amigo de Alexanko solo sabía que el muchacho era un prodigio de la naturaleza, que llamaba la atención por su larga melena y que acostumbraba a marcar muchos goles.

Una larga prueba

Carles Puyol llevaba tiempo pensando en la posibilidad de convertir su afición por el fútbol en su profesión. Su sueño de infancia se había visto alimentado desde que, con quince años, tuvo la oportunidad de viajar a Barcelona para asistir como público a un programa de televisión. La Penya Blaugrana de La Pobla de Segur, encabezada por su presidente Llorenç Cortina, había conseguido una invitación para presenciar en directo una emisión de *La barbería*, un espacio televisivo de debate futbolístico, que conducía el periodista Pitu Abril y que contaba con la particularidad de que todos los contertulios, excepto el presentador y uno solo de los invitados, eran representantes de un partido político diferente.

Aquel día, como siempre, participaron en el programa Jaume Sobrequés (Partit dels Socialistes de Catalunya, PSC), Enrique Lacalle (Partit Popular, PP), Jaume Camps (Convergència i Unió, CiU), Francesc Baltasar (Partit Socialista Unificat de Catalunya, PSUC) y el actor Carles Canut, cuyo papel en el debate resultaba especialmente difícil porque, como seguidor del RCD Espanyol, se encontraba siempre en una manifiesta posición de inferioridad. El padre de Canut, por otra parte, había nacido en Gerri de la Sal, en la comarca del Pallars Sobirà, a apenas catorce kilómetros de distancia de La Pobla de Segur.

La expedición de la Penya Blaugrana de La Pobla estuvo formada, mayoritariamente, por chavales como Puyol, muchos de ellos amigos o compañeros de juegos. Todos ellos se inscribieron para realizar el viaje pensando, por una parte, en vivir en directo uno de aquellos programas que seguían de forma habitual por televisión y, por otra, en la diversión que podía proporcionarles el viaje en autocar. La distancia entre La Pobla de Segur y Barcelona era de algo más de doscientos kilómetros, pero se necesitaban más de tres horas para cubrir el trayecto. Las carreteras, en aquellos tiempos, no eran tan buenas como lo son hoy.

En un momento del programa, Pitu Abril conversó brevemente con el presidente de la Penya Blaugrana de La Pobla de Segur. Tras ponerse en pie, micrófono en mano, y agradecer la posibilidad que le habían dado de asistir al programa, Llorenç Cortina hizo que Carles Puyol, sentado a uno de sus costados, se pusiera en pie. Colocó la mano sobre uno de sus hombros y aprovechó para lanzar una reivindicación: «A ver si alguien del Barça se fija en este chico, que es nuestro Romário». Por aquel entonces, el delantero brasileño ya le había roto la cintura en cuatro pedazos a Rafa Alkorta, en el Camp Nou, e iba lanzado hacia la obtención del trofeo Pichichi, que conseguiría con treinta goles. Comparar a Puyol con semejante monstruo del fútbol era de un atrevimiento extraordinario, por mucho que Carles Puyol marcase el mismo número de goles en su primer año de juvenil.

Dos años después de aquella primera aparición televisiva de su vida, y lejos todavía de imaginar que acabaría siendo una gran figura mediática, su entrenador en el primer equipo de La Pobla de Segur, Jordi Mauri, le dijo que iba a aprovechar un contacto que tenía para pedir que el Zaragoza le hiciera una prueba. Mauri le advirtió, sin embargo, que tendría que trabajar muy duro si quería estar a la altura cuando llegase aquel momento. Y Carles, como ha hecho siempre a lo largo de su vida, se tomó el reto muy, pero que muy en serio. Mejorar sus condiciones técnicas y físicas iba a requerir un entrenamiento complementario.

Mauri no vivía del fútbol y Puyol tenía que ir a la escuela. Encontrar el mejor momento para hacer aquella sesión extra de trabajo no resultó nada fácil. Pero el objetivo merecía la pena y los dos hicieron el sacrificio de madrugar. Todos los días, hiciera frío, lloviera o nevara, se encontraban en las instalaciones del club para desarrollar un entrenamiento de una hora de duración. A Carles le acompañaron sus amigos Javi Pérez y Jordi Segú. Pero ninguno de los dos tenía la motivación necesaria para someterse a semejante sacrificio, y al cabo de unos pocos días Mauri y Puyol se quedaron solos. Al acabar cada sesión, Mauri se marchaba al trabajo y Carles regresaba a casa para ducharse, recoger sus bártulos y llegar a la escuela, algunas veces con unos minutos de retraso.

Puyol ha reconocido siempre lo mucho que aprendió de Jordi Mauri en aquellas sesiones de entrenamiento. Aunque más allá de las enseñanzas que recibió de su entonces entrenador, comprendió otras cosas. Por ejemplo, que muchas veces hay que realizar trabajo extra para alcanzar objetivos de mejora, para estar en condiciones idóneas para competir o también para recuperarse de una lesión. También aprendió que el mundo del fútbol tiene algo de imprevisible y que, cuando te estás preparando para que el Real Zaragoza te haga una prueba, puedes acabar subido en un coche en dirección a Barcelona.

Claro que eso de subirse al coche vino después. Los contactos de Antoni Oliveres con el Barcelona dieron un resultado muy rápido. Tanto, que un buen día Dalmiro Mestre, una persona vinculada al CF La Pobla de Segur, le comentó al propio Carles Puyol que «un señor de Barcelona» presenciaría el partido que su equipo iba a disputar el domingo siguiente en el campo del Mollerussa. Aquel señor era Oriol Tort, uno de los grandes mitos de la historia del fútbol formativo del FC Barcelona. En aquellos tiempos ejercía como coordinador del fútbol-base, un escalón por debajo de José Ramón Alexanko. El excapitán azulgrana formaba parte del cuerpo técnico del primer equipo y, por petición expresa de Johan Cruyff, actuaba como responsable de los equipos inferiores.

Tort pasaba por ser el tipo con mayor capacidad del mundo para detectar a jóvenes talentos. Los que le conocían bien decían que tenía suficiente con ver a un futbolista durante unos minutos para saber si podría llegar a profesional. Desde ese punto de vista, que Oriol Tort abandonara el Campo Municipal de Mollerusa al finalizar la primera parte no habría tenido ninguna importancia. Pero esta vez, el descubridor de genios se había marchado porque ninguno de los jugadores que intervenía en el encuentro, ni siquiera Puyol, le había llamado mínimamente la atención. El propio Carles siempre ha reconocido que jugó muy mal aquella primera parte, aunque también ha contado que mejoró mucho en el segundo tiempo y que marcó el gol de la victoria de La Pobla de Segur.

Afortunadamente para Carles Puyol, aquello se quedó en una simple anécdota, como otras de parecida naturaleza que aún le tocaría vivir en otros momentos de su carrera profesional. Sin que apenas tuviera tiempo de darse cuenta, un buen día apareció en su vida Ramon Sostres, un joven abogado e inspector de Hacienda, que tenía sus raíces en La Pobla de Segur. Entre semana, Ramon y su esposa Marisa Brenuy trabajaban en Barcelona, donde tenían y aún mantienen su residencia. Los fines de semana se desplazaban y siguen desplazándose hasta La Pobla de Segur, donde tienen fuertes vínculos familiares y de amistad. Marisa es hija única de Isidre Brenuy, un tipo excelente, que pertenecía a la Casa Cabanau.

Una de las características de los pueblos es que todo el mundo se conoce no solo por el nombre o los apellidos, sino por la pertenencia a una casa. Sostres era amigo personal de Ángel Palacín y Ramon Ordi, ambos entrenadores en La Pobla de Segur, y su esposa Marisa era la hija de otro payés que, como había sucedido con Antoni Oliveres, mantuvo relaciones comerciales con Josep y Pere Puyol, el padre y el tío de Carles. Concretamente, habían hecho operaciones de compraventa de ganado. Pues bien, Ramon acudía muchos domingos a presenciar los partidos de fútbol que jugaban tanto el equipo juvenil que dirigían sus dos amigos como el equipo de categoría regional en el que ya jugaban los dos hermanos Puyol.

A Ramon Sostres, como a otra mucha gente, le llamó mucho la atención el juego de Carles. No es que el abogado fuera un experto en fútbol, pero como aficionado coincidía en la apreciación de que aquel joven de melena larga tenía cosas que le diferenciaban de los demás y, entre ellas, un extraordinario compromiso que demostraba en todas y cada una de sus intervenciones en el juego. Y cuando se puso en marcha el dispositivo para que Puyol pudiera probar en el FC Barcelona, Sostres habló con Josep y Rosa, los padres de Carles, y les ofreció la posibilidad de que, mientras durase la prueba, viviera en su casa.

Alexanko ya había dado el visto bueno para que Puyol se entrenara con el equipo juvenil que, en aquellos momentos, dirigía Joan Martínez Vilaseca. La petición de Antoni Oliveres, realizada a través de Antonio Peidro, había surtido efecto. El joven Carles, que acababa de cumplir los diecisiete años hacía escasas semanas, iba a entrenarse con los juveniles del Barcelona. En su viaje desde La Pobla de Segur hasta Barcelona le acompañaron Jordi Mauri, su entrenador de entonces, y su hermano Josep Xavier.

Tres horas después de que Mauri y los hermanos Puyol se subieran al coche, la expedición llegó a las puertas del Camp Nou. Allí estaba, esperándoles, Ramon Sostres. Su sorpresa fue mayúscula cuando vio aparecer a Josep Xavier. No estaba previsto que el hermano mayor de Carles, que ya había cumplido los diecinueve años, estuviera allí. Pero por razones que nunca han trascendido, pero que quizá tenían que ver con la necesidad de que Carles Puyol se sintiera arropado, Josep Xavier también participó en el entrenamiento de esa misma tarde en los campos de césped artificial anexos al Mini Estadi.

Antes de iniciarse el entrenamiento, Martínez Vilaseca preguntó de qué jugaba cada uno de los hermanos Puyol. Era una forma de romper el hielo y, al mismo tiempo, de recabar datos sobre los dos muchachos que iban a probar con el equipo juvenil azulgrana. La forma en que Carles respondió contenía más información de la que esperaba el entrenador. «Yo, de centrocampista y mi hermano, de delantero», dijo Carles. La forma en que se adelantó a contestar, el tono firme y seguro en que lo hizo, y el hecho de que se colocara por delante de su hermano mayor, decía mucho de la forma de ser de aquel chaval.

Joan Martínez Vilaseca captó el contenido de la respuesta de forma inmediata. No en vano era ya un zorro viejo, pese a que solo tenía 52 años. Tras pasar por los infantiles del Alba de Manresa, los juveniles de la Gimnàstica de Manresa y los aficionados del Club Esportiu Manresa, Joan llegó a profesional en el Espanyol (1963-72). Tras un año en la UD Levante (1972-73), jugó como aficionado en el CE Europa y en el CE L'Hospitalet, mientras obtenía el título de profesor de educación física. Después se sacó el título de entrenador y, tras unos escarceos como entrenador en el equipo del colegio Xaloc, dirigió a los infantiles del Espanyol. Ya en 1979 se incorporó al fútbol-base del Fútbol Club Barcelona, donde entrenó a equipos de todas las categorías, incluido el segundo equipo, el Barça Atlètic.

O sea, que con su historial ¿cómo se le podía escapar algún detalle, por pequeño que fuera? Fiel al criterio de que solo hay una oportunidad para dar una buena primera impresión, Martínez Vilaseca captó al vuelo que Carles Puyol era un tipo con carácter y decidido a que, desde el primer instante, todo el mundo supiera que estaba ahí, dispuesto a aprovechar la oportunidad con la que había soñado durante tanto tiempo. Esperaba, eso sí, que le dieran algo más de los cuarenta y cinco minutos que Oriol Tort le había dedicado en Mollerusa.

Al estreno de Carles no faltó José Ramón Alexanko. También asistieron Ángel Palacín, Ramon Ordi y Tonet Alsina, que se desplazaron hasta Barcelona en el coche de uno de ellos. Es posible que si se hubiera organizado una excursión para asistir a lo que, sin duda de ningún tipo, constituía un acontecimiento de primera magnitud en La Pobla de Segur, se hubiera llenado un autocar como aquel en el que, dos años antes, muchos poblatanos habían asistido al programa de *La barbería*.

Después del calentamiento, Martínez Vilaseca dispuso que se jugara un partido. La temporada oficial ya había terminado y, además, se trataba de ver en acción a Carles y Josep Xavier. Ninguno de los dos desentonó lo más mínimo. Esa fue la impresión que tuvieron todos los asistentes, incluidos Jordi Mauri y Ramon Sostres. Pero el mayor de los Puyol fue descartado aquella misma tarde. La razón era que ya había cumplido los diecinueve años y que, por lo tanto, había rebasado la edad juvenil. Tanto Alexanko como Martínez Vilaseca consideraron que no tendría cabida en una categoría superior, en este caso el C o el B, y así se lo hicieron saber a Mauri y a Sostres. En cambio, plantearon la conveniencia de que Carles pudiera entrenar con el equipo unos cuantos días más.

Todos los integrantes de la expedición regresaron a La Pobla de Segur con la satisfacción de que los técnicos del FC Barcelona mantuvieran la puerta abierta para que el menor de los Puyol pudiera incorporarse al club. Bueno, todos menos el propio Carles, en quien convivían dos sentimientos tan contrapuestos como la felicidad de saber que su sueño era posible y la tristeza de que su hermano Josep Xavier no pudiera continuar la aventura a su lado. Además, quedaban por resolver dos cuestiones de cierta importancia. Primero, era necesaria la autorización de los padres. Y después, había que plantear el aplazamiento de los exámenes finales en la escuela. ¿Consentirían esto Josep y Rosa? ¿Y los profesores?

Puyol estaba hecho un manojo de nervios. No estaba del todo seguro de que fueran a darle aquellos dos permisos, sin los cuales no podría volver a Barcelona. Por momentos creía que sus padres no pondrían ninguna traba a su proyecto y a ratos pensaba que los impedimentos llegarían por parte de sus profesores. Aquellas dudas hicieron que, a pesar del cansancio del viaje y del duro entrenamiento, le costara mucho conciliar el sueño aquella noche. Siendo tan inquieto como era, no descansó hasta que se resolvieron todos los problemas.

Una vez conseguida la autorización de sus padres y pactado el aplazamiento de los exámenes, quedaba por despejar otra incógnita. ¿Dónde se alojaría Carles durante las dos o tres semanas que debería permanecer en Barcelona? Sus tíos Raimundo y Emilia vivían en la Ciudad Condal, pero Ramon Sostres se había ofrecido a tutelarle. Además, la casa del que hoy es su representante, su socio y su amigo, se encontraba a escasa distancia del Camp Nou. Sostres vivía en la calle Lluçà, cerca de un lugar tan mítico de la historia azulgrana como el campo de Les Corts. Y desde allí se tardaban unos cinco minutos en llegar al Mini Estadi, en cuyos campos de césped artificial tenían lugar los entrenamientos del equipo juvenil.

Carles Puyol se había comprometido con sus padres y con sus profesores a dedicar las mañanas a preparar sus exámenes y las tardes, al entrenamiento. La segunda parte la cumplió con creces, pero la primera, no. Ramon y Marisa se iban a trabajar y él se marchaba al quiosco a comprar la prensa deportiva. Miraba y remiraba, leía y releía todo lo relacionado con el Barça. Y luego recortaba las fotografías de sus ídolos del primer equipo azulgrana y las pegaba en unas cartulinas. «Cuando regrese a La Pobla de Segur, las colgaré en las paredes de mi habitación», pensaba a medida que iba completando cada lámina.

Aunque su deseo era pasar la prueba y fichar por el FC Barcelona, no acababa de darse cuenta de que cuanto mejores eran sus entrenamientos, más lejos estaba de volver a su casa. Y Martínez Vilaseca, que ya había recibido la confirmación de que seguiría al frente del equipo de División de Honor juvenil, tuvo claro desde el primer momento que un tipo como Carles, que en muchas cosas recordaba a un futbolista tan querido entre los barcelonistas como Johan Neeskens, iba a venirle muy bien para afrontar aquella temporada 1995-96. Porque además de ser fuerte, explosivo, rápido, trabajador, valiente, competitivo y solidario, Puyol era un tipo que contagiaba el entusiasmo a todos sus compañeros.

Los entrenamientos se celebraban cada tarde a partir de las cinco y media. Además de los jugadores de la plantilla de aquel año, alguno de los cuales no sabía si continuaría en el club, había otros futbolistas que, como sucedía en el caso de Puyol, estaban a prueba. Después de cada sesión, Martínez Vilaseca hablaba unos instantes con los padres o tutores de aquellos aspirantes. Sostres era quien recogía los comentarios del entrenador azulgrana y quien se encargaba, tarde tras tarde, de regatear en seco al centrocampista. Carles era tan pegajoso con sus rivales en el campo de fútbol como pesado a la hora de preguntarle a Ramon. «¿Qué te ha dicho?», insistía día sí y día también. La respuesta que recibía cada tarde también era la misma: «Que mañana, a las cinco y media».

Fue así hasta que se cumplieron las tres semanas. Entonces, Joan Martínez Vilaseca convocó a Puyol para disputar un partido amistoso en la localidad de Sallent de Llobregat, en la comarca barcelonesa del Bages. Aquel era el pueblo en el que había nacido Gabriel García de la Torre, Gabri, que sería compañero suyo desde la temporada 1997-98 hasta que, en verano de 2006, fue traspasado al Ajax de Ámsterdam. A pesar de que Carles es casi un año mayor, jugaron juntos en el Barcelona C, en el B y también en el primer equipo. Además, fueron compañeros en la selección española que ganó la medalla de plata en los Juegos Olímpicos de Sídney'2000.

Al acabar el partido, y antes de emprender el viaje de regreso a casa, el entrenador azulgrana se acercó a Carles y le preguntó si le haría ilusión fichar por el Barça. Puyol hizo un esfuerzo enorme por contener su emoción, pero le respondió con una gran rotundidad: «Claro que sí». La conversación no finalizó aquí. En un tono seco, propio de quien tiene el mando y quiere que se sepa, Martínez Vilaseca prosiguió: «Pues córtate el pelo». El futbolista, que siempre ha luchado por sus ideales con una extraordinaria fuerza interior, se mostró sumiso: «Lo que usted diga». Pero solo fue dócil de palabra, porque Carles Puyol no se cortó la melena entonces, como tampoco lo haría cuando un tipo más alto, más enérgico y más poderoso, el holandés Louis van Gaal, le dio la misma orden cuatro años después.

El día 22 de junio de 1995, Puyol acudió a las oficinas del Barcelona para firmar su primer compromiso con el club. En el bolsillo llevaba dos fotografías de tamaño carnet y el documento nacional de identidad. Le acompañó Ramon Sostres. Carles recuerda siempre que cuando esperaban para firmar el contrato y la ficha, el bosnio Meho Kodro estaba en una sala contigua, también para cerrar el acuerdo de su incorporación al club. Aquel mismo verano, el club fichó para el primer equipo a Luis Figo, Gica Popescu, Robert Prosinečki y Ángel Cuéllar. Él llegaba a coste cero, como se suele llegar al fútbol-base, pero aquellos cinco profesionales conllevaron una inversión de 2.100 millones de pesetas (12,6 millones de euros).

En las semanas que transcurrieron desde que Martínez Vilaseca le preguntó si quería fichar por el FC Barcelona y el comienzo de los entrenamientos de la temporada 1995-96, Carles afrontó sus exámenes en el colegio Sagrada Família, se despidió de sus compañeros de La Pobla de Segur y pasó sus últimas vacaciones antes de establecer su domicilio en La Masia. Esos también fueron los meses en los que Hristo Stoichkov, Ronald Koeman, Txiki Begiristain y Eusebio Sacristán abandonaron el club en el que habían conquistado tantos y tantos títulos. Era el final del *Dream Team* y el comienzo de otra historia que le tenía reservado un grandísimo papel a Puyol y a otros futbolistas de su tiempo.

Vivir en La Masia

El domicilio de Carles Puyol dejó de estar en La Pobla de Segur a finales de julio de 1995. Fue entonces cuando el juvenil de División de Honor que dirigía Joan Martínez Vilaseca empezó los entrenamientos para hacer frente a una temporada que, como todas las anteriores, estaría plagada de retos y de obstáculos. Ganar el Campeonato de Catalunya y conquistar la Copa del Rey de juveniles eran los objetivos del equipo. Asomarse por primera vez a una selección española y mejorar tanto como para subir un nuevo peldaño en el escalafón del fútbol formativo del club, eran los objetivos individuales del joven futbolista.

Carles dejó atrás la vida de pueblo, con sus padres, su hermano y sus amigos. Se trasladó a Barcelona con el tiempo justo para instalarse en la que sería su nueva casa, La Masia, y presentarse al primer entrenamiento de su nuevo equipo. Ahora ya no sería el benjamín de una plantilla de hombres hechos y derechos. Desde este momento sería un integrante más de un grupo de chavales de diecisiete o dieciocho años que debía compaginar la tarea de hacer fuerte al colectivo con la ambición personal de estar entre los pocos elegidos que, al término de una temporada que apenas estaba comenzando, ascenderían al Barcelona C o al Barcelona B.

Puyol había conocido el viejo edificio de La Masia durante las tres largas semanas que había permanecido allí a prueba. Pero entonces se había alojado en la casa de sus amigos, Ramon Sostres y Marisa Brenuy, y ahora debía compartir aquella vivienda con otros jóvenes deportistas del club a los que ni siquiera conocía. Vamos, que era capaz de reconocer el edificio, pero no tenía ni idea de con quién y cómo se vivía allí. Sus amigos de siempre no estarían con él y debería adaptarse a una nueva vida, en un lugar que todavía le resultaba ajeno, y con nuevos compañeros de los que, durante los primeros días, le costaba recordar sus nombres de pila.

No era una situación fácil, aunque tampoco difícil. Simplemente, era nueva para un muchacho de diecisiete años acostumbrado a vivir rodeado de su gente, en un ambiente completamente distinto. Y debería habituarse a que sus padres, su hermano y sus amigos estaban a doscientos kilómetros de distancia y solo podría verlos unas pocas veces al año, con ocasión de las vacaciones de Navidad y de verano. Eso sí, tenía el consuelo de que personas como Ramon y Marisa, o su exprofesora Conxita Solé y su marido Antoni Oliveres, iban a estar muy cerca siempre que lo necesitara.

No dejaba de ser curioso, sin embargo, que Puyol fuera a residir a una masía, construcción típica catalana integrada en un amplio terreno en el que, habitualmente, las familias desarrollan actividades agrícolas y ganaderas necesarias para su supervivencia. Es cierto que La Masia del FC Barcelona era, en aquellos momentos, algo distinto. Pero aquel caserón de gruesas paredes de piedra y con aquella estructura tan peculiar era una construcción al más puro estilo del Mas de Gras, la casa de sus antepasados en la Vall d'Adons.

La casa de Mas de Gras era más antigua que La Masia, cuya construcción data de 1702. Pero la historia que encierran estas dos edificaciones tan singulares es muy grande. La masía de Adons guardaba los recuerdos de numerosos ascendientes de la familia Puyol y la residencia de futbolistas del FC Barcelona, conocida como Can Planes, también fue el domicilio de varias generaciones de payeses. Mas de Gras ya estaba deshabitada en esa época y La Masia estaba llena de vida gracias al proyecto iniciado por la directiva azulgrana a finales de la década de los setenta. Hoy, desdichadamente, también ha quedado vacía.

Catalogada como bien de interés cultural por el Ayuntamiento de Barcelona, La Masia fue adquirida por el FC Barcelona en el año 1953, bajo la presidencia de Francesc Miró-Sans, el hombre al que se conoce como «el padre del Camp Nou». Aunque no es del todo exacto que lo fuera. El verdadero padre del estadio fue Ladislao Kubala. El futbolista húngaro empequeñeció el campo de Les Corts hasta tres veces, a pesar de que la última ampliación permitió que el aforo alcanzara los 60.000 espectadores. En cualquier caso, Miró Sans compró los terrenos para la construcción del nuevo recinto y, con ellos, el singular edificio que acabaría por dar nombre a la fábrica de talentos azulgrana.

La Masia fue utilizada como taller de trabajo de los arquitectos Francesc Mitjans, Josep Soteras y Lorenzo García mientras duraron las obras de construcción del Camp Nou. Y eso fue entre el 28 de marzo de 1954, cuando se colocó la primera piedra, y el 24 de septiembre de 1957, cuando se procedió a su inauguración. Después quedó en desuso durante ocho años, hasta que el 26 de septiembre de 1966 se convirtió en la nueva sede social del club. Esto sucedió bajo la presidencia de Enric Llaudet y se mantuvo hasta que, en 1978, la directiva que encabezaba Josep Lluís Núñez optó por trasladar las oficinas al Palau Blaugrana, donde ya se habían establecido previamente los despachos de algunas secciones del club.

El 20 de octubre de 1979, el propio Núñez inauguró la que ha sido considerada durante muchos años como una de las obras más trascendentes de la historia de la entidad. Más allá de que entre las paredes de tan singular edificio comieran o durmieran una cincuentena de jóvenes promesas del fútbol azulgrana, La Masia ha sido el centro en el que se han transmitido unos conocimientos y unos valores que, seguramente, diferencian a un futbolista formado en la escuela del FC Barcelona de cualquier otro deportista formado en cualquier otra escuela. Los jóvenes talentos que han pasado por ella tienen un sello que no es ni mejor ni peor que otros. Es, simple y llanamente, el sello de un modelo distinto.

En sus comienzos, La Masia contó con una cocina, un comedor, una gran sala de estar, cuatro habitaciones con capacidad para ocho camas cada una, varios baños, unos vestuarios y el despacho de administración. Pero en 1995, cuando Carles Puyol se convirtió en uno de sus inquilinos, el edificio había sufrido algunos retoques y disponía de mayor capacidad. Y ya no estaba reservado exclusivamente a futbolistas, sino que albergaba a deportistas de otras disciplinas, como el baloncesto, el balonmano o el hockey sobre patines. Finalmente y coincidiendo con el momento en que Puyol se marchó a compartir piso con Felip Ortiz y Xavier Molist, el FC Barcelona inauguró un segundo centro en el Gol Norte del Camp Nou, que permitió doblar el número de camas disponibles.

La Masia cerró en el otoño de 2011, cuando se estrenó el nuevo Centre de Formació Oriol Tort, levantado en el corazón de la Ciutat Esportiva Joan Gamper. Como no podía ser de otra manera, Puyol estuvo en el acto inaugural. Aquel 20 de octubre, el club fue capaz de reunir a ciento cincuenta deportistas de los casi quinientos que habían habitado la vieja residencia anexa al Camp Nou. Entre ellos estuvieron Guillermo Amor, *Chapi* Ferrer, Pep Guardiola, Víctor Valdés, Andrés Iniesta... No pudo estar Ángel Pedraza, el primer futbolista criado en La Masia que consiguió debutar en el equipo profesional. Pedraza había fallecido, víctima de un cáncer, el día 8 de enero de aquel mismo año.

En su libro *El meu partit*, Carles Puyol empieza el capítulo sobre sus primeros días en la Ciudad Condal diciendo que «La Masia pasó a ser mi nueva casa; el Mini, mi calle; y Barcelona, mi pueblo». El cambio fue grande, muy grande. Salir de una población de 3.500 habitantes, sin apenas semáforos, y meterse en una capital con casi dos millones de ciudadanos y un tráfico diario de un millón de vehículos no dejaba de ser chocante. La experiencia de las tres semanas que había estado a prueba en la primavera suavizó el impacto de las primeras sensaciones. Aun así, le costó habituarse a tener que cubrir un trayecto de cuarenta y cinco minutos en autobús para ir, todas las mañanas, al colegio en el que proseguía sus estudios.

Por aquel entonces, el club tenía suscrito un convenio con Unitec, un centro que se encontraba en la plaza de Catalunya. El acuerdo entre el FC Barcelona y el colegio consistía en que los alumnos realizaban las clases en horario de mañana, de forma que podían entrenarse por las tardes sin ningún tipo de limitación. Eso comportaba que los jugadores llevaban deberes a La Masia, donde el director de la residencia, el entrañable César Farrés, trataba de controlar que los chicos cumplieran con sus obligaciones lectivas. Puyol y sus demás compañeros tenían que madrugar, desayunar, subir hasta la Diagonal y allí tomar el autobús número 7 que les conducía hasta prácticamente la puerta del colegio.

Tan pesado como se le hacía el viaje de ida, se le hacía también el de vuelta. Después de cinco horas de clase y con el estómago vacío, Carles tenía ganas de regresar a La Masia, dejar sus libros en la habitación, lavarse las manos y acudir al comedor. Fernando era el cocinero y Josefina, Imma, Belén y Anna le ayudaban tanto en las tareas de preparar la comida como en la de servirla. Muchas veces el club se planteó la posibilidad de transformar aquella organización en un «sírvase usted mismo», al más puro estilo americano, ya implantado en algunas escuelas de fútbol como la de Clairfontaine, en las inmediaciones de París.

Puyol recuerda que el menú era cerrado y que, por lo tanto, no había posibilidades de escoger. Se tenían en cuenta las pautas marcadas por los médicos en los casos de enfermedad, o si alguien requería un régimen especial, pero todos sabían que, salvo aquellas contadas excepciones, todo el mundo tenía que comer lo que le ponían en el plato. En el centro de cada mesa había siempre una magnífica ensalada con lechuga, tomate, aceitunas, atún… Además, los residentes de La Masia comían dos platos y postre. Eran comidas muy equilibradas, pensadas para jóvenes que, en muchos casos, todavía se encontraban en fase de crecimiento y que quemaban muchas calorías en los entrenamientos y en las actividades con las que ocupaban su tiempo libre. No faltaban nunca los hidratos de carbono ni las proteínas. Y para beber, tiraban de unas magníficas jarras de agua del grifo.

Un día a la semana, Carles iba a visitar a sus tíos Raimundo y Emilia y a su primo Jordi. Cuando salía del instituto Unitec, en lugar de coger el autobús número 7 para regresar a La Masia, iba a comer a la casa de los únicos familiares que tenía en Barcelona. El fin merecía el sacrificio que para él suponía, en hora punta de circulación, atravesar la ciudad. Para Puyol, ese ritmo enloquecido del tráfico y de las personas, que parecen tener prisa a todas horas, constituía un auténtico agobio al que tardaría muchos años en acostumbrarse.

Más allá de que Puyol almorzara una vez por semana en la casa de sus tíos, en La Masia todas las comidas se celebraban bajo la misma rutina. A las dos de la tarde se servía a los residentes de La Masia y media hora más tarde se incorporaban a comer los jugadores mayores de dieciocho años que vivían en pisos alquilados por el club en las inmediaciones del Mini Estadi. De hecho, dos años más tarde, Carles acabaría compartiendo con tres compañeros una de esas viviendas que el club utilizaba para dar salida a los futbolistas más maduros y liberar plazas en La Masia para los jóvenes que se incorporaban al comienzo de cada temporada.

Cuando Puyol se incorporó a La Masia, en verano de 1995, había unos cuarenta jugadores residiendo allí. Tanto el director como los empleados tenían muy en cuenta que la mayoría de los chavales que vivían allí procedían de lugares lejanos, eran de edades y hasta de culturas diferentes, y que cada uno asimilaba de un modo distinto el hecho de que sus padres, hermanos o amigos no estuvieran con ellos. Todo se complicaba un poco más porque las edades de los chavales oscilaban entre los doce y los dieciocho años. Es decir, que convivían niños, adolescentes y hombres ya casi hechos. Pero a los ojos de los responsables de la residencia, todos eran iguales y todos recibían el mismo tipo de trato.

Carles ha creído siempre que una de las mejores enseñanzas que puede recibirse en un centro como ese es, precisamente, que la diferencia de lugar de nacimiento, cultura, raza, religión, edad o forma de ser, en lugar de constituir un obstáculo, favorecía la convivencia y la integración de todos. A fin de cuentas, el objetivo era el mismo: aprovechar el tiempo al máximo, aprender de cada situación y de cada momento, mejorar día a día en los entrenamientos y, si todo salía como soñaban, llegar a jugar en el Camp Nou como en aquel mismo momento lo hacían los profesionales del primer equipo azulgrana.

En La Masia había pocas formas de entretenimiento. Juegos de mesa, video-consolas, aunque no tan modernas ni sofisticadas como las de hoy, ping-pong o ver la tele era algo que estaba al alcance de todos. Pero la obsesión de la mayoría era el fútbol. Así que era muy frecuente ver a los chicos peloteando en la explanada de césped que había detrás del edificio, en el triángulo delimitado por la avenida Joan XXIII y el final de la calle Maternitat. Aunque lo que no tenía precio era ver a esos mismos chavales asomados a las ventanas de sus habitaciones para no perderse ni el más mínimo detalle de los entrenamientos que el primer equipo del club realizaba en el pequeño campo de hierba que se había construido en la esquina entre el Gol Norte y la residencia de jugadores.

¿Quién iba a decirle a Puyol que alguno de aquellos jugadores que vio entrenarse desde una de aquellas ventanas iba a ser no solo compañero suyo, sino amigo personal con el que, todavía hoy, mantiene unos vínculos muy fuertes?. Ese es el caso de Iván de la Peña, al que veía entrenarse junto a *Chapi* Ferrer, Sergi Barjuán, Luis Figo, Gica Popescu, Pep Guardiola y otros muchos jugadores a los que entonces dirigían Johan Cruyff y Carles Rexach. Eso fue el primer año, porque al segundo cambiaron unos cuantos de los protagonistas de aquellos entrenamientos. Seguían estando Figo o De la Peña... pero se habían incorporado Vítor Baía, Laurent Blanc, Giovanni Silva de Oliveira, Ronaldo Nazário da Lima y Luis Enrique, otro de los grandes amigos de Carles Puyol. Entonces, el entrenador era Bobby Robson y su primer ayudante, Jose Mourinho.

Esa habitación desde la que observaba los entrenamientos de sus ídolos de entonces tenía cuatro literas y estaba ocupada, por lo tanto, por ocho jugadores. Los primeros compañeros de cuarto fueron Oscar Sanjuán, Trashorras, Emilio, Araujo, Ismael, Fernando y Víctor Cortés. Más adelante estarían, también, Felip Ortiz y Xavier Molist con los que Carles creó una magnífica relación que hoy aún se mantiene. Es cierto que los contactos se han espaciado y que hoy son esporádicos o se reducen a una simple llamada telefónica. Pero los sentimientos que se generaron entre ellos durante aquel tiempo de convivencia perduran tanto como los recuerdos de esos años.

Felip Ortiz había conocido a Puyol durante las tres semanas de prueba que el centrocampista había realizado antes de ese verano. De hecho, el guardameta se había incorporado al club un año antes y había disputado la temporada 1994-95 con el juvenil B. Finalizada la competición, Joan Martínez Vilaseca había empezado a preparar su plantilla del juvenil de División de Honor. Para ello, había citado a varios jugadores del equipo inferior y a futbolistas de otros clubs que habían sido observados durante el año o que solicitaban una prueba, como era el caso de Carles. Martínez Vilaseca jamás renunciaba a la posibilidad de ver a un jugador, aunque fuera solo durante uno o dos entrenamientos. No costaba nada, porque por lo general el club solo pagaba los gastos de viaje y de estancia a los jugadores que acababan firmando contrato, y de esta manera se eliminaba el riesgo de que se escapara algún joven talento.

Pues bien, de aquellos entrenamientos de finales de la primavera de 1995, el portero Felip recuerda muchísimas cosas. Por ejemplo, le sigue extrañando que Josep Xavier no se quedara en el club. «El hermano de Puyol tenía una calidad enorme», recuerda de un modo que permite intuir el criterio de que Putxi era mejor futbolista que Carles. A Felip, sin embargo, también le llamaron la atención otras cosas, como la fuerza de voluntad de Carles por alcanzar el objetivo de fichar por el FC Barcelona y que el período de prueba fuera tan largo: «Parecía que no se terminaba nunca y que los técnicos no acababan de decidirse».

Bien como compañero de habitación como de equipo, Felip solo tiene palabras de elogio y de agradecimiento para Puyol. Eso sí, no olvida alguna de las novatadas que ellos mismos tuvieron que pasar como residentes de La Masia y que ellos mismos hicieron también a otros jugadores que se incorporaron después que ellos. La más frecuente de las gamberradas que se hacía en aquella época era echarle una jarra de agua por la cabeza al recién llegado cuando estaba durmiendo. Aunque también se hacían otras, como la conocida petaca, que consistía en doblar la sábana inferior por la mitad, de forma que al meterse en la cama el novato se encontraba con que no podía hacerlo con normalidad. También era frecuente que alguien lanzara una zapatilla al aire, de tal modo que fuera a parar sobre la cabeza del novato de turno. Y en ocasiones recurrían a la pasta de dientes para embadurnar la cabeza de algún compañero mientras dormía. Al día siguiente, la crema dentífrica se había secado y costaba Dios y ayuda quitársela de encima.

Más allá de estas y otras anécdotas, Carles Puyol ha sostenido siempre que el peor recuerdo que guarda de su estancia en La Masia son las terribles colas que se formaban a la hora de llamar por teléfono a la familia. En la residencia solo había dos líneas para los cuarenta jugadores que vivían allí y el tiempo de espera se hacía interminable. Aun así, hay que recordar que Carles, siempre y para todo, ha sido un gran impaciente y que aquel problema apenas duró unos pocos meses. A finales de 1995 la telefonía móvil dio un gran paso: aparecieron los primeros aparatos de bolsillo, con precios al alcance del gran público.

Campeón juvenil

Antes de abandonar La Pobla de Segur para instalarse en La Masia, Carles Puyol mantuvo una conversación muy profunda con su padre. Josep era un hombre de pocas palabras, pero cuando abría la boca siempre era para decir cosas importantes. No se adornaba ni tenía miramientos con el lenguaje. Es más, era directo, seco y duro en sus sentencias. Y aquel día, en un tono solemne, le dijo a su hijo que no se preocupara si las cosas no le salían bien, pero que si fracasaba por falta de actitud, por falta de sacrificio, por falta de disciplina o porque salía de noche, era mejor que no apareciera por casa.

Payés de raza y formado en el duro ámbito de la agricultura y de la ganadería, Josep sabía muy bien que es imposible sobrevivir sin esfuerzo y que el mejor premio por el trabajo realizado es la satisfacción del deber cumplido. Esos y otros muchos valores, que Josep Puyol siempre transmitió a sus dos hijos, estaban en el centro de ese sermón, seco y duro, que le había soltado a Carles en aquellas horas previas al inicio de su viaje al mundo del fútbol profesional.

Puyol no ha olvidado jamás aquellas palabras. Incluso le han retumbado dentro de la cabeza en algunas ocasiones. Sobre todo en sus primeros años de estancia en el club. Entonces, un error cometido por dejadez o por falta de disciplina podía tener una repercusión muy grande en su incipiente carrera. Menos mal que en aquellos primeros momentos, Joan Martínez Vilaseca estaba cerca para marcarle y advertirle de las consecuencias que podía tener un mal comportamiento.

Durante la pretemporada de 1995, el equipo acudió a Palencia. Un directivo de la Penya Barcelonista de esta ciudad se había ofrecido a pagar los gastos del viaje y de la estancia del juvenil azulgrana a cambio de su participación en dos torneos en los que jugarían el Sevilla CF, el Athletic Club de Bilbao y el Real Madrid, entre otros. En aquel desplazamiento, Puyol tuvo la primera ocasión de reflexionar sobre la advertencia que le había hecho su padre. Si se esforzaba no debía tenerle miedo al fracaso y si perdía la cabeza no podría volver a casa.

Con motivo de aquel viaje, Joan Martínez Vilaseca expuso unas normas de obligado cumplimiento a sus jugadores. Una de ellas era que podían salir a pasear después de la cena, pero que deberían estar de regreso al hotel antes de las once de la noche. Gerard López y Carles salieron con la intención de llamar por teléfono a sus familias desde una cabina telefónica, pero se entretuvieron más de la cuenta y volvieron al hotel con retraso. Su entrenador les recibió con dureza y les amenazó con que «la próxima vez os mando de vuelta a casa».

En aquellos dos torneos, el equipo azulgrana tuvo un magnífico rendimiento. Al margen de proclamarse campeón en las finales ante el Sevilla y el Real Madrid, muchos de los jugadores de Joan Martínez Vilaseca estuvieron a un nivel muy alto. Puyol fue uno de ellos. Y del mismo modo que su entrenador le había llamado la atención por no haber llegado al hotel a la hora fijada, esta vez le propuso a Andoni Goikoetxea, entonces seleccionador español sub-18, que le tuviera en cuenta. El que fuera defensa del Athletic de Bilbao le convocó al cabo de unas semanas para participar en un torneo amistoso en Italia. Carles se esforzó como siempre, pero sabe que ni él ni el equipo respondieron a las exigencias de aquel reto. La selección perdió los tres partidos y el precio que pagó Puyol fue muy alto, porque no volvió a ser convocado por ningún otro seleccionador durante un largo, larguísimo, período de tiempo. Tardó tres años en ser llamado de nuevo, ahora para jugar en la sub-21.

Ya metido en la competición de clubs, Carles se dio cuenta de que jugar en Primera Regional era más fácil que hacerlo en la División de Honor juvenil. El ritmo era más alto, sobre todo porque la circulación de la pelota era mucho más rápida, y él tenía que esforzarse mucho para no desentonar. Físicamente se sentía fuerte, pero era consciente de que bastantes compañeros suyos le superaban en calidad y en talento. Eso iba a obligarle a redoblar sus esfuerzos por no quedarse atrás.

Martínez Vilaseca respetó la posición que Puyol había ocupado en el CF La Pobla de Segur. Es decir, que le situó como centrocampista y más concretamente en el puesto de interior derecho. Ahí, Carles se sentía cómodo, porque podía ayudar al equipo en defensa y tenía, también, la posibilidad de llegar al área contraria. De hecho, mientras jugó en esa demarcación mantuvo una media de goles relativamente importante. Aquel año, incluso, marcó en el primer y en el último de los partidos oficiales de la temporada, contra el Mallorca B y frente al Real Madrid, en la final de la Copa del Rey juvenil disputada en Zaragoza.

El arranque de temporada del juvenil azulgrana fue brillante. El primer encuentro se jugó ante el Mallorca B, que se adelantó en el marcador, aunque acabó perdiendo por 2-1. El segundo gol, el de la victoria, fue de Puyol. Por la noche telefoneó a casa y contó a sus padres y a su hermano como había sido aquel tanto. «Arranqué en el centro del campo, regateé a todos los rivales que me encontré en el camino y también driblé al portero. El balón se me fue hacia la línea de fondo y tuve que volver atrás para marcar», explicó aquel día.

Los partidos se jugaban unas veces en sábado y otras en domingo. Cuando se celebraban en sábado, Carles aprovechaba que al día siguiente tenían descanso y se desplazaba hasta La Pobla de Segur para ver a sus padres y salir con su hermano Josep Xavier y sus amigos. Sobre todo con Javi Pérez, al que echaba mucho de menos. En cambio, si el equipo disputaba sus encuentros en domingo, no le quedaba otro remedio que quedarse en La Masia. Eso sí, aprovechaba para ir al Camp Nou a presenciar los partidos que jugaba el primer equipo. Ese era uno de los privilegios que ya tenían los jugadores del fútbol-base.

La plantilla de aquella temporada no era demasiado amplia en efectivos y el equipo sufrió las consecuencias cuando, por diversas circunstancias, los entrenadores del Barcelona B y del C reclamaron a alguno de los mejores juveniles para cubrir bajas o para buscar fórmulas que mejorasen el rendimiento de sus respectivos equipos. Por esta razón, sobre todo por esta razón, el equipo se resintió y tuvo una fase intermedia del campeonato un tanto irregular. Sin embargo, cuando llegó el momento de disputar la Copa, Martínez Vilaseca pudo contar con todos sus efectivos y preparar a conciencia los últimos partidos de ese torneo.

El juvenil del FC Barcelona eliminó al CA Osasuna en la eliminatoria de octavos de final, al Albacete CF en los cuartos y al CD Tenerife en las semifinales, con cinco victorias y una única derrota en el Heliodoro Rodríguez, dieciséis goles a favor y ocho en contra. Su adversario en la final sería el Real Madrid, que se había deshecho del Sporting de Gijón, el Real Betis y el Athletic Club de Bilbao, cediendo un único empate en el Benito Villamarín y con veintiún goles marcados y siete encajados. Las cifras de ambos eran muy buenas, pero las del Real Madrid resultaban un poco mejores que las de los azulgrana.

La final de la Copa del Rey se celebró el último día de la temporada, es decir, el 30 de junio de 1996. La Real Federación Española de Fútbol había concedido la organización del partido al Real Zaragoza y, por lo tanto, se jugó en el campo de La Romareda, que el 10 de abril había sido escenario de la final grande, es decir, la de los profesionales. En aquel caso, llegaron al último partido el Atlético de Madrid y el FC Barcelona. Ganaron los rojiblancos por 1-0, con gol de Pantic en el minuto 102 de la prórroga. En el equipo que dirigía Johan Cruyff jugaron muchos futbolistas formados en la cantera barcelonista, como era el caso de Busquets, Ferrer, Celades, Sergi, Amor, Guardiola, Roger y su propio hijo, Jordi.

Ni los impactantes resultados del Real Madrid en las eliminatorias previas a la final ni, por supuesto, el hecho de que el equipo mayor hubiera perdido un mes antes en La Romareda tenían que preocupar lo más mínimo a los juveniles azulgrana. Llegaban en inmejorables condiciones y con el convencimiento de que podían derrotar a su rival, como ya habían hecho durante la pretemporada en el torneo de Palencia. Así que la víspera del partido se subieron al autocar y se fueron a la conquista de la séptima Copa del Rey juvenil de la historia del club y primera para los jugadores que dirigía Martínez Vilaseca.

El 30 de junio por la mañana, otro autocar salía desde La Pobla de Segur con destino a Zaragoza. Exdirectivos, exentrenadores, excompañeros del colegio y del equipo de fútbol del pueblo, familiares y amigos de Puyol querían estar a su lado en el que, hasta ese momento, era el partido más importante de su vida. De todos aquellos pasajeros había uno muy especial. Rosa Saforcada, la madre de Carles, iba a presenciar un partido de su hijo por primera vez. Nunca antes había asistido a ninguno de los encuentros de fútbol-sala o de fútbol grande que había disputado con el equipo del colegio Sagrada Família o con el CF La Pobla de Segur.

El FC Barcelona tuvo un inicio de partido excepcional. Con el fútbol que ha identificado a sus equipos durante los últimos cuarenta años y, en especial, durante las ocho temporadas que Johan Cruyff fue director técnico del club, se hizo dueño de la pelota y del juego. El equipo jugaba con el sistema 1-4-3-3, abriendo mucho el campo para crear el mayor número de espacios posibles y dificultar el trabajo defensivo del Real Madrid. Los goles de Ismael y Juanjo Carricondo adelantaron a los azulgrana, pero antes del descanso reaccionó el Real Madrid y le dio la vuelta a la situación. Ahora eran los blancos los que tocaban y tocaban, hasta el punto de igualar el marcador con tantos de Santaelena y Jaime.

El Real Madrid empezó el segundo tiempo como había acabado el primero. Mandando en el juego y transmitiendo sensaciones de favorito para la victoria. El trabajo de todos y, como siempre, de un Puyol convertido en imagen del compromiso y de la voluntad de ganar permitieron que el FC Barcelona se adelantara en el marcador con un gol de Caballero. El partido se rompió en los instantes finales, con jugadas de peligro en ambas áreas, hasta que, a solo un minuto para el término del encuentro, llegó el cuarto y definitivo gol azulgrana. La acción resultó un tanto extraña. El balón cayó hacia la banda derecha, cerca del vértice del área, y Carles trató de centrar sobre el punto de penalti, buscando el remate de un compañero. Un jugador del Real Madrid despejó la pelota en dirección a la línea de fondo y Puyol, cayéndose y casi sin ángulo, disparó con la pierna izquierda, la mala. Es posible que el portero Oliver pensara que el centrocampista azulgrana iba a centrar, porque se alejó de la línea de meta, y el balón se coló en la portería del Real Madrid.

Felip Ortiz, Rubén, Ferrón, Óscar Jornet, Antonio Hidalgo, Héctor, Edu, Gerard López, Marc Bernaus, Dani Bigas, Juanjo Carricondo, Puyol, Ismael, Ávila, Jordi, Luis García, Caballero y Molist celebraron la victoria por todo lo alto. Alguno de ellos ya había ganado títulos con los equipos inferiores del club, pero para otros muchos, y entre ellos Carles Puyol, aquel era el primer trofeo conquistado con el FC Barcelona. El caso de Martínez Vilaseca era distinto, porque ese era su último partido oficial como entrenador, después de muchos años en los banquillos. Quizá por esta razón, los jugadores dedicaron aquel título a su técnico.

La trascendencia que los medios de comunicación le dieron a aquella final de la Copa del Rey fue escasa. Es cierto que aquel mismo día sucedieron cosas muy importantes en el ámbito del deporte. Pero que un periódico como La Vanguardia solo publicara el resultado del encuentro en su suplemento de deportes de aquel lunes 1 de julio o que otro medio como El Mundo Deportivo no ofreciera a sus lectores ni siquiera la ficha técnica del partido, era sorprendente. Y era sorprendente, por mucho que el mismo día de la final Luis Enrique acabara su contrato con el Real Madrid y quedara libre para fichar por el FC Barcelona; por mucho que Miguel Indurain se hubiera salvado de una caída que podía haberle costado su sexto Tour de Francia y por mucho que la selección de Alemania ganara, en el mítico Wembley, la Eurocopa de Naciones con su apretado pero justo triunfo, por 2-1, ante una sorprendente selección de Chequia.

La temporada, sin embargo, no terminó ahí para Carles Puyol. Aquel año se produjeron otros dos acontecimientos importantes en su vida. Uno de índole privada y otro directamente relacionado con su condición de futbolista. Unos meses antes de la final de la Copa del Rey había conocido a Agnès, su primera novia. Fue durante un partido del primer equipo en el Camp Nou. Desde ese día, ella se convirtió en asidua espectadora de los partidos que el equipo de Carles celebraba en el Mini Estadi. Acudía, siempre, acompañada de su amiga Paloma. Pero el broche ideal a la temporada llegó cuando los jugadores de la plantilla eligieron a Carles Puyol como mejor compañero del año. La elección se realizó mediante votación secreta y el resultado se dio a conocer, como de costumbre, en el transcurso de la cena de clausura que el fútbol-base celebraba al término de las competiciones.

La tutela de Gonzalvo

Joan Martínez Vilaseca fue un personaje fundamental en los inicios de Puyol como jugador del FC Barcelona y volvería a jugar un papel trascendente en otro momento de su carrera profesional como futbolista. Pero ahora, después de cerrar su etapa como juvenil con el broche de oro de la Copa del Rey ganada al Real Madrid, Carles iba a tener un entrenador no menos importante para su progreso como futbolista. De hecho, Josep Maria Gonzalvo iba a acompañarle durante cuatro temporadas que resultarían claves en el proceso final de su formación.

En verano de 1996, Martínez Vilaseca abandonó definitivamente los banquillos después de haber pasado por todas las categorías inferiores del club. Desde el 1 de julio de aquel año y por decisión personal de Josep Lluís Núñez pasó a compaginar dos funciones tan distintas como la de acompañar a Oriol Tort en la coordinación del fútbol-base y gestionar provisionalmente, hasta la llegada de Louis van Gaal, la secretaría técnica del primer equipo, que, durante aquel período de interinidad, estaba entrenando por el inglés Bobby Robson, con el portugués Jose Mourinho como segundo.

Entre las primeras decisiones que debían tomarse estaban las de cerrar las plantillas del Barcelona B y el Barcelona C, que en aquellos momentos ni siquiera tenían entrenador. El segundo equipo iba a jugar en Segunda A y el tercero, en el grupo catalán de Tercera División. Se eligió a Juande Ramos para dirigir al B y a Josep Maria Gonzalvo para entrenar al C. En este último caso, Gonzalvo formó parte de una terna de candidatos en la que también estaban Paco Martínez Bonachera y Josep Maria Nogués. Después de hablar con todos ellos, a Martínez Vilaseca le quedaban dudas en cuanto a qué proyecto de los tres se ajustaría mejor a las necesidades del club, pero Oriol Tort apostó firmemente por Gonzalvo.

Cuando se desarrollaron las conversaciones, Josep Maria Gonzalvo estaba disputando el *play-off* de ascenso a Segunda División B con el FC Santboià. El equipo se había clasificado tercero en la Liga y se había ganado el derecho a disputar una plaza en la categoría superior frente a Cartagena, Poblense y Llíria. Cuando Martínez Vilaseca llamó por teléfono a Gonzalvo, este pensó que era para comunicarle que le descartaban y trató de priorizar la preparación de uno de los encuentros de la liguilla de ascenso. Pero el representante del club azulgrana no le dio opción. «Es muy importante», le dijo. Aunque tenía ofertas de otros clubes, Gonzalvo no tuvo la menor duda. El FC Barcelona era su nuevo destino.

Su padre, Josep Gonzalvo, y sus tíos Juli y Mariano habían sido jugadores del primer equipo azulgrana. Mariano, conocido como Gonzalvo III, fue el que tuvo mayor recorrido, mayor éxito y mayor participación en las conquistas del mítico Barça de las Cinco Copas. Todo lo contario que Juli, el mayor de los tres, que no llegó a jugar ningún partido oficial. Pero Gonzalvo II había sido jugador, entrenador y directivo del FC Barcelona en diferentes etapas, algo que solo había sucedido en el caso de Romà Forns. Josep Gonzalvo, sin embargo, no podría ver a su hijo como entrenador barcelonista. Víctima de una inesperada complicación tras una intervención quirúrgica, había fallecido en 1978, a los 58 años.

Desde el momento en que decidió aceptar la oferta del Barcelona, Josep Maria empezó a ver vídeos para decidir con que jugadores contaría en su plantilla. Entre las muchas cintas de VHS que visionó estaba, por supuesto, la final de la Copa del Rey de juveniles que el FC Barcelona había disputado y ganado frente al Real Madrid en La Romareda. Gonzalvo quedó impresionado con varios jugadores de aquel equipo y, de forma especial, con Carles Puyol. «No había visto nunca en mi vida a un jugador con mayor capacidad de trabajo, más competitivo y más solidario. Me dejó acojonado», recuerda sin tapujos.

Durante aquellos momentos previos al comienzo de los entrenamientos se produjeron varias discusiones. Sobre todo, porque Gonzalvo no tenía demasiado claro que Óscar Álvarez, el hijo pequeño de Quique Costas, tuviera sitio en la plantilla y porque el club había cerrado la incorporación de un jugador del Tárrega, el centrocampista Marc Carballo, cuando en opinión del nuevo entrenador azulgrana el mejor futbolista del equipo de la comarca del Urgell (Lleida) era Joan Capdevila. En aquellos momentos, tanto Carballo como Capdevila tenían dieciocho años y hoy, con la perspectiva del tiempo, no parece que haya dudas en cuanto a que Josep Maria Gonzalvo tenía la razón de su parte.

Finalmente y como no podía ser de otra manera, la plantilla se cerró y el equipo empezó los entrenamientos. Aunque eso de los entrenamientos fuera un puro eufemismo, porque al margen de estar cuatro días concentrados en el Centro de Alto Rendimiento (CAR) de Sant Cugat, los jugadores dedicaron la pretemporada a disputar un total de catorce partidos. No era lo que habría diseñado Gonzalvo, pero los compromisos estaban adquiridos y no le quedó otro remedio que adaptarse a las circunstancias. Eso y tratar de convencer a los jugadores de que subir al autocar, bajar del autocar, jugar un amistoso, subir al autocar, bajar del autocar, jugar un amistoso... y así sucesivamente no era del todo malo.

Antes de empezar la temporada, Gonzalvo decidió convocar a sus jugadores a una salida nocturna. La sorpresa fue mayúscula para todos. Nunca ningún entrenador les había invitado a cenar y a tomar una copa. Fueron al Maremágnum, un centro comercial y lúdico que se había inaugurado poco tiempo antes, dentro del proyecto de remodelación del Moll de la Fusta, en el puerto de Barcelona. El complejo contaba con tiendas, bares, restaurantes y discotecas. Alguno de los jugadores no había estado nunca allí. Muchos quedaron impresionados. Unos por el lugar al que habían sido invitados y otros por el hecho de que su entrenador les hubiera llevado allí para agradecerles la intensidad con la que habían trabajado hasta aquel momento. Al finalizar la noche, Carles Puyol asumió un papel de líder que no le correspondía, pero que revelaba la clase de persona que es. Se acercó a su nuevo técnico y le dijo: «No sabe lo felices que nos ha hecho hoy».

Felip, Rubén, Ferrón, Jornet, Óscar Álvarez, que finalmente

se quedó en la plantilla, Casablanca, Miguel Ángel, Puyol, Bauzá, Carballo, Molist, a quien Juande Ramos no quería en el Barcelona B, Ávila y Cabello estuvieron entre los jugadores más utilizados por Gonzalvo a lo largo de la temporada. El equipo fue segundo en el grupo catalán de Tercera División y podría haber disputado el *play-off* de ascenso a Segunda División B. Pero la trayectoria del equipo que dirigía Juande Ramos fue horrenda. Probó a más de cincuenta futbolistas durante la temporada, dio preferencia a jugadores de veintisiete ó veintiocho años ante otros más jóvenes y de mayor talento y fue incapaz de ganarse la confianza de nadie. La consecuencia fue que el Barcelona B perdió la categoría e impidió, de este modo, que el tercer equipo del club pudiera participar en la liguilla de ascenso.

Es cierto que Juande Ramos hizo un intento para que Carles Puyol subiera al segundo equipo durante la temporada. Pero al parecer existía una cláusula en su contrato que lo impedía. En cualquier caso, Puyol completó un año magnífico y resultó fundamental para que Gonzalvo pudiera alternar el 1-4-3-3, el 1-3-4-3 con el centro del campo en rombo y el 1-4-4-2 con los mediocentros situados en un nivel distinto del terreno de juego. Carles jugó casi siempre en la teórica posición del interior derecho, aunque en alguna oportunidad también fue alineado como lateral o como exterior de banda, con el centro del campo de cuatro.

Josep Maria Gonzalvo recuerda que, en su primer año en el club, decidió dedicar una sesión de entrenamiento a la semana para la mejora de la técnica individual. Así, por ejemplo, trabajó varias veces durante la temporada el golpeo con la pierna no dominante. No olvida que Puyol asistía a todas esas sesiones de trabajo con una predisposición excepcional y que «si se indicaba que los jugadores debían realizar veinte golpeos, Carles siempre hacía cuarenta y cinco o cincuenta». También destaca que al margen de las cuestiones propias del aprendizaje, Puyol era un tipo fundamental para la convivencia entre los integrantes de la plantilla.

En circunstancias normales, Gonzalvo solo habría dirigido a Carles Puyol aquella temporada. Pero el Barcelona B de Juande Ramos perdió la categoría, como ya le habían vaticinado al presidente Josep Lluís Núñez en un informe confidencial sobre el fútbol-base del club. Aquel informe anónimo señalaba que el segundo equipo del club no estaba estructurado de acuerdo con los criterios formativos que debían estar presentes en el último peldaño de la escalera del fútbol-base. También recogía la necesidad de que en todas las categorías se trabajara de acuerdo con la misma filosofía, el mismo modelo de juego y las mismas esencias. Con ello se pretendía mejorar la preparación de jugadores para el primer equipo. Finalmente, el informe recomendaba que, paralelamente al proceso de formación de jugadores, el club desarrollara un modelo propio para la formación de técnicos.

El descenso del segundo equipo del club precipitó la puesta en marcha de algunas de las recomendaciones que se contenían en aquel informe. Si el equipo hubiera mantenido la categoría quizá no se habría podido partir de cero. Pero el descenso se produjo y el tándem formado por Oriol Tort y Joan Martínez Vilaseca optó por reestructurar el tramo alto de la formación. Para ello establecieron unas pautas de trabajo comunes y optaron por promocionar a los técnicos de la casa. Gonzalvo pasó a dirigir el Barcelona B, Joan Vilà fue designado para entrenar al Barcelona C y Juan Carlos Pérez Rojo se hizo cargo del juvenil de División de Honor. Actualmente, Vilà sigue vinculado al club como responsable de un departamento de I+D de fútbol y Rojo forma parte del departamento de *scouting*.

Louis van Gaal llegó aquel verano de 1997 al FC Barcelona. Y llegó para continuar una obra que se había iniciado en 1971 con la llegada de Marinus Michels y que había continuado durante las ocho temporadas de Johan Cruyff como director técnico del club. A diferencia de Cruyff, que era un hombre muy intuitivo, Van Gaal tenía una extraordinaria formación como entrenador y venía de un club, el Ajax de Ámsterdam, donde aquellos conceptos de trabajo por los que ahora se apostaba en el fútbol-base del club venían desarrollándose desde mucho tiempo atrás. Es muy posible que la opinión del nuevo entrenador del primer equipo también influyera en la apuesta por jugadores y técnicos de la casa.

Así que el cambio empezó a plasmarse en la composición de la plantilla del segundo equipo azulgrana. De todos los jugadores que había utilizado Juande Ramos en Segunda A, solo Arnau Grabulosa, Juanjo Carricondo y Jordi Martínez continuaron en la plantilla. Los demás elegidos por Josep Maria Gonzalvo fueron jugadores que él había tenido en el Barcelona C y tres futbolistas del juvenil A, concretamente, Xavi Hernández, Gabri García de la Torre y Mario Rosas. Estos tres centrocampistas y Carles Puyol fueron fundamentales para la construcción de un equipo que acabaría por proyectar a varios de sus integrantes hacia la plantilla profesional en las temporadas siguientes.

Carles Puyol iba a empezar su tercer año en el club y ya había llegado al Barcelona B. Estaba subiendo a razón de un peldaño por temporada y, por lo tanto, iba acercándose al sueño de jugar en el primer equipo. Las cosas, sin embargo, no serían tan fáciles como hasta ahora, a pesar de que el crecimiento futbolístico del centrocampista seguía un ritmo muy regular. Para la nueva mejora de sus prestaciones, fue importante que Josep Maria Gonzalvo utilizara con mucha frecuencia el sistema 1-3-4-3 con el medio del campo en rombo. Xavi actuaría como medio centro, cumpliendo con la función de «4» en la que había sido formado desde su llegada al club, Puyol y Gabri jugarían como interiores y Mario se colocaría en la otra punta del rombo, por detrás de los dos delanteros.

El equipo hizo un campeonato espectacular. Finalizó primero en el Grupo III de la Segunda División B, con 73 puntos en los 38 partidos disputados. Por detrás se clasificaron el Terrassa, el Mallorca B y el Espanyol B. Los cuatro, por lo tanto, se habían ganado el derecho a participar en el *play-off* de ascenso a Segunda A. Y lo mejor de todo es que las sensaciones que transmitían los jugadores eran inmejorables y todo hacía pensar que podían regresar a la categoría que se había perdido solo un año antes. El camino no iba a ser nada fácil, porque el sorteo para la liguilla de ascenso había colocado al Barcelona B en el Grupo C, junto a la Cultural Leonesa, el Cádiz CF y el Real Madrid B.

La Copa Catalunya

*L*a Copa Catalunya es una competición joven, muy joven, que organiza la Federación Catalana de Fútbol desde el año 1984. Aunque se ha pretendido darle carácter oficial, lo cierto es que el escaso interés que han demostrado por ella los dos mayores clubs del país, el FC Barcelona y el RCD Espanyol, ha impedido que pudiera convertirse en el torneo con el que recuperar el espíritu del viejo Campeonato de Catalunya, que se celebró entre los años 1903 y 1940.

En contra de lo que pueda pensar mucha gente, el Campeonato de Catalunya tuvo una extraordinaria preponderancia. Reemplazó a la Copa Macaya, que se disputó en el ámbito territorial catalán desde el año 1900, y se convirtió muy pronto en una competición mayor, tanto por la cantidad de clubs que participaban en ella como por la trascendencia deportiva y social que tuvo desde sus mismos orígenes. En aquellos tiempos, la única competición de carácter nacional que se celebraba era la Copa del Rey, surgida a raíz de la singular experiencia que significó la Copa de la Coronación, un torneo que se celebró, en el año 1902, para conmemorar el acceso de Alfonso XIII al trono de España que, hasta su mayoría de edad, había ocupado su madre, la reina María Cristina.

El interés por el Campeonato de Catalunya no desapareció ni siquiera cuando, en el año 1929, empezó a disputarse el primer Campeonato de Liga. Hasta el inicio de la Guerra Civil Española, los torneos regionales de clubs convivían perfectamente con los dos torneos de carácter nacional. Pero en el año 1940, el gobierno que presidía el general Franco y que estaba integrado por una interminable corte de aduladores que pugnaba por ocupar los puestos más relevantes de la dictadura, tomó la decisión de borrar de un plumazo todas las competiciones regionales y obligar a todos los clubs catalanes a participar únicamente en los dos torneos organizados por la Federación Española de Fútbol. Es decir, el Campeonato Nacional de Liga y la Copa de Su Excelencia el Generalísimo, que reemplazaba, también por decreto, a la Copa del Rey.

La muerte de Francisco Franco, el 20 de noviembre de 1975, abrió paso a una larga transición hacia la democracia. Una transición que por momentos parece no haber terminado todavía, pero cuyos inicios coincidieron en el tiempo con la concepción, el nacimiento y los primeros meses de vida de Carles Puyol. A fin de cuentas, Adolfo Suárez ganó las primeras elecciones democráticas de la postguerra española el 15 de junio de 1977, como cabeza de lista de Unión de Centro Democrático (UCD) y la vigente Constitución Española fue aprobada en referéndum el 6 de diciembre de 1978, aunque no fuera publicada en el Boletín Oficial del Estado hasta el 29 de diciembre de ese mismo año.

Sólo unos meses antes del fallecimiento del dictador, Pablo Porta fue nombrado a dedo presidente de la Federación Española de Fútbol. Falangista activo y antiguo jefe del Sindicato Español Universitario (SEU) en Catalunya y Baleares, Porta fue elegido por Fernando Herrero Tejedor, ministro-secretario general del Movimiento y, por tanto, uno de los cargos más significativos del franquismo. Su puesto en la Federació Catalana de Fútbol recayó, también por decisión autocrática, en la persona de Antoni Guasch, que había sido vicepresidente durante el mandato de su mentor y amigo Pablo Porta. Así que fue Guasch quien tuvo el honor de rescatar las competiciones territoriales por clubs. No lo hizo hasta 1984, con la celebración de la Copa Generalitat, un trofeo al que la propia Federació Catalana no quiso otorgar carácter oficial hasta la temporada 1989-90. Entonces, Jordi Pujol presidía la Generalitat de Catalunya. Se cumplían casi doce años desde que, el 27 de octubre de 1977, Josep Tarradellas regresara de su exilio francés y pronunciara la célebre frase «*Ja sóc aquí*» desde el balcón del Palau de la Generalitat.

Pero esa competición, disputada en formato copa, estuvo reservada a equipos de Tercera División y categorías inferiores.

Los clubes profesionales no participaron en el torneo hasta el año siguiente. En 1993, el torneo fue rebautizado con el nombre de Copa Catalunya. Circunstancialmente, se llamó Catalunya CUP. El nuevo nombre pretendía recoger que se trataba de un torneo catalán y que se disputaba por el procedimiento copero de eliminatorias. Pero enmascaraba un mensaje político, ya que el término inglés «cup» respondía en este caso a las siglas de una vieja reivindicación: «Cap a Un País» ('hacia un país', en su traducción castellana).

Generalmente, el FC Barcelona y el RCD Espanyol se han tomado la competición más en broma que en serio. Además de exigir que su entrada en juego no se produjera hasta las semifinales, casi nunca se han presentado a disputar el torneo con sus plantillas profesionales. A lo sumo han jugado con unos pocos jugadores del primer equipo y el resto, de los filiales. Incluso ha actuado como entrenador uno de los ayudantes del técnico titular. Y más aún, en los últimos años han llegado a no disputar el torneo, ni siquiera cuando la Federació Catalana optó por crear una Supercopa de Catalunya para que se disputara a partido único.

Vamos, que debutar con el FC Barcelona en un torneo devaluado como este, por muy oficial que sea, tiene el valor que tiene. Aunque una cosa es que la competición esté devaluada y otra, muy distinta, que no deba ser tenida en cuenta. O sea, que si alguien pregunta cuándo jugó Puyol su primer partido oficial con el primer equipo azulgrana, la respuesta solo puede ser una: el 17 de junio de 1997. Aquella noche se jugó la final de la octava edición oficial del torneo, cuarta bajo la nomenclatura de Copa Catalunya, y Carles saltó al terreno de juego reemplazando a Xavier Molist, a falta de quince minutos para el final. El delantero era, en esos momentos, uno de los mejores amigos de Puyol. Ambos habían compartido residencia en La Masia y luego piso, junto al portero Felip Ortiz.

El partido se disputó sobre el césped artificial del Camp Municipal de L'Hospitalet y el rival de los azulgrana fue el CE Europa, que se adjudicó el trofeo al vencer por 3-1, con goles de Pacha (21'), Sergio (74') y Diego (83'), y uno de Molist (41') para el Barcelona. El encuentro fue muy competido y, de hecho, se resolvió como consecuencia de los errores cometidos por los porteros Busquets y Lopetegui en las acciones que finalizaron con el primer y el segundo gol de los gracienses.

Bobby Robson alineó un equipo formado por suplentes habituales y unos pocos jugadores del Barcelona B. Actuaron Busquets (Lopetegui, 46'); Roca (Genís, 66'), Blanc, Porto (Òscar, 66), Setvalls (Stoichkov, 46'); Celades, Amor, Roger; Cuéllar, Molist (Puyol, 75') y Amunike. Al término del encuentro, el entrenador azulgrana manifestó a la prensa que «algunos de mis hombres no han aprovechado su oportunidad y si todos hubieran tenido la motivación de Cuéllar, no hubiéramos encajado los dos primeros goles». Por supuesto, Puyol no estaba entre aquellos a los que les había faltado motivación. Al contrario, jugó con el mismo compromiso de siempre y acabó siendo amonestado por Llonch Andreu, el árbitro de la final.

Puyol volvería a jugar la Copa Catalunya el 24 de marzo de 1998. Es decir, casi un año después de su debut con Bobby Robson. Esta vez, el entrenador del equipo era Louis van Gaal, que entregó la dirección del equipo a su entonces ayudante Jose Mourinho. El partido, correspondiente a las semifinales de la competición, fue disputado ante el UE Lleida y finalizó con victoria del FC Barcelona por 2-1. Carles salió como titular y jugó los 90 minutos como lateral derecho, la posición que, según el director técnico, se adaptaba mejor a las características físicas y técnicas del joven futbolista del equipo filial. La anécdota del encuentro, que hoy apreciamos, fue que el gol del equipo leridano lo marcó Tito Vilanova.

Dos semanas después, la noche del día 5 de mayo, los azulgrana disputaron la final contra el CE Europa, pero Puyol no pudo desquitarse del mal recuerdo de la derrota de 1997. Van Gaal no le convocó para el partido en el que, por otra parte, Mourinho volvería a dirigir al equipo. El tiempo reglamentario finalizó con empate (1-1) y los azulgrana perdieron en los lanzamientos directos desde el punto de penalti. Fue la primera final perdida por el técnico portugués en su carrera, ya larga, como primer entrenador.

El destino, sin embargo, le tendría reservada una sorpresa a Carles Puyol, que alcanzaría el primero de sus títulos como futbolista precisamente en esta competición de carácter territorial. Para eso, no obstante, tuvieron que pasar nada menos que seis temporadas. El entrenador del FC Barcelona era Frank Rijkaard. La final se celebró, ante el RCD Espanyol, el 16 de agosto de 2003. Los azulgrana vencieron por 1-0, con gol de Ricardo Quaresma. El encuentro se disputó en el campo de Montilivi, en Girona. Rijkaard alineó una defensa con Puyol como lateral derecho, Reiziger y Cocu como defensas centrales y Óscar López como lateral izquierdo. Y Ronaldinho, fichado como jugador franquicia de aquel equipo, fue expulsado en el tiempo de descuento de la final.

Como integrante de la plantilla y capitán del equipo, Puyol ha ganado otras tres veces la Copa Catalunya y todas contra el RCD Espanyol. Pero lo cierto es que cuando él estuvo en el campo, el FC Barcelona ganó durante el tiempo de juego y en las dos últimas ediciones, que el poblatano no disputó por diferentes razones, la victoria llegó las dos veces en los lanzamientos desde el punto de penalti. Más allá de las anécdotas, está claro que este torneo no tiene una gran trascendencia ni resonancia, pero para Carles tiene un valor sentimental de cierta importancia, porque fue en la Copa Catalunya donde debutó con el primer equipo azulgrana y donde conquistó el primero de sus títulos como profesional.

Un «siete» al Madrid

El día 24 de mayo de 1998, el Barcelona B empezó a disputar el *play-off* de ascenso a Segunda A. Encuadrado en el Grupo C con la Cultural Leonesa, el Cádiz CF y el Real Madrid B, iba a jugar el primero de sus seis partidos en el Antonio Amilivia de León. Aquel mismo día el Real Madrid B visitaría al Cádiz. De los resultados de aquellos dos encuentros podría extraerse mucha información sobre quienes serían los grandes candidatos a la lucha por un puesto en la que muchos llamaban, de un modo un tanto cursi, la división de plata.

El Real Madrid B dio un golpe de autoridad en Cádiz, donde logró vencer por 0-2. Mientras, el Barcelona B sufría para imponerse a la Cultural Leonesa por 0-1. Más allá de los detalles que se dieran en cada uno de esos dos partidos, estaba claro que los filiales de los dos clubs más grandes de la historia del fútbol español y tal vez del fútbol mundial, empezaban con paso firme su carrera por el ascenso. Los dos clubs llegaban a la liguilla con sus mejores jugadores y solo una lesión, que Carles Puyol se había producido en la mano derecha, era causa de preocupación entre los técnicos y los médicos barcelonistas.

Puyol se había lesionado el día 17 de mayo, durante el partido que el Barcelona B disputó, en el Mini Estadi, frente al Gavà. El parte médico reflejó que el jugador tenía una fractura oblicua en la mano derecha. El doctor Ricard Pruna informó que se trababa de «una lesión grave, que necesita intervención quirúrgica en el 95 por ciento de los casos». También explicó que si se optaba por un tratamiento conservador, lo más probable era que el dedo quedara deforme. Carles decidió que no pasaría por el quirófano, porque no quería perderse ni uno solo de los seis partidos del *play-off* de ascenso.

El doctor Pruna trató por todos los medios de convencer a Puyol de que lo mejor era que se operase y que una segunda opción era descansar durante un período prudencial de tiempo. Pero fue imposible convencerle de ninguna de esas dos alternativas lógicas. Josep Maria Gonzalvo tampoco pudo quitarle de la cabeza la idea de entrenarse cada día y no fallar en ningún partido. A partir de aquel momento, todo el mundo empezó a saber de qué pasta estaba hecho el futbolista azulgrana y empezó a crearse la leyenda de que solo una lesión de extrema gravedad podría dejarle fuera de combate.

A todo esto, el Barcelona y el Real Madrid empataron sus partidos de la segunda jornada, a pesar de que ambos jugaban en campo propio. El Cádiz arrancó un punto (0-0) en el Mini Estadi y la Cultural Leonesa igualó (1-1) en el Santiago Bernabéu. La directiva madridista había decidido que su filial jugara los partidos en el campo del primer equipo, en lugar de hacerlo en la Ciudad Deportiva, donde había jugado sus encuentros de la liga regular. Era obvio que la pretensión del club era atraer a mucho público para que pudiera apoyar a sus jóvenes jugadores. La realidad es que la asistencia fue creciendo: 3.500 espectadores ante la Cultural Leonesa, 9.500 frente al Cádiz y 30.000 en el encuentro contra el Barcelona.

La tercera jornada del *play-off* fue frente a los mismos adversarios de la segunda, pero con el factor campo invertido. O sea, que el Barcelona B iba a jugar en el Ramón de Carranza y el Real Madrid B iba a visitar el Antonio Amilivia. Los blancos empataron (1-1) en León y los azulgrana perdieron (3-1) ante un Cádiz que se asomaba a la lucha por el ascenso. Aquel encuentro tuvo un hecho destacado. Antes del comienzo, los jugadores del Cádiz fueron a presionar al árbitro para que impidiera la alineación de Puyol. El argumento que esgrimieron ante el colegiado valenciano Salvador Montesinos fue que la férula de escayola que llevaba Carles en su mano derecha era peligrosa para la integridad de los locales.

Montesinos llamó a Puyol a su vestuario. El delegado del equipo, Toni Alonso, le acompañó a la revisión. En un principio, el árbitro fue tajante. El centrocampista azulgrana no podía jugar con aquella escayola. Jugador y delegado regresaron al vestuario con cara de pocos amigos. Cuando Gonzalvo preguntó qué estaba pasando, Carles respondió de un modo tan coloquial como reflejo del estado de ánimo por el que estaba pasando en aquellos momentos: «Que este hijo de p... no me deja jugar». Pero los médicos le colocaran un vendaje blando sobre la manopla de yeso y, finalmente, el futbolista fue autorizado a jugar. El único gol del Barcelona B en aquel partido fue para enmarcar. Xavi centró desde la derecha y Puyol, a pesar del riesgo que suponía, se lanzó en plancha, remató de cabeza y puso el balón en el fondo de la portería de Férez.

Se había llegado al ecuador de la competición con el Real Madrid B como líder del grupo con cinco puntos. Le seguían el Barcelona B y el Cádiz, empatados a cuatro puntos. La Cultural Leonesa cerraba la clasificación con dos puntos. Todo estaba muy abierto, aunque en solo una semana la situación cambiaría a favor de los dos filiales. El 13 de junio, los azulgrana golearon a la Cultural Leonesa en el Mini Estadi (5-2) y, al día siguiente, los blancos ganaron al Cádiz (2-1). A falta de dos jornadas para finalizar el *play-off*, todo el interés iba a centrarse en los duelos de la quinta y sexta jornadas que iban a protagonizar barcelonistas y madridistas.

Se acercaba, pues, el momento de la verdad. El día 20 de junio, el Real Madrid iba a visitar el Mini Estadi. Carles Puyol seguía preocupando a los técnicos y a los médicos, aunque no se había perdido ni un partido desde que se fracturara el dedo de la mano y, por si fuera poco, llevaba varios encuentros jugando con una molestia en el cuádriceps de la pierna derecha. Había sufrido una fuerte contracción muscular en el recto anterior y como no descansaba, la contractura había ido creciendo de tamaño, hasta alcanzar los doce centímetros.

En aquella situación, Josep Maria Gonzalvo se enfrentaba a un importante dilema. Tenía que mimar el máximo a su jugador para evitar una lesión muscular, pero necesitaba que participara en los entrenamientos. Porque Puyol iba a tener un papel muy importante en los enfrentamientos ante el Real Madrid B. Carles era una pieza vital. Hacía un trabajo impagable cuando el equipo tenía el balón y cuando no lo tenía. Y por si todo eso fuera poco, Puyol era clave en las acciones de estrategia que el equipo había trabajado durante todo el año.

Gonzalvo estudió al Real Madrid B de un modo muy minucioso. Siempre lo hacía, pero en esa ocasión no quiso que se le escapara ni el más pequeño detalle. Vio cada vídeo un montón de veces, tomó notas, incluso sobre los pormenores que podían parecer menos trascendentes, y estudió cómo hacerle daño a un Real Madrid B que estaba acostumbrado a ser protagonista de los partidos y que tenía una gran capacidad goleadora. El filial blanco, dirigido entonces por Miguel Ángel Portugal, salía jugando desde atrás y tenía jugadores de un gran talento, como Valcarce, Pareja, Cambiasso, Rivera o Mista.

Durante la semana y en cada entrenamiento, Gonzalvo cuidó mucho los aspectos técnicos y tácticos que tendrían incidencia en el partido. El trabajo físico no era importante. Si acaso, bastaba con mantener la chispa. Todo ello lo envolvió en papel de regalo y con un magnífico lazo. Es decir, convenció a sus futbolistas de que todo aquello iba a servir para ganar al Real Madrid B y conseguir el ascenso. La psicología estuvo presente en todas las sesiones de campo y también en el vestuario. El entrenador llegó incluso a sellar un compromiso con Carles Puyol. Ambos se cortarían el pelo si el equipo ascendía a Segunda División A.

Y llegó el día. O mejor dicho, la tarde. Aquel sábado, el Mini Estadi presentaba una buena entrada. Sobre todo si se comparaba con la de anteriores partidos de aquella misma temporada y de aquel mismo *play-off*. La visita del Cádiz tuvo una asistencia de 7.000 espectadores y al partido ante la Cultural Leonesa apenas acudieron 4.000. Esta vez había unos 9.000 aficionados en las gradas y eso era poco más de media entrada. Estaba previsto que Agnès, la novia de Puyol, no asistiera al encuentro. El lunes siguiente debía examinarse de selectividad y decidió quedarse a estudiar en casa. En el último momento, sin embargo, le dio el arrebato y salió corriendo en dirección al campo. Llegó tarde, tanto que casi se pierde el primer gol del partido. Y eso que no se produjo hasta el minuto 18.

En el momento justo en que Agnès se sentó en su localidad, Puyol batió la portería de Valbuena. La celebración fue de las grandes. En el terreno de juego y en las gradas. Pero Carles estaba convencido de que su novia se había quedado estudiando en casa y no pudo dedicarle el gol. En cualquier caso, aquel tanto abrió el camino a una goleada de órdago. Ismael, Gabri, Mario y Jofre repitieron en los minutos 21, 26, 42 y 45, de modo que el Barcelona B se retiró al descanso con un resultado (5-0) que ya no cambiaría durante el resto del partido.

Nada más entrar en el vestuario, Puyol le dijo a Gonzalvo: «Míster, no puedo más». Estaba reventado y lleno de dolores. El esfuerzo que había hecho por estar presente en todos los entrenamientos y en todos los partidos del *play-off*, con la mano fracturada y una pierna contracturada, le estaba pasando factura. El técnico le pidió a Carles un último esfuerzo. «Aguanta los primeros cinco minutos de la segunda parte y te cambio», le dijo Gonzalvo. Puyol regresó al campo con el equipo.

En las gradas, lógicamente, nadie sabía lo que había sucedido en el vestuario. Por eso, y porque la fortaleza de Puyol era tal, nadie advirtió el sufrimiento que estaba padeciendo, y cuando Gonzalvo pidió el cambio a los cinco minutos de reiniciarse el juego la extrañeza fue general. Miguel Ángel entró en el campo y Carles se retiró a los vestuarios en medio de los aplausos. En el palco, el responsable del fútbol-base, Llorenç Serra Ferrer frunció el ceño. No le había gustado nada el cambio de Gonzalvo. Y como la ignorancia es muy mala, acabó metiendo la pata. En cambio, otro técnico del club abandonó su localidad y bajó a los vestuarios para interesarse por el estado del centrocampista. Al llegar a la caseta, se sorprendió porque la puerta de la enfermería estaba destrozada. Puyol acababa de darle una patada con toda su alma. La felicidad por el resultado y la rabia por tener que abandonar el campo con molestias, le habían provocado aquella reacción tempestuosa, pero previsible para los que le conocen de verdad.

Finalizado el partido, Serra Ferrer y otros muchos directivos y técnicos del club bajaron a los vestuarios. Era de suponer que después de lo que había sucedido sobre el césped del Mini Estadi, todo iban a ser felicitaciones y manifestaciones de ánimo con vistas el sexto y definitivo partido de la liguilla. Ahora, al Barcelona B le bastaría con empatar en el Santiago Bernabéu para conseguir el ascenso de categoría. Pero el responsable del fútbol-base azulgrana no estaba contento. Se fue en busca de Josep María Gonzalvo para que le explicase por qué había sustituido a Puyol. El entrenador se mordió la lengua, contó hasta cien para no perder el control de sus emociones y, luego, en tono pausado le contó a Serra Ferrer que Carles no estaba en condiciones de seguir y que había pactado con el jugador realizar el cambio a los cinco minutos de la segunda parte. «No quise que el Real Madrid B se creciera al ver que un jugador así se quedaba en el vestuario… y quería que el público aplaudiera a Puyol por su esfuerzo», le dijo.

Ocho días más tarde, el Barcelona B visitó el campo del Real Madrid. Era el 28 de junio y hacía un calor asfixiante. Además, el encuentro se jugaría en horario matinal, con el sol cayendo a plomo sobre el césped del Santiago Bernabéu. Gonzalvo había vuelto a preparar el partido de un modo muy concienzudo y podía repetir la alineación de la semana anterior. Nadie se había lesionado y nadie —incluidos los que tenían molestias, como Puyol— quería perderse el acontecimiento. Así que el entrenador azulgrana, que repetiría el sistema 1-3-4-3 con el centro del campo en rombo, jugó con Arnau; Ferrón, Óscar Álvarez, Marc Bernaus; Xavi, Puyol, Gabri, Mario Rosas; Ismael, Luis García y Jofre.

El entrenador del primer equipo, Louis van Gaal, no había podido asistir al partido que los dos filiales habían disputado en el Mini Estadi. La Liga había finalizado el 15 de mayo, porque ese verano se jugaba el Mundial de Francia, y el entrenador holandés se encontraba de vacaciones. Pero Van Gaal, que seguía con mucho interés las actuaciones de los dos equipos filiales y del juvenil A, no quiso perderse el partido del Bernabéu por nada del mundo. El día antes se encontraba en el Parque de los Príncipes de París, donde asistió a la goleada (4-1) de Brasil sobre Chile, en partido de los octavos de final del Mundial.

Ya en Madrid, Van Gaal asistió a la charla previa al partido que Gonzalvo mantuvo con sus jugadores. Se limitó a escuchar y a darles ánimos a aquellos jóvenes futbolistas. A la mayoría los conocía muy bien. Alguno de ellos, incluso, ya había sido alineado en el primer equipo. Ese era el caso de Mario Rosas y Jofre Mateu, que jugaron el partido de la última jornada de Liga contra el Salamanca, en el Camp Nou. Desde el vestuario del Santiago Bernabéu subió al palco, acompañado por el jefe de seguridad del club, Antonio Iglesias. El responsable del fútbol-base, Llorenç Serra Ferrer, también estaba en Madrid.

A pesar de que un empate era suficiente para lograr el ascenso, el hecho de que Gonzalvo mantuviera el sistema que había utilizado durante toda la temporada era indicativo de que el Barcelona B no iba a defenderse. Y así fue. El equipo trató de hacerse dueño del partido, aunque no acabó de conseguirlo. Los dos equipos cometieron muchas imprecisiones y la primera mitad no tuvo nada más destacable que una parada de Valbuena a remate de Puyol.

El comienzo de la segunda mitad fue muy duro para los azulgrana. El Real Madrid B salió muy fuerte y tuvo dos o tres ocasiones para marcar, con dos remates de Mista y un lanzamiento de falta de Rojas. Pero todo eso se acabó cuando el árbitro andaluz Rafael Ramírez Domínguez mostró la segunda tarjeta amarilla al madridista Rodri. No había nada que objetar a la decisión del colegiado, porque todas las amonestaciones que formuló (nueve en total y una de ellas a Puyol) se ajustaron a lo que dice el reglamento. Pero es obvio que jugar media hora larga en inferioridad numérica le pasó factura al equipo blanco.

Un disparo raso de Luis García hizo que el Barcelona B se adelantara en el marcador. Y sirvió también para que los escasos seguidores azulgrana que se encontraban en el campo, celebraran aquel gol con vehemencia. También Van Gaal se dejó llevar por las emociones y festejó aquel tanto con alegría. Debió contenerse, pero no pudo. Así que se llevó una durísima reprimenda por parte del presidente del Real Madrid, Lorenzo Sanz. «Vete a berrear a tu casa», le soltó con menos miramiento del que había tenido Van Gaal en su celebración.

La felicidad incontenible del director técnico barcelonista y la reacción de Lorenzo Sanz eran indicativas de lo que estaba sucediendo en el campo. El equipo de Gonzalvo jugó con su rival hasta el final del choque. Miguel Ángel, que había reemplazado a Mario, transformó un penalti a poco más de diez minutos para el final y aún estrellaría un balón en uno de los postes. El presidente del Real Madrid abandonó el palco a la francesa, sin despedirse, cuando el centrocampista azulgrana transformó el penalti y estableció el resultado definitivo (0-2).

Al terminar el encuentro, continuaron los contrastes. En el vestuario azulgrana hubo algarabía y más de uno tuvo que pasar por la ducha sin tiempo para quitarse el traje. Ese fue el caso de Josep Maria Gonzalvo. Mientras, los periodistas trataron de sacarle punta al incidente entre Lorenzo Sanz y Louis van Gaal, pero el presidente blanco se había marchado y el entrenador holandés no quiso hacer leña del árbol caído. Declinó hacer cualquier manifestación y cedió todo el protagonismo a Llorenç Serra Ferrer. El responsable del fútbol-base no quiso hablar sobre el incidente pero confirmó en sus declaraciones a los periodistas que Gonzalvo continuaría un año más como entrenador del equipo, aunque añadió «si él quiere».

La fiesta continuó en el viaje de regreso a Barcelona. No era para menos. Las jóvenes promesas azulgrana no solo habían conseguido el ascenso sino que, además, le habían hecho un «siete» al Real Madrid. Van Gaal felicitó uno por uno a los técnicos y a los jugadores del equipo filial y, ya en privado, le comentó al jefe de seguridad del club que «algunos jugadores vendrán con mi equipo la próxima temporada». Entre ellos citó a Xavi Hernández y Mario Rosas. Al bueno de Antonio le faltó tiempo para explicárselo a Josep Lluís Núñez, en cuya empresa constructora también prestaba servicios como responsable de seguridad. Bueno, y se lo dijo también a otros amigos, entre los cuales me cuento.

De vuelta a casa, Carles Puyol decidió regalarle la camiseta del partido del Bernabéu al doctor Ricard Pruna. Era una buena forma de agradecerle al médico del equipo todos los cuidados que le había dispensado durante el mes largo que duró el *play-off*. La fractura de la mano derecha ya casi era historia y la contractura muscular del recto anterior del muslo derecho desaparecería, con descanso y un poco de fisioterapia en el transcurso de las vacaciones.

La pretemporada en Holanda

*E*se verano Carles Puyol tuvo las vacaciones más cortas de su incipiente carrera. El 28 de junio había intervenido en el último partido de la temporada y el 13 de julio ya estaba citado para pasar las pruebas médicas previas al comienzo de los entrenamientos. Fueron apenas quince días, que el futbolista azulgrana pasó otra vez con Agnès, su inseparable compañera de esos años, y con sus mejores amigos. Fueron pocos días, pero intensos y llenos de emociones. Primero, porque irse de vacaciones después de conseguir el ascenso a Segunda División A tiene su punto y después, porque la disputa del Mundial de Francia, donde el Barcelona tenía futbolistas propios compitiendo con las selecciones de España, Holanda y Brasil, hizo que Louis van Gaal recurriera a muchos de los jóvenes jugadores a los que había visto ganar, en el Santiago Bernabéu, con tanta autoridad como descaro.

Van Gaal iba a iniciar su segunda temporada en el club. Pese a que Josep Lluís Núñez quiso ficharle para reemplazar a Johan Cruyff en el verano de 1996, el entonces director técnico del Ajax de Ámsterdam tenía un año más de contrato y, en su condición de presidente de la Asociación Holandesa de Entrenadores, no quiso dar el mal ejemplo de incumplir su compromiso con el club *ajacied*. Eso si, en aquel mismo momento, pactó con el FC Barcelona que haría público su compromiso de dirigir el fútbol azulgrana tan pronto como quedase libre. Y así fue. En verano de 1997 vino, con Gerard van der Lem y Frans Hoek, su mano derecha y experto en el entrenamiento de porteros. Una vez aquí decidió que Jose Mourinho, segundo de Robson, formara parte de su equipo técnico.

Las encuestas que realizaron los medios informativos,

tanto en prensa escrita como en radio y televisión, acreditaban que Van Gaal tenía un apoyo espectacular entre los aficionados. Superaba el 90 por ciento en la mayoría de los casos. Su fantástico trabajo en la cantera del Ajax, de donde salían jugadores de primerísimo nivel como si fueran churros, y sus éxitos en el ámbito profesional, con la consecución de la Champions League de 1995, ganada con el gol de un Patrick Kluivert de solo 18 años, le habían aupado al pedestal de la gloria.

Al llegar al club, Van Gaal bendijo una nueva estructura técnica en la que él mismo era director técnico. Colocó a Bobby Robson como director del área de fichajes y aceptó que Llorenç Serra Ferrer asumiera el cargo de responsable del fútbol formativo. El primer año dio mucha cuerda a todo el mundo. Se concentró en la tarea de reconstruir un equipo que venía de ganar la Recopa de Europa, la Copa del Rey y la Supercopa de España, pero que lo había hecho con un sistema que nada tenía que ver con el suyo y que acababa de perder a su mejor jugador, el brasileño Ronaldo Luís Nazário de Lima, fichado por el Inter de Milán.

El entrenador holandés recuperó el 1-4-3-3 y cerró unos pocos fichajes. El Barcelona pagó la cláusula de resolución de contrato de Vítor Borba Ferreira, Rivaldo (Deportivo de la Coruña); cerró los fichajes del portero Ruud Hesp (Roda JC), el mediapunta Dragan Ćirić (Estrella Roja) y el delantero Sonny Anderson (AS Mónaco) y se hizo con los servicios de Michael Reiziger y Christhope Dugarry (AC Milan), cumpliendo así con el compromiso que había adquirido a cambio de los derechos de Luis Figo. El delantero del Sporting de Lisboa portugués había firmado tres contratos a la vez y el club azulgrana tuvo que indemnizar a los demás a cambio de su renuncia. Por ese mismo pacto, y ya en el mes de diciembre, llegaría Winston Bogarde, como consecuencia directa de la negativa de Edgar Davids a abandonar el club italiano.

En total, la directiva del FC Barcelona se comprometió a pagar unos 15.000 millones de pesetas (alrededor de 75 millones de euros). Fue un desembolso muy importante, pero el equipo ganó la Liga y la Copa del Rey. Era la segunda vez en toda la historia azulgrana que un entrenador lograba el doblete en su primera temporada en el club. El anterior había sido Helenio

Herrera, en la temporada 1958-59. Y el tercero sería Pep Guardiola, en 2009, el año de los seis títulos.

Entonces, a punto de empezar su segunda temporada, Van Gaal siguió incorporando nuevos jugadores, la mayoría holandeses. Esta vez se hizo con los fichajes de Patrick Kluivert (AC Milan), Phillip Cocu y Boudewijn Zenden (PSV Eindhoven). Además, solicitó los fichajes de los hermanos Frank y Ronald de Boer (Ajax de Ámsterdam), que llegarían en diciembre de 1998, después de una durísima batalla entre ambos clubs. En cualquier caso, tanto ellos como Albert Celades, Sergi Barjuan, Miquel Àngel Nadal, Luis Enrique Martínez, Abelardo Fernández, Rivaldo, Giovanni Silva, Ruud Hesp, Michael Reiziger y Winston Bogarde, estaban disputando el Mundial de Francia y no podían iniciar la pretemporada con sus demás compañeros.

A todas estas bajas aún había que sumar la de Pep Guardiola, que no había acudido al Campeonato del Mundo como consecuencia de una incómoda lesión en los isquiotibiales y que, tras renunciar a la vía quirúrgica, seguía un tratamiento médico de carácter conservador, pero muy lento. Y por si todo eso fuera poco, cuatro de los jugadores del Barcelona B que más gustaban a Van Gaal (Xavi Hernández, Gabri García de la Torre, Mario Rosas y Jofre Mateu) estaban concentrados con la selección española sub-19 para disputar, en Chipre, el Campeonato de Europa de la categoría. Así que la puerta del Camp Nou iba a abrirse de par en par a jugadores que en circunstancias normales no habrían realizado la primera parte de la pretemporada con el primer equipo.

Solo ocho jugadores con ficha del equipo profesional iban a estar presentes en el arranque de los entrenamientos. Eran Vítor Baia, Carles Busquets, Òscar Garcia, Luis Figo, Dragan Ćirić —que había contraído matrimonio solo cuarenta y ocho horas antes—, Roger Garcia, Sonny Anderson y Emmanuel Amunike. Los ocho regresaban a los entrenamientos después de casi dos meses de vacaciones. Habían tenido tiempo de sobras para recuperarse de los esfuerzos de la temporada anterior, pero era evidente que las circunstancias de su vuelta al trabajo no eran lo suficientemente atractivas para muchos de ellos. Van Gaal no contaba con Busquets ni con los hermanos

Garcia, Amunike seguía con graves problemas en su rodilla y las noticias sobre los fichajes que pedía Van Gaal inquietaban a los que podían perder privilegios.

Todo lo contrario, absolutamente todo lo contrario, les ocurría a los diez muchachos que el entrenador holandés había reclutado en el fútbol-base del club y a un joven costarricense que iba a someterse a prueba. Eran el portero Felip Ortiz, los defensas Ferrón, Samuel Okunowo, Iban Cuadrado, Óscar Álvarez y Marc Bernaus, el centrocampista Carles Puyol y los delanteros Luis García, Lombardo, Haruna Babangida, con tan solo quince años, y Froilán Ledezma, un extremo costarricense que tenía autorización del Ajax de Ámsterdam para someterse a una prueba. Para estos once futbolistas la pretemporada tenía un color distinto. A ninguno de ellos le importaba que hiciera más de treinta grados de temperatura a la sombra, ni que la sensación térmica superase los cuarenta grados como consecuencia del alto índice de humedad de ese mes de julio, en Barcelona, ni por supuesto les incomodaba lo más mínimo que los internacionales no estuvieran a disposición del entrenador. Es más, estaban encantados por tanta ausencia.

Durante aquellos días, los medios de comunicación se centraron en la composición de la plantilla que el director técnico y entrenador azulgrana estaba preparando con «el objetivo de ganar la Champions League», en palabras textuales de Jose Mourinho a los periodistas. Van Gaal no había calculado que dejar su famosa libreta sobre la mesa y junto al micrófono en la primera rueda de prensa de la pretemporada era una temeridad de grandes proporciones. El fotógrafo Pere Puntí aprovechó para tomar varias imágenes de la página en la que, colocados por puestos, estaban los nombres, los números, las interrogantes y los espacios en blanco de su «selección», como él denominaba a la plantilla de jugadores.

Ahí estaban, escritos de puño y letra de Van Gaal, los nombres Hesp, Baía y Arnau; Reiziger, Nadal, Abelardo (?), Bogarde, Sergi, Amunike; Guardiola, Celades, Xavi, Giovanni, Ćirić (?), Cocu, Mario Rosas; Figo, Anderson, Luis Enrique, Rivaldo y Zenden. Quedaban tres huecos por rellenar: uno en el lateral derecho, otro en el central izquierdo y el último en el extremo derecho. Dos puestos estaban reservados para los hermanos De Boer, con los que ya se había llegado a un acuerdo, pero a los que el Ajax se resistía a dejar marchar. Al final, la libreta cambió. Pero en aquellos momentos, la ausencia de un sustituto para Reiziger y el interrogante que aparecía junto al nombre del serbio Ćirić estimulaban a Puyol. Y eso teniendo en cuenta que sus primeros contactos con aquel entrenador de aspecto, gesticulación y voz desagradables habían sido como para no olvidarlos jamás.

Ahora no se trataba de rememorar situaciones más o menos tensas, sino de ponerse a trabajar y hacerlo de la única forma que Carles Puyol sabe. Es decir echándole ganas, casta y compromiso. Él, como sus demás compañeros, tenían apenas cinco días hasta la llegada de los internacionales españoles del equipo. La selección de Javier Clemente había sido eliminada muy pronto y Abelardo, Sergi, Celades, Nadal y Luis Enrique iban a estar ahí, preparados para acudir a la concentración de pretemporada de Holanda. El resto de internacionales holandeses y brasileños no llegarían hasta el 3 de agosto.

Cada vez que alguien, incluido Van Gaal, preguntaba a Puyol sobre cuál era su posición natural en el campo, él respondía con una gran convicción que era centrocampista. Pero eso era algo que empezaría a cambiar a raíz de la llegada del entrenador holandés a la dirección técnica del FC Barcelona. De hecho, en el mes de marzo anterior, con ocasión de las semifinales de la Copa Catalunya, Carles había jugado todo el partido como lateral derecho. Ese era el puesto que Louis van Gaal tenía reservado para aquel temperamental futbolista de La Pobla de Segur. Y entre dos cabezotas de aquel tamaño, todo el mundo sabía que quien iba a salirse con la suya sería el capitán general y no el soldado raso.

Si los jugadores del filial desconocían qué forma tenía Van Gaal de dirigir los entrenamientos —los medios de comunicación ya se habían hecho eco de que el director técnico azulgrana tenía mucho carácter—, la duda se desvaneció enseguida. En la primera sesión, la misma mañana del 13 de julio, Okunowo y Babangida se llevaron una durísima reprimenda por llegar tarde. Y dos días después, Ferrón, Puyol, Marc Bernaus y de nuevo Okunowo también tuvieron la oportunidad de comprobar en sus propias carnes la contundencia con la que

Van Gaal llevaba a cabo las correcciones. Aquella mañana, mientras realizaban un ejercicio diseñado para trabajar la proyección ofensiva de los laterales, los gritos del entrenador se oyeron a muchos metros de distancia. Tanto, que un grupo de aficionados que presenciaba el entrenamiento reprendió a Van Gaal por utilizar estos métodos con sus jugadores. Tan evidentes fueron que, después de pasar por la ducha, los periodistas trataron de conocer la impresión que aquel estilo de enseñanza había causado en los futbolistas más jóvenes. Uno de los interrogados fue Carles Puyol, quien no dudó en declarar que «el míster impone mucho».

Tener que recortar su período normal de descanso y tener que entrenarse a las órdenes de un hombre como Van Gaal era aceptado por todos los jugadores del fútbol-base barcelonista de muy buen grado. Coincidían en que aquella podía ser una oportunidad única y entendían su presencia allí como un premio. Incluso alguno de ellos, como el delantero Luis García, aseguró en unas declaraciones a *El Mundo Deportivo* que esas eran «unas vacaciones de lujo».

La semana pasó volando, a pesar de todo. Cada día sucedía algo que distraía al personal y le hacía olvidarse del calor y de la dureza de los entrenamientos. Que si Amunike se ha ido a los Estados Unidos para valorar la posibilidad de que le realicen un transplante de menisco; que si Van Gaal ha anunciado que Ronald Koeman trabajará como enlace entre el primer equipo y los dos filiales del club; que si el FC Barcelona ha hecho una oferta de 4.500 millones de pesetas (unos veintiocoho millones de euros) por los hermanos De Boer; que si el presidente de la Generalitat, el muy honorable Jordi Pujol, ha expresado su apoyo público a los jugadores de la cantera; que si el club ha hecho una oferta de 2.000 millones de pesetas (unos 12,5 millones de euros) por el lateral Michel Salgado, del Celta de Vigo; que si los presidentes de los equipos más importantes del continente estaban desarrollando un proyecto para celebrar una superliga europea, etcétera.

El sábado 18 de julio se hizo pública la lista de jugadores que viajarían a Holanda para una concentración de una semana. Los internacionales españoles, que el 24 de junio habían puesto punto final a su participación en el Mundial de Francia, se incorporarían al grupo. Pero los internacionales brasileños y holandeses, así como los cuatro jugadores del filial que estaban disputando el europeo sub-19, aún tendrían vacaciones hasta el 3 de agosto. Por esta razón, los jóvenes talentos que habían estado trabajando a las órdenes de Van Gaal podían alargar su sueño durante siete días más y quizás alguno conseguiría un billete para la concentración que el equipo realizaría en Inglaterra después de su estancia en Holanda.

La relación de los expedicionarios a Hoenderloo, pequeña población a 95 kilómetros de Ámsterdam, estaba compuesta por veintiséis futbolistas. Doce eran del primer equipo (Vítor Baia, Carles Busquets, Abelardo Fernández, Miquel Àngel Nadal, Sergi Barjuan, Albert Celades, Òscar Garcia, Dragan Ćirić, Roger Garcia, Luis Enrique Martínez, Sonny Anderson y Luis Figo), tres jugadores estaban a prueba (el costarricense Froilán Ledezma, el senegalés Oscar Gadiaga y el turco Seyit Cen Ünsal) y los once restantes procedían del fútbol-base (Arnau Grabulosa, Felip Ortiz, Óscar Álvarez, Iban Cuadrado, Samuel Okunowo, Jordi Ferrón, Marc Bernaus, Carles Puyol, Luis García, Haruna Babangida y Javier Lombardo).

El FC Barcelona iba a realizar dos sesiones de entrenamiento diarias y a disputar tres partidos amistosos, frente a equipos de escaso nivel. Estos partidos sustituirían a la habitual sesión de tarde. El objetivo principal del cuerpo técnico azulgrana no era adquirir forma física, sino trabajar conceptos técnico-tácticos. Van Gaal quería introducir variaciones en su sistema de juego. Esas variaciones consistían en adelantar a los dos laterales hasta la posición teórica que ocupaba el medio centro del equipo, de modo que la posición de partida de los jugadores sobre el terreno de juego era un 1-2-3-2-3. De hecho era el 1-4-3-3 de toda la vida con un pequeño retoque que en muchas fases de los partidos apenas era perceptible.

El día 21 de julio, se disputó el primero de los tres encuentros de preparación pactados. Fue frente al AGOVV de Apeldoorn. Se trataba de que participara el mayor número posible de jugadores y de que lo hicieran a una intensidad suficiente como para que los efectos físicos fueran prácticamente los mismos que los de un entrenamiento de carga. Carles Puyol reemplazó a Ferrón en el descanso. Ocupó la posición de lateral y cumplió sin problemas con el encargo que le había hecho su entrenador. El partido, en su conjunto, fue de siesta. Vamos, para dormirse. Solo alguna acción explosiva de Haruna Babangida, que fue considerado el mejor jugador del encuentro, acompañó a los goles de Figo y Luis Enrique, este último para deshacer el empate que registraba el marcador a nueve minutos del final.

Dos días después, el 23 de julio, el FC Barcelona se midió con otro modesto club de la población de Raalte, a 127 kilómetros de Ámsterdam. El partido se celebró frente al Rohda, un club que hoy es más conocido por su equipo de korfball que por su equipo de fútbol. El resultado fue de escándalo. Los azulgrana ganaron por 1-13. Van Gaal volvió a repartir minutos entre todos. Carlos Puyol volvió a jugar el segundo tiempo completo y volvió a hacerlo como lateral derecho. Esta vez, sin embargo, entró para sustituir a Okunowo. Los periódicos del día siguiente destacaron que Puyol se había entendido muy bien con Babangida, que volvió a estar entre los destacados del partido, pese a tener solo quince años. Sin embargo, la actuación de los hermanos Roger y Òscar Garcia fue de un nivel tan alto, que Van Gaal reconsideró esa tarde su decisión de prescindir de ambos.

Mientras, en Barcelona se había celebrado la asamblea general ordinaria de socios compromisarios del club y en el Tour de Francia los escándalos relacionados con el dopaje seguían estallando un día sí y otro también. Ese 23 de julio, los gendarmes detuvieron en la localidad de Pamiers a los nueve corredores del equipo Festina, con Virenque, Moreau y Zulle a la cabeza, a uno de los dos directores del equipo, el español Miguel Moreno, al médico y a los masajistas. Todos ellos fueron llevados a comisaría, donde pasaron la noche. Solo los ciclistas Moreau, Brochard y Meier pudieron dormir en su hotel.

El 25 de julio, la expedición del FC Barcelona regresó a casa. Pero lo hizo después de jugar el tercero de los encuentros de preparación que tenían contratado. El partido fue ante otro modestísimo equipo, el GVVV de Veenendaal, a 82 kilómetros de Ámsterdam. Se repitió el resultado del primer amistoso (1-2) así como las constantes de los dos partidos anteriores. Babangida, que marcó el gol de la victoria, volvió a ser uno de los jugadores más destacados. Esta vez, sin embargo, Puyol no jugó ni un solo minuto. Eso sí, aquella misma noche durmió en su casa, el piso que estaba compartiendo desde hacía un año con Felip Ortiz y Xavier Molist.

A partir de aquel momento, Puyol volvió a su papel de espectador del primer equipo del club y concentró todas sus energías en seguir creciendo como futbolista. Se reincorporó de inmediato a los entrenamientos del Barcelona B, como si necesitase retomar contacto con su mundo. Por momentos, parecía ajeno a que la experiencia que acababa de vivir iba a tener una influencia decisiva en su carrera profesional. Carles era consciente de que Louis van Gaal había tomado la decisión, aparentemente consensuada con Llorenç Serra Ferrer y Joan Martínez Vilaseca, de que los filiales jugaran con el mismo sistema del primer equipo, pero seguía creyendo que su puesto estaba en el centro del campo.

La realidad fue muy distinta. La renuncia forzosa que Gonzalvo hizo del 1-3-4-3, que tan magníficos resultados le había dado el año anterior, y la escasa disponibilidad de dinero para reforzar el equipo no solo determinaron que Puyol abandonara el centro del campo para convertirse en lateral derecho, sino que limitaron la capacidad del equipo y le condenaron al sufrimiento. Carles ya estaba acostumbrado a jugar bajo presión, pero su cuarta temporada en el club se le hizo muy cuesta arriba desde los primeros partidos.

Había sido campeón de la Copa del Rey juvenil, subcampeón en Tercera División, campeón en Segunda B y campeón, también, del *play-off* de ascenso a Segunda División A. Estaba acostumbrado a ganar y quería seguir escalando la montaña del éxito. Pero eso no dependía solo de él. Ni tan siquiera de Josep Maria Gonzalvo o de Ronald Koeman, que acabó por convertirse en el segundo entrenador del equipo, después de unas semanas haciendo de enlace entre Van Gaal y los dos equipos filiales.

Fuego en casa

Carles Puyol había abandonado La Masia al finalizar su segunda temporada en el club. Ya con diecinueve años y debido a la escasez de camas que había en la residencia de deportistas del club, le invitaron, como a otros muchos jugadores, a compartir un piso. El club tenía controladas unas cuantas viviendas en los alrededores del Camp Nou y el Mini Estadi para que pudieran ocuparlas los muchachos que iban dejando La Masia. Nadie se iba porque quisiera, que allí estaban divinamente. Pero había que liberar camas para los jóvenes talentos que seguían llegando, sin solución de continuidad, al comienzo de cada temporada.

El futbolista de La Pobla de Segur había hecho muy buenas migas con Felip Ortiz y Xavi Molist. Tanto que, en verano de 1997, se fueron a vivir juntos a un piso, propiedad de un empleado del club que lo tenía en alquiler. Era la cuarta planta de un edificio situado detrás del Mini Estadi, cerca de la avenida de Chile. Aquella situación era nueva para ellos, que nunca habían vivido solos, sin nadie que les dijera lo que tenían que hacer. Ahora les tocaba demostrar que eran personas responsables y que eran capaces de comportarse de acuerdo con los valores en los que habían sido educados. Puyol era el más joven de los tres, pero había madurado con una extraordinaria rapidez y ya ejercía de líder.

Aquellos tres compañeros estuvieron juntos durante un año. No tuvieron problemas de convivencia, ni siquiera cuando sus respectivas novias empezaron a acompañarles, primero de forma ocasional y luego de forma continuada, como si también fueran inquilinas de la vivienda. Jamás protagonizaron ningún problema con el vecindario. Al contrario, las familias que vivían en aquella escalera estaban encantadas de tener allí a unos deportistas que se comportaban de modo excelente. En esas condiciones, a nadie le amargaba el dulce de compartir edificio con chicos que, de vez en cuando, salían fotografiados en los periódicos y que, con un poco de suerte, podían llegar a ser profesionales del fútbol algún día.

Xavier Molist era diez meses mayor que Puyol. Nació el 6 de febrero de 1977, en Girona, y llegó al club desde el Manlleu, el mismo año que Carles. Fueron compañeros de residencia y de equipo, aunque en su segunda temporada fue reclamado por Juande Ramos para jugar en el Barcelona B. Al año siguiente formaron parte del equipo que ascendió a Segunda División A. Cuando concluyó aquella temporada 1997-98, Molist inició un periplo que aún hoy se mantiene abierto. Primero, jugó un año en el Neuchâtel Xamax suizo. Luego estuvo en el Logroñés, el Sabadell, el Badajoz, el Gimnàstic de Tarragona, el Terrassa, el Castellón, el Cartagena, el Badalona y de nuevo el Terrassa. Salvo cambios de última hora, esta temporada juega en la Unió Atlètica Horta. Eso sí, sigue siendo amigo de sus amigos, y por supuesto mantiene muy buena relación con ellos.

Cuando Molist emprendió su aventura suiza, Felip y Carles se quedaron solos. Bueno, no exactamente solos, porque sus novias vivían con ellos. Felip Ortiz se había incorporado al FC Barcelona en verano de 1994. Nacido en Lleida el 27 de abril de 1977, se había formado como jugador en el AEM Lleida. Durante su primer año en el club jugó en el juvenil B. A partir de la temporada 1995-96 fue compañero de Puyol durante cuatro temporadas consecutivas. Tras el descenso del equipo a Segunda B, firmó contrato con el Extremadura en verano de 1999. Aun así, volvería a jugar en el mismo equipo que Carles. Fue en los Juegos Olímpicos de Sídney, donde ambos se colgaron al cuello la medalla de plata. Tras su estancia de tres años en el Extremadura, Felip jugó en el Gimnàstic de Tarragona, la UD Salamanca, el Orihuela, de nuevo el Nàstic, el Ascó y el Torreforta. Antes de colgar las botas, Felip Ortiz se hizo militante de Convergència i Unió con la idea de dedicarse a la política. Actualmente desempeña el cargo de concejal de deportes en el ayuntamiento de Salou y compagina su profesión con la enseñanza del fútbol en la escuela del Gimnàstic de Tarragona.

Más allá de haber compartido unas cuantas batallas futbolísticas, la mayor aventura que vivieron juntos Xavi Molist,
Felip Ortiz y Carles Puyol fue durante la madrugada del 22 de
diciembre de 1998. Xavi Molist y Víctor Cortés, otro antiguo
compañero de La Masia, pasaron por Barcelona de visita. Todos
juntos se fueron a cenar y a tomar una copa a uno de los locales de la falda del Tibidabo. Después regresaron a casa de Felip
y de Carles para dormir. No había problemas de espacio, porque el piso contaba con cuatro habitaciones y estaba perfectamente amueblado. Puyol y su novia Agnès dormían juntos en
su cuarto y Felip, en el suyo. Quedaban dos estancias libres.
Molist escogió la que siempre había ocupado mientras compartió el piso con sus dos amigos, y Víctor tuvo que instalarse
en la más pequeña.

Después de las cuatro de la madrugada, Agnès se despertó
de forma súbita. Había oído ruidos y no tenía demasiado claro
de donde procedían. Avisó a su novio, pero este no le hizo ni
caso. «Deben ser los del piso de abajo que están de fiesta», le
dijo antes de dar media vuelta para seguir durmiendo. Pero no,
los vecinos de abajo no estaban de celebración. La cosa era mucho más seria. Agnès volvió a la carga. «Carles, Carles, que están gritando», insistió. Ahora se oía perfectamente como sus
vecinos más próximos advertían lo que estaba sucediendo.
«¡Fuego, fuego, fuego!». Se oía fuerte y claro.

El primer instinto de Puyol fue salir de la habitación y
acercarse hacia la puerta del piso para saber qué era lo que se
estaba quemando. Pero las voces eran tan fuertes que regresó a
su cuarto y miró por la ventana, que daba al patio de luces. El
impacto fue brutal. Una enorme columna de fuego subía desde
abajo. Era obvio que se había producido un incendio y que había empezado en una de las primeras plantas del edificio. La
cosa no pintaba nada bien. Así que Carles le pidió a Agnès que
se vistiera tan deprisa como le fuera posible y que se marchara
«volando». Esa fue la expresión literal.

Puyol avisó a Víctor Cortés, Xavier Molist y Felip Ortiz por
este orden. Todos salieron de estampida de sus habitaciones.
Alguno, como Felip, ni siquiera se puso algo de ropa. Salió de
su cuarto tal como estaba acostado, con un pantalón corto y
una camiseta. Y descalzo. Carles regresó a su habitación para

ponerse algo de ropa y, cuando estaba poniéndose los zapatos, el cristal de la ventana que daba al patio de luces estalló por el efecto del calor. Así que salió a toda velocidad en dirección al rellano de la escalera. Ingenuamente probó de llamar al ascensor. Estaba tan alterado que no pensó que la primera recomendación en caso de incendio es olvidarse del ascensor, que en este caso no funcionaba. Total, que empezó a bajar por las escaleras. Ni siquiera había llegado al piso de abajo cuando se encontró de cara a Agnès, Felip, Xavier y Víctor, que subían con el pánico reflejado en sus caras. El fuego se había producido en uno de los pisos de la planta baja y una espesa cortina de humo negro subía por las escaleras.

Nadie veía la forma de salir de allí. Ni ellos, ni los vecinos de rellano ni los de otras plantas que habían salido de sus casas, en pijama y bata, tan asustados como el que más. De repente, alguien recordó que el edificio tenía una escalera de emergencia. Y allí se fueron todos. La decepción fue enorme cuando se comprobó el estado de deterioro de las puertas que daban acceso a la escalera y de la propia escalera. Felip la emprendió a patadas hasta que consiguió que las puertas cedieran, olvidándose incluso de que iba descalzo. Poco a poco, los vecinos fueron descendiendo con extrema prudencia por aquella escalera que, según refirió el propio Puyol, «se caía a trozos».

Finalmente, todos llegaron a la calle sanos y salvos. Todos, excepto Felip, que tenía los pies llenos de heridas y estaba sangrando. Los bomberos seguían apagando el fuego ante la atenta mirada de todos. Cuando los vecinos comprobaron que el incendio estaba en fase de control, empezaron a tomar decisiones. Felip decidió acercarse hasta la casa de su compañero Óscar Álvarez, que vivía con sus padres en un edificio muy próximo. Molist se marchó a un hotel próximo. Y Víctor, Agnès y Carles se refugiaron en el coche de Puyol, con la calefacción en marcha, para comprobar que los bomberos apagaban definitivamente el fuego.

Hasta las once de la mañana, cuando los niños del Colegio de San Ildefonso empezaban a cantar los primeros premios del sorteo de Lotería de Navidad, los bomberos no autorizaron a los vecinos el acceso a sus viviendas. Algunas estaban literalmente calcinadas. Otras, por fortuna, estaban en mejor estado. El piso en el que vivían Puyol y Felip no era de los más perjudicados, pero había sufrido importantes daños, sobre todo en los cuartos que ocupaban ellos dos. Ambos tenían ventanas que daban directamente al patio de luces y aquel espacio se había convertido en una auténtica chimenea. La habitación de Puyol no había sufrido demasiados daños, pero la de Felip estaba calcinada. Y todo por un cortocircuito en la instalación eléctrica del árbol de Navidad de uno de los vecinos de la planta baja del edificio.

Felip fue, por otra parte, el único que sufrió lesiones. Su arrojo a la hora de reventar las puertas de acceso a la escalera de emergencia y el efecto del calor sobre sus pies desnudos, le habían provocado pequeños cortes y quemaduras. Cuando llegó a casa de los Álvarez Costas le hicieron las primeras curas. Luego le acompañaron a la clínica Asepeyo, de donde salió con las dos piernas envueltas en aparatosos vendajes. Las lesiones, afortunadamente, no eran graves.

Aquel incendio no fue, sin embargo, la única desgracia que los Puyol sufrieron durante el otoño y el comienzo de aquel invierno. El padre y el hermano de Carles habían tenido sendos accidentes de coche en La Pobla de Segur y además en el mismo lugar. Ambos salieron ilesos, pero los coches necesitaron pasar por el planchista. El propio Carles también había sufrido un percance automovilístico en pleno Ensanche barcelonés y el mecánico necesitó un mes largo para reparar las consecuencias de esa colisión. Y para colmo, Puyol vivió un episodio dantesco, que él mismo ha explicado, de palabra y por escrito, en alguna ocasión. Carles salía de casa y un tipo, con pinta de indigente, se le acercó para pedirle fuego. Era obvio que el futbolista no fumaba. No lo ha hecho nunca. Puyol siguió su camino hacia el párking para recoger su coche y acercarse hasta el Mini Estadi, donde el equipo iba a disputar un partido de Liga contra el CE Sabadell. Al salir del aparcamiento, ese individuo que le había pedido fuego estaba esperándole a la salida de la rampa, dispuesto a lanzar sobre su coche un váter que había recogido de un contenedor. Carles dio un acelerón para tratar de evitar el golpe, pero se llevó uno mayor, porque al incorporarse a la calzada, un autobús de línea chocó contra la parte posterior de su coche. Total, que el vehículo tuvo que volver al taller.

Estas desgracias se vieron acompañadas, además, por problemas de otra índole. El cambio de sistema de juego, que le obligaba a jugar de lateral derecho, unas extrañas molestias musculares que venía sufriendo desde hacía varias semanas y la existencia de unos informes encargados por Van Gaal, le mantenían inquieto. Puyol siempre ha sido un hombre reflexivo, con capacidad para valorar las situaciones y encontrar salida para ellas. En este sentido, era consciente de que su futuro en el club estaba vinculado a la aceptación de ese nuevo rol. También tenía claro que si confiaba en el doctor Pruna pronto jugaría sin molestias. Y con respecto a los informes, nada podía hacer, salvo esperar acontecimientos.

Puyol nunca supo cual era exactamente el origen de sus dolencias. Tampoco Gonzalvo supo de cierto cuál era la causa de esas molestas contracturas que padecía su futbolista. Pruna les había dicho que el mejor tratamiento era realizar un entrenamiento aeróbico, y que cuanto más volumen acumulara de ese tipo de trabajo antes se recuperaría. Carles se entrenaba por las mañanas con el equipo a un ritmo aparentemente normal. Su entrenador trataba de no forzarle en exceso, pero era importante que participara de los ensayos con sus demás compañeros. En otros momentos, a otras horas del día, Puyol trotaba por su cuenta. Y en las vísperas de algunos partidos, Gonzalvo le acompañaba. «Recuerdo que un viernes, a las diez de la noche, estuvimos corriendo por el Mini Estadi para favorecer el proceso de recuperación de esa lesión. Al día siguiente jugábamos un partido importante contra el Osasuna. Carles estuvo a un gran nivel. Ganamos por 4-0 y Haruna Babangida marcó dos de los goles», recuerda Gonzalvo.

En cuanto a los informes, Van Gaal encargó a los dos técnicos del Barcelona B, Josep Maria Gonzalvo y Ronald Koeman, que cumplimentaran unas fichas de análisis de cada uno de los jugadores de la plantilla. Quería que los hicieran por separado. Eran unas fichas completísimas, en las que había que puntuar de 0 a 10 una lista interminable de conceptos físicos, técnicos, tácticos y de personalidad. Tardaron unos días, pero finalmente el director técnico holandés tuvo el encargo encima de la mesa de su despacho. Gonzalvo y Koeman coincidían plenamente en que Xavi Hernández, que alternaba sus apariciones en el primer equipo con otras en el filial, era el mejor jugador de la plantilla para ambos técnicos.

Era lógico que dos entrenadores que dirigían cada día a los mismos jugadores no tuvieran discrepancias de criterio en este ámbito. Y eso se reflejó en la inmensa mayoría de los casos. Si Gonzalvo creía que un futbolista tenía un nivel 7, Koeman también le había puntuado de un modo casi idéntico. Pero en medio de esa armonía surgió un caso excepcional. El primer entrenador del filial, que cumplía su tercera temporada en el club, había valorado a Puyol como el segundo mejor jugador de la plantilla, a no mucha distancia de su compañero Xavi Hernández. Era consciente de que se trataba de jugadores muy diferentes, pero Carles compensaba sus deficiencias de puntuación en el aspecto técnico gracias a sus extraordinarias capacidades físicas. La sorpresa llegó cuando se comprobó que el informe de Koeman difería considerablemente del que había hecho Gonzalvo. En puntos totales la diferencia se situaba en 105. Y eso era una barbaridad. En cambio, Koeman había otorgado una magnífica valoración al central Iban Cuadrado.

En cualquier caso, entre incendios, accidentes de coche, malos resultados, lesiones e informes más o menos favorables, Carles Puyol había abandonado el piso en el que vivía con Felip Ortiz. Su novia Agnès le ofreció la posibilidad de que fuera a vivir con ella a casa de sus padres, Vicenç y Montse, y le pareció muy buena idea instalarse allí mientras durasen las obras de rehabilitación de la vivienda chamuscada. Pero ya no regresó. Se encontró más a gusto con la familia Comas y permaneció allí durante un año y medio, hasta los comienzos del 2000, un año que, afortunadamente para él, no tendría nada, absolutamente nada que ver con esa temporada 1998-99... de infausto recuerdo.

Un descenso y una obsesión

*L*a temporada 1998-99 fue un desastre para el Barcelona B. Justo un año después de ascender a Segunda División A, el equipo perdió la categoría. Un cúmulo de circunstancias hizo que el bloque que dirigía Josep Maria Gonzalvo no fuera capaz de rendir al nivel esperado. Es cierto que Louis van Gaal se llevó a Okunowo y Xavi Hernández al primer equipo y que Juanjo Carricondo había fichado por el Heart of Midlothian escocés. Pero la plantilla tenía un altísimo nivel de calidad. Se mantenía prácticamente el mismo bloque con el que se había llegado hasta allí, goleando al filial del Real Madrid en la eliminatoria final por el ascenso de la temporada anterior.

La realidad es que los primeros encuentros acabaron en derrota, a pesar de que el juego del equipo era brillante. Tanto Gonzalvo como Ronald Koeman, que realizaba sus prácticas como entrenador haciendo las funciones de segundo, se reunían de forma periódica con Van Gaal. El director técnico y entrenador del primer equipo escuchaba los análisis que hacían Gonzalvo y Koeman y trataba de ofrecerles consejo. Pero ni las ideas que surgían de aquellas conversaciones, ni las aportaciones del responsable del fútbol-base, Llorenç Serra Ferrer, que sufría más por los éxitos del primer equipo que por los tropiezos del filial, sirvieron para corregir el rumbo de una plantilla que tenía en su principal virtud la causa de todos sus males. La edad media de los jugadores, muchos de ellos con ficha del tercer equipo y hasta del juvenil, estaba por debajo de los 20 años y eso era un problema a la hora de competir con equipos tan maduros como el Málaga, el Numancia, el Sevilla o el Rayo Vallecano, que acabarían por ascender a Primera.

Aquella temporada Felip, Arnau, Ferrón, Cuadrado, Óscar

Álvarez, Bermudo, Marc Bernaus, Miguel Ángel, Mario Rosas, Antonio Hidalgo, Gabri, Jofre, Babangida, Caballero, Luis García, Nakor Bueno, Sergio Santamaría, Rosa, Carrión, Sergio García, Nano, Lombardo, Bermúdez, Moha, Edu Aguilar, Puigdollers y Casablanca fueron compañeros de Carles Puyol. No todos tenían ficha del Barcelona B. En circunstancias normales, Gonzalvo no habría recurrido tantas veces a jugadores del Barcelona C o incluso del juvenil de División de Honor. Pero la necesidad de encontrar el equilibrio deseado y de conseguir un equipo sólido en defensa y eficaz en ataque, le llevaron a hacer infinidad de probaturas. El resultado no fue el deseado. Es cierto que el juego y los marcadores mejoraron y que el equipo tuvo opciones de salvarse, pero la temporada acabó con el descenso a Segunda B.

Al filial azulgrana le faltaron solo tres puntos para mantener una categoría que también perdieron el Orense, el Mallorca B y el Hércules. A Puyol, obviamente, le traía sin cuidado quien más descendiera. Solo le preocupaba y, sobre todo, le tenía desquiciado que su equipo no hubiera estado a la altura. Comprometido y ganador, hasta el punto de que las derrotas se le indigestan mucho más de la cuenta, Carles tardó un montón de días en recuperar la sonrisa. Además de que le costase mucho asimilar la pérdida de categoría, era consciente de que el descenso podía tener otras consecuencias para él y para unos cuantos compañeros suyos.

Muchos jugadores del Barcelona B tenían la calidad necesaria para jugar en cualquier otro equipo de categoría superior y, además, su edad y su precio de mercado iban a facilitar una salida interesante, al menos a corto plazo. Unos tenían muy claro que no querían jugar en Segunda B y que, a poco que les saliera una propuesta atractiva, harían las maletas y empezarían su carrera profesional. Otros, y ese era el caso de Puyol, no querían ni oír hablar de la posibilidad de abandonar el club. Habían soñado durante mucho tiempo con estar ahí, habían trabajado muchos años para mantenerse y ahora no estaban dispuestos a abandonar el barco de cualquier manera, por una oferta media.

Hasta entonces, y a pesar de la política deportiva y económica, que Serra Ferrer estaba impulsando de forma poco eficaz, la mayoría de jugadores del filial azulgrana cobraban nada y menos. Excepto cuatro jugadores (Reina, Trashorras, Perona y Nano), que esa temporada formarían parte de la plantilla del Barcelona B y que pasarían demasiado pronto a cobrar cantidades más propias de profesionales consagrados que de jóvenes promesas en formación, la mayoría mantenía dudas razonables sobre si era mejor hacer las maletas y probar fortuna en otro lado o quedarse y esperar pacientemente la oportunidad de llegar al primer equipo.

El medio centro Miguel Ángel se marchó al Levante, el extremo Moha aceptó una oferta de Osasuna, el central Óscar Álvarez, el menor de los hijos varones de Quique Costas, firmó contrato con el Real Oviedo, el delantero David Prats eligió una propuesta del Schwarz-Weiss Essen alemán y el lateral Casablanca se marchó al Extremadura junto al portero Felip Ortiz, uno de los mejores amigos que Puyol había hecho desde que, en 1995, se incorporó al club. Xavi Molist, que había jugado en el Neuchâtel Xamax, cedido durante esa temporada, regresó pero solo para saludar a los amigos y para contarles que había aceptado una oferta del Logroñés.

De todas esas noticias, Puyol fue enterándose durante las vacaciones, que aquel año compartió entre La Pobla de Segur y Platja d'Aro, con su novia Agnès y sus mejores amigos, aquellos con los que podía compartirlo todo. Incluido el desánimo. Carles hubiera querido desconectar del todo, pero no pudo. Quitarse de la cabeza la pérdida de categoría del equipo y las consecuencias que ese descenso podía tener para su propio futuro, resultaba muy difícil. Sobre todo porque la marcha de compañeros suyos a otros clubs contribuía a empeorar un panorama que cada vez se le antojaba más sombrío. Sin ir más lejos, la noticia de la marcha de Miguel Ángel no le hizo ninguna gracia. No podía hacérsela.

Antes de marcharse de vacaciones, Carles Puyol mantuvo una larga conversación con su entrenador, Josep Maria Gonzalvo. Quería saber de primera mano qué pensaba su técnico y qué le aconsejaba que hiciera ante la hipotética llegada de alguna oferta de otros clubs. Gonzalvo tenía un año más de contrato y quería que el Barcelona B regresara lo antes posible a Segunda A. En el pensamiento del técnico había un punto de egoísmo. Seguro. Pero nadie podía negarle a Gonzalvo que estuviera siendo sincero. El discurso del técnico fue claro, muy claro. Era consciente de que la causa fundamental por la que el equipo había perdido la categoría residía en la inmadurez de muchos jugadores de la plantilla y no quería que la situación se repitiera. Quería que Puyol y Miguel Ángel se quedaran y que asumieran el rol de veteranos en un equipo que volvería a incorporar jugadores procedentes del Barcelona C y del equipo juvenil de División de Honor.

Saber que el entrenador contaba con él era importante, aunque en aquel momento sintiera la necesidad de arrancarle el compromiso de que le informaría sobre cualquier propuesta de contratación que el club recibiera durante sus vacaciones. Gonzalvo cumplió con la palabra dada, aunque tal vez no tuvo toda la información sobre las ofertas que iban llegando. Es más, desde un buen comienzo, el técnico azulgrana tuvo la sensación de que su voluntad de seguir contando con Puyol topaba de frente con la obsesión de Llorenç Serra Ferrer, primer responsable del fútbol-base del club, que trataría por todos los medios de encontrar un destino para el joven futbolista. Vamos, que Serra Ferrer no solo no iba a defender su continuidad, sino que haría todo lo posible para que se fuera.

La UD Las Palmas fue el primer club en interesarse por su contratación durante aquel verano. Es más, siguiendo las indicaciones de su entrenador, Sergio Krešić, contempló la posibilidad de que el portero Felip Ortiz acompañara a Carles Puyol en su viaje hasta las islas. El defensa azulgrana tenía entonces una cláusula de rescisión de contrato de 450 millones de pesetas (unos 2,7 millones de euros). La idea no seducía al jugador, sobre todo porque empezaban a barajarse otras propuestas de equipos como el Racing de Santander que dirigía el paraguayo Gustavo Adolfo Benítez o los recién ascendidos Sevilla y Málaga, cuyos técnicos eran Juan Carlos Álvarez y Joaquín Peiró, respectivamente.

El Málaga fue el más tenaz de todos ellos, el que mostró mayor interés y predisposición a cerrar la operación de traspaso. Además contaba con un apoyo tan inesperado como valioso en su pugna por conseguir el fichaje del joven defensa barcelonista. Ese respaldo tenía nombre y apellidos. Se llamaba y se llama Llorenç Serra Ferrer, que siempre mostró un grandísimo interés por ese traspaso. Más allá de que los malpensados creyeran que había alguna motivación poco limpia detrás de aquella voluntad tan extrañamente cargada de perseverancia, lo que estaba muy claro es que el responsable del fútbol-base del club no creía lo más mínimo en el futuro de Carles Puyol como azulgrana.

Manel Ferrer, entonces cuñado de Juan Manuel Asensi y representante de Iván de la Peña por razones de sangre —es hermano de la suegra—, colaboraba con Ramon Sostres en las funciones de representación de Carles Puyol. Ferrer era agente FIFA y tenía una cierta experiencia en el mundillo, mientras Sostres apenas se iniciaba en ese tipo de funciones. Era un gran experto en derecho tributario, pero el mundo del fútbol, mucho más complejo de lo que pueda parecer, le venía un poco grande. Eso sí, a diferencia de Manel, que siempre andaba con prisas, Ramon era muy paciente y nada amigo de dar un paso sin saber exactamente por qué motivos había que darlo.

Mientras Puyol trataba de abstraerse y procuraba disfrutar de sus vacaciones tanto como las circunstancias se lo permitían, Sostres estudiaba concienzudamente los pros y los contras de las propuestas que recibían. Y más que eso, consultaba con todo aquel que pudiera arrojarle un poco de luz sobre cuál era la decisión más correcta que debían de tomar. Hizo centenares de llamadas telefónicas a diferentes expertos. Sobre todo a personas que, más allá de la confianza, pudieran ofrecerle una versión fría sobre cada uno de los aspectos de una situación que, por otra parte, era cambiante día a día. En el caso concreto del Málaga, las condiciones económicas de la propuesta, tanto para el club como para el jugador, fueron evolucionando a medida que transcurría el verano.

Confieso que fui una de las personas con las que tanto Ramon Sostres como Carles Puyol contactaron a lo largo de esas semanas. Más allá de mi conocimiento del club y de sus personajes —yo era miembro del equipo técnico de Louis van Gaal y, por ello, tenía contacto directo con la realidad de la casa—, había cosas que caían por su propio peso. Solo era cuestión de aplicar sentido común. Por una parte, las cantidades que se barajaron no justificaban, en absoluto, la decisión de abandonar un sueño y una lucha tan largos en el tiempo.

Los 170 millones de pesetas (poco más de un millón de euros) que el club andaluz llegó a ofrecerle al FC Barcelona no eran para Carles. Los escasos veinticinco millones de pesetas (unos 150.000 euros) de ficha anual con los que trataron de deslumbrarle eran mucho en comparación con los tres millones (18.000 euros) que cobraba en el filial azulgrana, pero aquí tenía su casa y allí tendría que pagarla. Y lo peor es que el Málaga CF quería imponer a Puyol una cláusula de resolución de contrato de dos mil millones de pesetas (unos doce millones de euros), que podían convertir a su club pretendiente en una jaula de la que difícilmente podría salir.

La presión de Serra Ferrer era todavía mayor que su poder en el FC Barcelona. Daba la impresión de que la suerte estaba echada y que el responsable del fútbol-base del club estaba decidido a convencer a todo el mundo de que Puyol no podía ser el lateral derecho suplente que Louis van Gaal estaba buscando para completar su plantilla. No dejaba de ser curioso que Carles hubiese jugado toda la temporada anterior como lateral derecho por decisión personal de Van Gaal y que, en aquellos momentos, el entrenador holandés tampoco abriese la boca.

Personalmente, tengo que reconocer que esta situación me hizo sentir muy incómodo. Tenía la sensación de que solo Joan Martínez Vilaseca —que le había tenido como jugador en el juvenil de División de Honor cuatro temporadas antes— pensaba como yo, y que mis superiores en rango, empezando por Louis van Gaal y acabando por el presidente Josep Lluís Núñez, no me perdonarían mi papel en esa historia. Pero las circunstancias quisieron que ese verano, mientras pasaba sus vacaciones en Formentor (Mallorca), el presidente azulgrana sufriera una fractura de pelvis por la que tuvo que ser intervenido quirúrgicamente.

Núñez llevaba muchos años pasando un par de semanas en un hotel paradisíaco de aquella población al noreste de la isla, en la bahía de Pollença. Y aquel mismo verano, unos días antes de sufrir ese percance, había estado con Serra Ferrer, otro asiduo de la zona que mucho antes de incorporarse al FC Barcelona ya llevaba al presidente azulgrana y a su esposa Maria Lluïsa a dar unos buenos paseos por las calas de La Alcúdia, en una lujosa y potente lancha motora. O sea que la razón hacía pensar que Josep Lluís Núñez estaba perfectamente informado de los proyectos que su amigo Llorenç Serra Ferrer tenía reservados para Carles Puyol.

Intervenido en la clínica Teknon de Barcelona, Núñez empezó a recibir visitas a cuentagotas. Martínez Vilaseca y un servidor, que en esos momentos realizábamos los informes de los rivales y también de los posibles fichajes para Van Gaal, fuimos a visitar al presidente. Ambos creíamos que nuestros consejos a Puyol en el sentido de que no se marchara del club podían comportarnos alguna incomodidad. Así que no iba a ser fácil hablar sobre el tema con un presidente que si algo tenía —y sigue teniendo a sus 82 años— es un carácter muy fuerte y un sentido quizás un poco exagerado, por decirlo de algún modo, de la importancia de las jerarquías.

En un momento de nuestra visita, decidí decirle a Núñez que prefería informarle personalmente antes de que le llegaran comentarios de terceras persona, pero que durante las últimas semanas le había recomendado a Carles Puyol y a Ramon Sostres que se quedaran en el club y que, por lo tanto, no aceptaran ninguna de las ofertas que habían recibido. El presidente, sorpresivamente, no dudó en confesar que «si Puyol decide irse, se equivoca». Tanto Martínez Vilaseca como yo mismo nos quitamos un gran peso de encima. Porque había alguien con mucho poder que pensaba de la misma manera que nosotros. Acabábamos de ganarnos un aliado importante en el caso de que se produjera alguna situación tensa en el interior del club.

No era ni es nada apetecible discutir con Serra Ferrer. Es un tipo que aparenta una gran fortaleza y una gran seguridad en sí mismo. Pero él no es así. Desconfía de todo lo que se mueve a su alrededor, incluso de las personas que él mismo escoge como sus ayudantes. Y esconde sus miedos detrás de una firmeza que se sustenta en el principio del ordeno y mando. Es muy educado, hasta el punto de que, al principio, trata a todo el mundo de usted. Cuando hay una mínima relación ya solo trata de usted a las secretarias. Desconozco si le ha pasado en otros clubs, pero en el FC Barcelona los empleados del área administrativa le bautizaron muy pronto como «el generalísimo». Incluso llegó a circular por correo electrónico, a nivel interno, la contraposición de su foto a una del dictador Francisco Franco.

Serra Ferrer perdió la batalla de Puyol. ¿O debería decir contra Puyol? No era la primera vez que el jugador azulgrana se enfrentaba a situaciones como aquella, ni la primera vez que sobrevivía a los que no creían en él. Ya le había sucedido con Oriol Tort, que fallecería el 10 de septiembre de ese 1999, antes de que Carles jugara su primer partido de Liga con el primer equipo barcelonista. Y había vuelto a sucederle cuando Ronald Koeman, aprendiz de entrenador en el Barcelona B, había suscrito aquel informe tan poco favorable al futbolista de La Pobla de Segur.

Las manos de Van Gaal

*E*ntre la decepción de Puyol por el descenso de categoría y la obsesión de Llorenç Serra Ferrer por empujarle hacia el Málaga, las vacaciones del futbolista no fueron las mejores de su vida. Estuvo acompañado por Agnès y por sus mejores amigos, que le ayudaron a desconectar de sus preocupaciones más de una y dos veces. Pero, el punto de tristeza que le producían las habituales noticias sobre el cambio de club de alguno de sus compañeros y la sensación de angustia que le provocaba no saber qué futuro le esperaba a él mismo no le permitieron disfrutar de las vacaciones de la forma en que habría querido. En esta situación, la vuelta a los entrenamientos podía ser la mejor medicina para sus inquietudes.

En el club, todo el mundo era consciente de que la institución había decidido que, aquellos jugadores que a los veintitrés años no hubieran alcanzado el primer equipo, debían dejar sus puestos a futbolistas más jóvenes y con mejores expectativas de progresión. Puyol tenía veintidós años y, por lo tanto, se acercaba al límite que había establecido Louis van Gaal. ¿Qué podía hacer Puyol en aquellas circunstancias? Su entrenador contaba con él para apuntalar un equipo que, una vez más, iba a ser demasiado joven para afrontar la competición con garantías de éxito. Gonzalvo, sin embargo, no podía ir en contra de Serra Ferrer y aconsejaba a Carles que si se decidía a salir del club, lo hiciera mediante una cesión que le permitiera regresar. Le ponía como ejemplo el caso del *Chapi* Ferrer, quien tras jugar un año en el Tenerife regresó para convertirse en titular indiscutible del Barcelona de Johan Cruyff.

Sus amigos de verdad, los que pensaban más en su carrera que en un primer contrato profesional —que tenía más de jaula que de contrato—, le decían que no valía la pena aceptar las condiciones que le ofrecía el Málaga y le advertían que aquella cláusula de salida de dos mil millones de pesetas (unos 12,5 millones de euros) podía perjudicarle mucho de cara al futuro. Solo faltó que le susurraran al oído lo que Josep Lluís Núñez había dicho sobre el particular para que cada vez tuviera más y más claro que, antes de irse a cualquier parte y de cualquier manera, cumpliría su tercera temporada como jugador del Barcelona B.

Gonzalvo, que iba a dirigir a Puyol por cuarta temporada consecutiva, se llevó a la plantilla a realizar la pretemporada en El Muntanyà, una urbanización de la comarca barcelonesa de Osona, cuyo hotel está preparado para recibir a equipos de fútbol y tiene dos campos de fútbol, uno de hierba natural y otro artificial. Los jugadores trabajaron en doble sesión de entrenamiento durante unos cuantos días, y a comienzos del mes de agosto marcharon a disputar un torneo en Holanda. El club, a través de Serra Ferrer, decidió que Carles se quedara en Barcelona, por si se cerraba alguna de las ofertas que el responsable del fútbol-base del club tenía encima de la mesa de su despacho.

De hecho, Carles Puyol recuerda que durante la concentración de El Muntanyà recibió una llamada telefónica de Llorenç Serra Ferrer. El director del fútbol-base del club quería comunicarle que había tomado la decisión de traspasarle al Málaga. No era una propuesta. Era una orden que el futbolista se negó a aceptar, fuesen cuales fuesen las consecuencias. Después de decirle a Serra Ferrer que no se iría, hizo lo propio con Gonzalvo, con el delegado del equipo, Toni Alonso, con sus compañeros de plantilla y, por supuesto, con su familia, su novia, sus inseparables mentores Antoni Oliveres y Ramon Sostres y todos sus amigos. Ni le gustaba que el club quisiera imponerle la decisión, ni le había hecho ninguna gracia que el entrenador del Málaga, Joaquín Peiró, hubiese manifestado en diversos medios de comunicación que Puyol no era su primera prioridad.

La postura de Carles ponía a Josep Maria Gonzalvo en una posición un tanto incómoda. Por un lado, contaba con el futbolista para tratar de recuperar la categoría; por otro, se sentía vinculado sentimentalmente al único jugador al que iba a dirigir durante cuatro temporadas consecutivas y, por otro, tenía que respetar las decisiones de sus superiores, aunque solo fuera por eso de que en una organización piramidal hay que ser disciplinado. De ahí que, en un momento determinado, Gonzalvo declarase a los periodistas que no era un problema que se quedara Puyol, pero que tal vez debería iniciar una nueva etapa fuera del club.

La primera consecuencia de la negativa de Carles a aceptar la decisión de Serra Ferrer fue que se quedó fuera de la expedición del Barcelona B que, en aquellos días del mes de agosto, iba a disputar un torneo amistoso en Holanda. Durante aquella semana, Puyol se entrenó a las órdenes de Joan Vilà para proseguir su acondicionamiento físico. Los entrenamientos del Barcelona C eran intensos, como los de su equipo, y ello le permitía ponerse en un buen estado de forma. Eso sí, el estado anímico de Carles nunca estuvo tan abajo. Tenía la sensación de que el final de su sueño estaba ahí, a la vuelta de la esquina. Y pensaba que todos los sacrificios que había hecho durante tanto tiempo iban a acabar como estaban acabando los de otros compañeros suyos que ya no estaban en el club.

Pero la suerte de Carles Puyol cambió de golpe. Él dice en su libro que «fue como por arte de magia». Es obvio que los milagros no existen y que la magia no es nada más que un truco. Las cosas tampoco pasan por casualidad, sino por causalidad. Todo tiene una razón de ser, un origen, que provoca una consecuencia y no al revés. El trabajo y la ilusión del propio Puyol, aunque ahora estuviera decaído, y la defensa silenciosa pero constante de quienes creían en él, acabaría por dar sus frutos en el momento más inesperado.

El miércoles 18 de agosto estaba reservado para compromisos de selecciones en el calendario internacional. Muchos jugadores del Barcelona habían sido convocados para jugar con sus respectivos equipos nacionales. Once para ser más exactos. España jugaba en Polonia, Holanda visitaba Dinamarca y Francia había viajado a Irlanda del Norte. Además, estaban lesionados Abelardo, Mario y Amunike. Entre unas cosas y otras, Van Gaal no tenía suficientes futbolistas para organizar un entrenamiento con cara y ojos. Así que decidió celebrar un partido con jugadores del Barcelona B y el Barcelona C. El encuentro se celebraría a partir de las siete de la tarde, a puerta cerrada y sobre el césped del Camp Nou.

Van Gaal quería comprobar en qué estado se encontraban jugadores como Rivaldo, Xavi Hernández o Simão, que salían de lesiones; quería darle minutos a otros futbolistas que habían tenido poco protagonismo en la Supercopa de España y, de paso, deseaba ver en acción a algunos jugadores de la cantera. Así que dio las instrucciones pertinentes para que un combinado de su equipo y el Barcelona B se enfrentara al Barcelona C que dirigía Joan Vilà. Aquella misma tarde del martes 17 de agosto, Martínez Vilaseca advirtió a Carles Puyol de que sería uno de los futbolistas convocados para formar parte del equipo que dirigiría el entrenador holandés.

Hesp, Guardiola y Litmanen se sumaron a la lista de bajas de Van Gaal, que finalmente formó su equipo con Arnau; Puyol, Mique González, Bogarde, Fernando; Gabri, Xavi, Roger; Sergio Santamaría (Simão, 60'), Dani y Rivaldo (Nano, 60'). Como no podía ser de otra manera, el partido finalizó con un amplio triunfo (6-1) del FC Barcelona, con goles de Gabri (2), Rivaldo, Dani, Bogarde y Sergio Santamaría. El gol del Barcelona C fue obra de Óscar. La respuesta de los lesionados fue magnífica, de modo que el entrenador podría contar con Rivaldo, Xavi y Simão para el encuentro de la primera jornada de Liga frente al Real Zaragoza.

La actuación de Carles Puyol en aquel partido fue magnífica. El equipo necesitaba un segundo lateral, porque Okunowo no había respondido a las expectativas y porque Reiziger tenía frecuentes problemas en uno de sus tobillos. Así que no era bueno quedarse con Ronald de Boer, que era un centrocampista, como única alternativa para ocupar el carril derecho de la defensa. Esa misma noche, al finalizar el partido de entrenamiento, Martínez Vilaseca y yo mismo le sugerimos a Van Gaal que confiara en Puyol y que renunciara a la inversión económica que suponía fichar a un jugador para que ocupara ese puesto de forma ocasional.

Plantear esa posibilidad y que llegara la información de que Michael Reiziger se había vuelto a lesionar fue todo uno. El defensa holandés había sido sustituido en el minuto 67 del encuentro que su selección acababa de disputar en Copenhague, ante Dinamarca. Las noticias no eran alarmantes, pero acabaron por inclinar al entrenador azulgrana a pensar que esa podría ser una buena solución.

Van Gaal no era un hombre que tomara las decisiones a la ligera. Solía ser rápido de pensamiento y también de ejecución. No le quedaba otra, porque en el mundo del fútbol si te duermes cinco minutos ya estás perdiendo el partido. En este sentido, es muy posible que aquel miércoles, sobre las nueve y media de la noche, ya hubiese decidido que Puyol se incorporaría a su plantilla. Al día siguiente, algunos componentes del cuerpo técnico ya conocíamos la noticia. Pero Puyol no se enteró hasta la mañana del viernes día 20, cuando llegó al Camp Nou para participar en una nueva sesión de entrenamiento con el primer equipo.

A Puyol le sorprendió un poco que Van Gaal volviera a citarle. No entendía nada de lo que estaba sucediendo. El director del fútbol-base, Serra Ferrer, le estaba presionando para que se marchara al Málaga; su entrenador, Gonzalvo, le planteaba el doble lenguaje de decirle que contaba con él, pero que marcharse sería bueno para su carrera, y el entrenador del primer equipo le convocaba para entrenarse con el primer equipo. Tenía la sensación de que, entre todos, le estaban tomando el pelo. Y eso es lo que pensó hasta que Van Gaal se le acercó y le preguntó: «¿Quieres marcharte del Barça?». Carles le respondió con la misma firmeza que había usado durante los días anteriores cada vez que alguien, del club o de fuera, le planteaba la misma cuestión: «No, no me marcho. Está decidido». La conversación continuó de un modo totalmente inesperado para el joven futbolista. Van Gaal le dijo ahora: «Si te quieres ir, vete; pero si te quedas, entrarás en mi selección». Puyol no entendía lo que le estaban diciendo. Ignoraba que el entrenador holandés llamaba «selección» a la plantilla y preguntó por el significado de esas palabras. «Si te quedas, te entrenarás conmigo y jugarás los partidos con el Barcelona B. Piénsatelo». Pero no había nada que pensar.

Durante ese entrenamiento pasaron muchas cosas por la cabeza de Carles Puyol. Se acordó del día que había conocido personalmente a Louis van Gaal. Recordó, con todo detalle, las circunstancias que rodearon al partido de las semifinales de la

Copa Catalunya de 1998, contra la Unió Esportiva de Lleida. Y rememoró, con puntos y comas, las palabras que había cruzado el miércoles inmediatamente anterior con el entrenador holandés, cuando participó en el ensayo frente al Barcelona C. Pero, sobre todo, tenía ganas de que se acabara el entrenamiento y llamar a sus padres, a su novia y a sus amigos para compartir con todos ellos su emoción y su alegría.

La primera vez que Puyol habló con Van Gaal fue el 5 de noviembre de 1997. El Barcelona se enfrentaba aquel mismo miércoles al Dínamo de Kíev en partido correspondiente a la cuarta jornada de la fase de grupos de la Champions League. Hacía dos semanas que los azulgrana habían perdido en su visita al Olímpico de la capital de Ucrania (3-0). Había muchos jugadores lesionados, hasta el punto de que el entrenador holandés facilitó, el día antes, una convocatoria con solo diecisiete futbolistas. Esa misma mañana Luis Enrique, Pizzi y Abelardo habían abandonado la concentración a causa de diferentes dolencias y Van Gaal decidió convocar a Puyol, porque necesitaba un centrocampista y Carles era uno de los pocos que reunía las condiciones para jugar: tenía menos de veinte años y llevaba cuatro años jugando en los equipos inferiores del club.

El director del fútbol-base, Llorenç Serra Ferrer, acompañó a Carles Puyol a su cita con Louis van Gaal. Habían quedado en las dependencias que los técnicos del primer equipo tenían en el vestuario del Camp Nou. Las primeras palabras del entrenador barcelonista sonaron muy duras: «¿A ti, qué te pasa? ¿No tienes dinero para cortarte el pelo?». Cualquier otro muchacho de diecinueve años se habría asustado ante un hombre grandote, de facciones duras, con un timbre de voz muy grave y un castellano más escupido que hablado, tras apenas cuatro meses de clases. Pero Puyol reaccionó como si fuera un veterano: «El pelo no se toca». Unas horas más tarde, Carles hizo el calentamiento sobre el césped del estadio y se sentó en el banquillo con el masajista Àngel Mur, Busquets, Nadal y Amor. El Dínamo de Kiev ganó por 0-4, en una actuación espectacular de Shevchenko, autor de tres goles.

Cinco meses más tarde, volvió a encontrarse con el técnico del primer equipo. Esta vez, como sucedería otras muchas veces, Van Gaal le preguntó en qué posición jugaba. «Soy centrocampista», respondió la primera vez. El entrenador holandés apostilló «y lateral derecho». Esa, precisamente, fue la posición en la que fue alineado Puyol en el encuentro de semifinales de la Copa Catalunya que el FC Barcelona disputó el 24 de marzo de 1998, en Lleida y frente al equipo de Tito Vilanova. A partir de entonces, cada vez que Van Gaal le preguntaba cuál era su puesto en el equipo Carles contestaba: «Soy centrocampista y lateral derecho».

De lateral derecho había jugado en los dos amistosos de la pretemporada en Holanda, durante el mes de julio de 1998. Y de lateral derecho actuó, también, en el partido de preparación ante el Barcelona C, solo dos días antes de que Van Gaal le propusiera que se entrenase con el primer equipo durante la semana y jugase los domingos con el filial. Ahora, mientras correteaba sobre el césped del campo de La Masia, Puyol se reía de sí mismo al darse cuenta de que había malinterpretado su conversación del miércoles anterior. Van Gaal le había preguntado si pensaba marcharse al Málaga y cuando Carles le respondió que había decidido quedarse, el entrenador le envió un mensaje muy claro: «Estoy contento de que no te vayas». En ese momento, pensó que el club estaba jugando con él. No podía entender que Serra Ferrer le estuviera empujando a marcharse y que el entrenador del primer equipo le dijera todo lo contrario. Luego lo tendría todo clarísimo y empezaría a ser consciente de que las manos de Van Gaal iban a guiar su carrera a partir de aquel momento.

Con la camiseta del Centenario

Carles Puyol se moría de ganas por debutar con el primer equipo en partido oficial. Sabía que su momento llegaría más tarde o más temprano. La única duda era si sería por decisión de un entrenador, Louis van Gaal, que nunca había dejado a nadie en la estacada, o porque sus competidores por el puesto de lateral derecho, Michael Reiziger y Ronald de Boer, un improvisado recambio, tendrían que descansar algún día. No quería ni pensarlo, pero estaba seguro de que, aunque fuera una única vez, se le abrirían las puertas. En cualquier caso, tenía que prepararse a conciencia para no desaprovechar aquella oportunidad que tanto anhelaba.

Tener asignado el dorsal 32 le permitía mantener ficha federativa con el Barcelona B y simultanear sus apariciones en los dos equipos. De hecho, se entrenaba indistintamente en el Mini Estadi, en el pequeño campo de hierba de La Masia o en el Camp Nou. Pero aún no había sido convocado nunca por Van Gaal para jugar con el equipo profesional. Por esta razón, los entrenamientos anteriores a los partidos los realizaba con sus compañeros del filial. Y ese primer fin de semana del mes de octubre estaba previsto que lo hiciera bajo las órdenes de Josep Maria Gonzalvo.

Que Van Gaal le citara para entrenar con el primer equipo la mañana del 1 de octubre de 1999 podía ser algo circunstancial, pero que el entrenador le incluyera en la lista de convocados para viajar aquella misma tarde a Valladolid, no entraba en sus cálculos, ni siquiera sabiendo, como sabía, que Reiziger se hallaba lesionado. Puyol imaginó que, como había sucedido otras veces, Ronald de Boer, un centrocampista de banda que había actuado algunas veces en el puesto de lateral, le cerraría el paso. Pero aquel día, Louis le tenía reservadas dos sorpresas. La primera, incluirle en la convocatoria y la segunda, declarar ante los periodistas que Carles estaba perfectamente preparado para jugar los noventa minutos.

Los elogios de Van Gaal no se acabaron ahí. Como recogen los periódicos del día siguiente y, de forma muy concreta *El Mundo Deportivo*, el entrenador holandés aseguró que «Puyol tiene una mentalidad y una fuerza impresionantes. Es técnico, rápido y llega bien al área rival». Aquellas manifestaciones, que en circunstancias normales no hubieran sorprendido lo más mínimo, se producían en una rueda de prensa plagada de tensión. El delantero Patrick Kluivert había dicho a los periodistas que no estaba dispuesto a aguantar que su entrenador le dejara fuera del equipo titular y la respuesta del técnico fue fulminante: «Si no está de acuerdo, que se busque equipo». Como no podía ser de otra manera, ese choque entre holandeses relegó la noticia de la convocatoria de Puyol hasta la página 7 de la edición del decano de la prensa deportiva española de ese 2 de octubre.

Cuando los periodistas le preguntaron a Puyol por la convocatoria, se mostró cauto y humilde, como siempre ha querido ser. Por supuesto, expresó su satisfacción. Pero lo hizo después de manifestar su sorpresa por haber sido llamado súbitamente para participar en el entrenamiento de esa mañana y antes de decir que sus posibilidades de jugar eran escasas, porque Ronald de Boer estaba en la lista y lo razonable era que fuese él quien reemplazara al lesionado Reiziger. Y así fue. Al día siguiente de convertirse en inesperado protagonista en los medios de comunicación, Carles se sentó en el banquillo del Nuevo Zorrilla, tal vez pensando en la trascendencia que el Real Valladolid-FC Barcelona había tenido en la temporada anterior, cuando un gol de Xavi Hernández salvó a Van Gaal de un alud de críticas y quién sabe si de algo más.

Este 2 de octubre de 1999 se convirtió en el día más importante de su vida hasta ese momento. Cuando Louis van Gaal le pidió que saliera a calentar, le invadió una sensación muy especial. Durante unos instantes, y hasta que disputó sus primeros minutos sobre el terreno de juego, tuvo la sensación de que algo extraño le estaba pasando. Creyó, incluso, que el corazón le iba más deprisa de la cuenta. Pero no era cierto. Eran las sensaciones de nerviosismo y de emoción, mezcladas, lo que le hacían creer que aquello no era normal.

Se cumplía el minuto 55 de encuentro cuando saltó al césped, sustituyendo a Simão Sabrosa. El FC Barcelona ganaba por 0-1. Kluivert, que había protagonizado un enfrentamiento mediático con su entrenador la víspera del partido, había marcado en el minuto 30. Van Gaal ordenó entonces que Ronald de Boer, que había iniciado el choque como defensa derecho, adelantara su posición hasta la de extremo de la misma banda y que Puyol se colocara en el lateral. No era la posición que más le gustaba al futbolista, pero su entrenador le quería ahí, y por mucho que él recordara permanentemente que era centrocampista, se encontraba en el camino de abandonar para siempre esa posición y convertirse, de manera definitiva, en un defensa de ley, capaz de emular al futbolista que él mismo lleva muchos años admirando: el italiano Paolo Maldini.

El equipo del que formaba parte Puyol había ganado las dos Ligas anteriores, las de 1997-98 y 1998-99, que adornó con la Copa del Rey de 1998 y la Supercopa de Europa de ese mismo año, defendiendo el título de campeón de la Recopa que el equipo había conseguido al ganar al Paris Saint-Germain, en Rotterdam, con un gol de Ronaldo en la ejecución de un penalti. En el Nuevo Zorrilla y en el debut de Carles, el partido acabó 0-2, con un segundo gol de Rivaldo a los 71 minutos de juego. El Barça jugó aquella noche con Hesp; Ronald de Boer, Abelardo, Frank de Boer (Bogarde, 52'), Sergi Barjuan (Zenden, 80'); Guardiola, Luis Enrique, Cocu; Simão (Puyol, 55'), Kluivert y Rivaldo. Casi nada.

Solo ocho días después, Puyol volvió a jugar unos minutos. Pero esta vez fue para hacer su primera aparición en el Camp Nou y en el primer clásico de su carrera profesional. Era el 13 de octubre y el estadio estaba a reventar, como es habitual en un Barça-Madrid. Reiziger se había recuperado y era titular como lateral derecho, pero a los 37 minutos se produjo un hecho inusual. Sergi Barjuan estaba teniendo graves dificultades para sujetar a Geremi y ya había sido amonestado. Van Gaal estaba preocupado ante el riesgo de que pudiera ver la segunda tarjeta amarilla. Y decidió reemplazarle por Puyol. El cabreo de

Sergi fue monumental. Abandonó el campo con cara de pocos amigos y renegando en hebreo. Puyol estuvo magnífico. Jugó con la sobriedad de un veterano. Algo muy importante, sobre todo cuando el equipo se quedó con un jugador menos por la expulsión de Kluivert en el minuto 55. El partido finalizó con empate (2-2). La inmensa mayoría de los compañeros del equipo felicitaron a Carles por su actuación. En cambio, todos sin excepción criticaron ácidamente al árbitro del encuentro, el asturiano Manuel Díaz Vega.

Aunque Louis van Gaal no se excediera en los elogios hacia Puyol, era evidente que ya le consideraba uno más de su «selección». Y por si quedaba alguna duda de que Carles había entrado en la rueda, justo un mes después de su primer partido de Liga con el FC Barcelona, le dio la alternativa en la Champions League. Fue la noche del 2 de noviembre. El equipo afrontaba la última jornada de la primera fase de grupos en el campo de la Fiorentina. Hasta entonces los azulgrana contaban todos sus partidos por victorias, con la única excepción de un empate en casa frente al Arsenal (1-1).

El equipo era la sensación de Europa por su vocación ofensiva y su capacidad goleadora. Puyol salió después del descanso, sustituyendo a Ronald de Boer. Estuvo en su línea de jugador entregado, combativo, atento en la anticipación, seguro en el corte y en las ayudas y le sobró fuerza para incorporarse al ataque. Al final, el partido finalizó en tablas (3-3), pero todo el mundo se rindió al fútbol de ataque de los azulgrana, que pudieron ganar el encuentro por dos o tres goles de diferencia. En las filas de la Fiorentina formó Guillermo Amor, aunque solo jugó el último minuto.

A Puyol solo le quedaba debutar en la Copa del Rey. Y lo hizo antes de acabar el año 1999. Fue titular en el encuentro de ida de los dieciseisavos de final, que se jugó en el campo del Almería. Disputó los 90 minutos. El partido también acabó en empate (0-0), intrascendente pero empate. Carles, como había hecho antes, guardó las camisetas de sus estrenos en las diferentes competiciones. Alguna de ellas, como la del debut en Liga frente al Real Valladolid, la tiene enmarcada. Y ese año el club conmemoraba su centenario. La camiseta, de estilo retro, es muy probablemente una de las más bonitas que el Barcelona ha tenido a lo largo de su historia. Además, el nombre y el número, el 32, estaban serigrafiados en color oro.

En su primera temporada, Carles Puyol jugó un total de 37 partidos. De ellos, veinticuatro fueron en la Liga, ocho en la Champions League y cinco en la Copa del Rey. No marcó ningún gol, pero esa no es una estadística negativa en su caso. El peor recuerdo de la temporada es que en abril se vinieron abajo, de forma inexplicada e inexplicable, todas las opciones de ganar títulos. El Barcelona llegó al final con opciones en todos los torneos, pero acabó segundo en la Liga, fue eliminado en las semifinales de la Champions League por el Valencia (4-1 en la ida) y no se presentó a jugar la vuelta de las semifinales de la Copa del Rey ante el Atlético de Madrid, después del 3-0 de la ida. Es cierto que Van Gaal solo tenía once jugadores disponibles para afrontar el partido y que dos de ellos eran porteros. El club negoció el aplazamiento con la Federación Española de Fútbol. El principal argumento fue que todos sus jugadores holandeses estaban convocados por su selección y que, además, había muchos lesionados. Fuera como fuera, el hecho es que el partido no se disputó y Puyol salió en esa foto.

La muerte de Antoni Oliveres

El cambio que se había producido en la carrera de Carles Puyol había sido espectacular. Había pasado de tener un pie fuera del FC Barcelona a entrenarse cada día con el primer equipo, a firmar un nuevo contrato que ya tenía algo de profesional, a debutar en la Liga, la Champions League y la Copa del Rey, y a entrar en las convocatorias de la selección española sub-21. Y todo eso, de agosto de 1999 a junio de 2000. Es obvio que su vida hubiera sido distinta de haber aceptado las presiones de Llorenç Serra Ferrer para que se marchara al Málaga o si sus ángeles de la guarda, con Louis van Gaal a la cabeza, no le hubieran ofrecido la oportunidad de demostrar lo que valía. El destino, ese que baraja las cartas para que nosotros las juguemos, le había puesto delante una oportunidad única.

Durante esos diez maravillosos meses, no todo fueron alegrías. Tampoco es que tuviera muchos disgustos. Pero la enfermedad y posterior muerte de su gran valedor y amigo Antoni Oliveres resultaron demasiado duras para un muchacho de mentalidad fuerte pero sensible de corazón, que hasta entonces no había vivido una situación de tamaña crudeza. A Oliveres le detectaron un cáncer en las glándulas suprarrenales a primeros de noviembre de 1999. Demasiado tarde. La metástasis había alcanzado otros órganos vitales y en apenas cuatro meses fue enterrado en el pequeño cementerio de Bretui (Pallars Sobirà, Lleida), el pueblo en el que había nacido el 15 de diciembre de 1942.

Antoni Oliveres había venido al mundo en la casa de sus padres, que era donde nacían los niños en aquellos tiempos, y sobre todo en las zonas rurales. Varias generaciones de la familia ya habían nacido en Casa Peret, construida en 1604. De su padre aprendió los oficios de agricultor y de ganadero, hasta el punto de convertirse muy deprisa en un experto en la compra-venta de ganado. En el ejercicio de este negocio había estrechado su relación con los dos Josep Puyol, es decir el abuelo y el padre de Carles. Exactamente igual le sucedió con Isidre Brenuy, el padre de Marisa, la esposa de Ramon Sostres. Y por si había pocas coincidencias, Oliveres contrajo matrimonio con Conxita Solé el 14 de diciembre de 1969. Diecisiete años más tarde, Conxita sería profesora de Carles Puyol en el colegio Sagrada Família de La Pobla de Segur. El pequeño de los Puyol tenía entonces ocho años de edad.

El matrimonio Oliveres-Solé tuvo tres hijos. Pili nació en 1970, Antoni en 1972 y Jordi en 1976. Todos son mayores que Carles, pero todos han mantenido y mantienen un trato muy cordial con el futbolista. Más allá de que fuera Antoni Oliveres quien movió los hilos para que Puyol pudiera pasar una prueba en el FC Barcelona, el contacto entre el más famoso de los tres propietarios de Sport Kappa y el jugador azulgrana fue muy intenso desde que se conocieron en 1995. Jamás pasaban más de tres o cuatro días sin verse, excepto cuando Carles se encontraba de viaje con el Barcelona o con la selección. Oliveres no solo le proveía de ropa deportiva, botas y zapatillas, sino que en muchos casos ejercía de relaciones públicas, concertando entrevistas y comidas con personas de diversas profesiones, los periodistas entre ellos, para darle a conocer.

Personalmente, fui invitado a una de esas comidas. Puyol llevaba muy poco tiempo en el FC Barcelona y Oliveres nos reunió en un magnífico restaurante de la calle Tarragona, muy cerca del edificio en el que Sport Kappa había abierto sus oficinas en la Ciudad Condal. Me encantó aquella reunión, porque me permitió ahondar en el conocimiento de aquel empresario tan vital y porque pude mantener una toma de contacto muy directa con un muchacho joven, noble, humilde, aparentemente tímido pero con mucho más carácter de lo que se adivinaba a primera vista y con las ideas mucho más claras de lo que suelen tenerlas los jóvenes de edades como la que él tenía entonces. Le había visto jugar, conocía bien sus características físicas, técnicas y tácticas, y sabía que tenía mucho margen de mejora. Pero ese mediodía supe que, si apostaba a que Puyol alcanzaría su sueño, ganaría.

La relación entre la familia Oliveres y Carles se hizo cada día más intensa. Es posible que todo se iniciara a partir del agradecimiento del futbolista hacia aquel empresario del Pallars Sobirà que tanto le había ayudado a hacer el viaje desde La Pobla de Segur hasta La Masia. Pero en poco tiempo el sentimiento de gratitud se transformó en un sentimiento de amistad recíproca. Y las reuniones, tanto en Barcelona como fuera de Barcelona, se hicieron todo lo frecuentes que permitía la profesión de Puyol. Cuando el futbolista tenía descanso e iba a ver a sus familiares y amigos, también se acercaba de vez en cuando a Bretui y a otros lugares del Pirineo leridano donde Antoni, con su extraordinario don de gentes y su capacidad de convocatoria, reunía a alcaldes, empresarios y hasta jueces.

Todo el mundo sabía que Kappa había patrocinado la celebración de un partido de fútbol anual contra la droga. De hecho, José Ramón Alexanko y Ramón García, un asesor fiscal de futbolistas de la época, tristemente fallecido, dieron forma a la ocurrencia junto a Antonio Peidro, entonces representante de la marca italiana de ropa deportiva. Alexanko convenció a Johan Cruyff para que se incorporase al proyecto y García hizo lo propio con el juez Baltasar Garzón. Más tarde se sumaron a la idea los periodistas Luis del Olmo y José María García. El encuentro fue bautizado con el nombre de DROGAS, NO y los beneficios que se obtuvieran con la venta de entradas y los derechos de televisión se destinarían al Proyecto Hombre.

Cuando Maglificio Calcificio Torinese suspendió pagos y Sport Kappa se hizo responsable del contrato de la marca con el FC Barcelona, el encuentro benéfico siguió disputándose en distintas ciudades españolas. Cruyff se cayó del elenco de personalidades que formaban parte del comité organizador y se incorporaron otras, como Emilio Aragón y el propio Antoni Oliveres. Desde el primer partido, disputado en 1993, hasta el último, que tuvo lugar con la presencia y el apoyo de la reina Sofía, en 2003, se celebraron doce ediciones en Barcelona, Sevilla, Valencia, Madrid y otras ciudades.

La mayoría de las amistades que Oliveres hizo durante aquel tiempo entraron en contacto, en un momento u otro, con Puyol. Y todos juntos, los que habíamos disfrutado de la compañía de este hombre tan entrañable, vivimos la enfermedad y muerte de Antoni muy de cerca. Él mismo llamó por teléfono a todos sus amigos tan pronto como supo que tenía cáncer. Fue en torno a la festividad de Todos los Santos de 1999. Antoni explicaba su enfermedad con una naturalidad que ponía los pelos de punta y la afrontó con una entereza que nadie podía imaginar. Conocía perfectamente la gravedad de la enfermedad y las escasas expectativas de vida que le otorgaban los pronósticos médicos. Pero él actuaba de una forma que te hacía pensar que aquello no iba a poder con él. El propio Puyol se sorprendió de esa actitud: «Te estaba dando ánimos él a ti, cuando el que estaba enfermo era él».

Oliveres se puso en manos de los mejores especialistas. Le trataron en el Institut Català d'Oncologia, hospital Duran i Reynals, un centro especializado en tumores de baja frecuencia o alta complejidad terapéutica. Su hija Pili estaba viviendo en Chile en esas fechas y se trasladó de forma inmediata a Barcelona para estar todo el tiempo posible junto a su padre, su madre y sus hermanos. Puyol, como otros buenos amigos, estuvo en contacto permanente con el propio Antoni Oliveres y con el resto de familia. Y así fue hasta la madrugada del día 9 de marzo de 2000, cuando falleció en brazos de su propia hija.

La tarde del 7 de marzo, Puyol, su novia y Ramon Sostres fueron a visitarle al hospital, ubicado en la Gran Via de L'Hospitalet, justo enfrente del hospital de Bellvitge. El pobre Oliveres sacó fuerzas de donde no las tenía. La enfermedad le había devorado con tremenda rapidez y el tratamiento de quimioterapia no le había dejado ni uno solo de aquellos cabellos, lacios, morenos y abundantes, que Antoni había lucido hasta entonces. A sus 57 años, se peinaba como siempre, con una raya lateral y dejando caer el flequillo sobre la frente. Y usaba gafas para corregir un pequeño índice de astigmatismo.

Cuando le comunicaron que Carles, Agnès y Ramon estaban allí, pidió unos instantes para arreglarse. Su hija Pili estaba con él. Antoni Oliveres se levantó de la cama como pudo, se puso las gafas, hizo ademán de retirarse el flequillo de la frente, como había hecho siempre cuando tenía pelo, y dijo: «Que entre el crack». El futbolista entró en la habitación y conversó un buen rato con él, tratando de no cansarle demasiado. A pesar de que los signos de su enfermedad eran evidentes, Antoni se comportaba como si no pasara nada y seguía regalando expectativas a sus amigos. «Cuando salga de aquí, subiremos al Mas de Gras, y con tu padre mataremos una ternera y nos comeremos su carne a la brasa», fue su despedida.

Al día siguiente y en vista de que la situación era terminal, los médicos decidieron aumentar la frecuencia y las dosis de morfina para mitigarle el dolor y esperar a que se consumiera. Antoni Oliveres durmió sus últimas horas con la luz de la habitación apagada. Sobre la mesita de noche había un geranio del Pallars, que desprendía un olor muy característico, y un reproductor con música relajante. También había en la habitación, extendida sobre el respaldo del sillón de orejas, una camiseta del FC Barcelona, la del Centenario, con el dorsal 32 a la espalda, firmada por Puyol. A las 4.15 de la madrugada, mientras sonaban los acordes de El Concierto de Aranjuez, el corazón de Antoni dejó de latir. Apenas dos horas después, su esposa Conxita y sus hijos Pili, Antoni y Jordi empezaban la ronda de llamadas telefónicas para comunicar la triste noticia a la familia y a los amigos íntimos.

El funeral y el entierro se celebraron el sábado día 11 de marzo, en Bretui. El pueblo se quedó pequeño para albergar a los cientos de personas que quisieron testimoniar su afecto a la familia del fallecido. La pequeña iglesia de Sant Esteve y el pequeño cementerio de Bretui fueron del todo insuficientes para dar cabida a la ingente cantidad de amigos de Antoni Oliveres. Pero Puyol no pudo asistir a sus exequias. La tarde del viernes había viajado con el primer equipo del FC Barcelona a Bilbao. El sábado por la noche, los azulgrana ganaron (0-4) en San Mamés. Puyol fue titular, jugó el partido completo, se vació como siempre y, al acabar el encuentro, miró al cielo y le dedicó la victoria a Antoni. Era su pequeño homenaje a aquel gran hombre que tanto había hecho por él.

Bronce con la sub-21

*L*ouis van Gaal había propuesto a Carles que durante la temporada 1999-2000 alternara los entrenamientos de la plantilla profesional con los partidos del Barcelona B. También había dejado una puerta abierta a la posibilidad de que debutara con el primer equipo en las competiciones importantes. Entonces, ninguno de los dos imaginó que Puyol jugaría tantos partidos de Liga, de Copa del Rey y de Champions League. Carles sabía que su entrenador solía confiar en los jóvenes y que nunca dejaba a nadie sin su oportunidad, pero lo que estaba viviendo superaba todas sus expectativas. Ni esperaba que Van Gaal le diese tantos minutos, ni le había pasado por su cabezota de niño grande —siempre cubierta por unas largas melenas, a pesar de advertencias y apuestas perdidas— que su participación en los encuentros del primer equipo le llevaría a la selección con tanta rapidez. Y donde se dice selección, debería decirse selecciones. Porque fueron tres distintas en poco tiempo.

Además, con unas cosas y otras sus ingresos iban a crecer con rapidez, hasta el punto de que en solo unos meses ganó muchísimo más dinero del que le habían ofrecido el Racing de Santander, la UD Las Palmas, el Sevilla y el Málaga por dejar el Barcelona ese mismo verano. De hecho, aún no había debutado con el primer equipo azulgrana en la Liga y ya había conseguido una mejora sustancial del contrato. Su amigo Ramon Sostres, auxiliado por Manel Ferrer en aquellas primeras actuaciones como representante, había negociado las condiciones del nuevo compromiso con Llorenç Serra Ferrer. El nuevo contrato tendría vigencia hasta el 30 de junio de 2004. Puyol pasaría a cobrar solo un cinco por ciento más de ficha. La cláusula de rescisión ascendió desde los 450 millones (unos 2,7 millones de euros) hasta los mil millones de pesetas (unos seis millones de euros). Eso sí, el jugador cobraría los mismos sueldos que los futbolistas solteros del primer equipo y las primas por los partidos que disputase.

Esas no eran cifras para hacerse multimillonario. Ni mucho menos. Pero empezaban a parecerse a las de un profesional. Sobre todo si se sumaban las cantidades que empezaría a cobrar por su participación en las tres selecciones nacionales con las que jugó en apenas un año. Quedaba lejos en el tiempo y en el recuerdo el debut con la selección sub-18 de Andoni Goikoetxea. El entonces seleccionador juvenil le había convocado para disputar el segundo Torneo Umberto Caligaris. El cuadrangular, que solo se celebró durante cuatro años, llevaba el nombre de un exjugador y exentrenador de la Juventus y del Brescia. Caligaris, medalla de bronce en los Juegos Olímpicos de Ámsterdam en 1928 y campeón mundial en 1934, murió en 1940 al sufrir un aneurisma durante un partido de veteranos.

El cartel del torneo era espectacular. Participaban las selecciones de Francia, Alemania, España e Italia, como anfitriona. El debut de Puyol se produjo el 13 de septiembre de 1995. La selección cayó con dignidad (2-1) frente a Italia. Carles jugó el partido completo. Al día siguiente, Goikoetxea dio descanso a varios jugadores y, entre ellos al centrocampista azulgrana. La selección perdió con estrépito (5-0) ante Francia. El día 16, último de la competición, Puyol volvió a jugar, aunque no todo el encuentro. Y España encajó su tercera derrota (1-0), esta vez ante Alemania. Italia, que ganó sus tres partidos, fue campeona. Luego, durante el año 2000, iba a debutar con la selección sub-21, disputaría los Juegos Olímpicos de Sídney y jugaría su primer encuentro con la selección absoluta.

Iñaki Sáez estaba preparando el Campeonato de Europa que iba a disputarse entre finales de mayo y primeros de junio en Eslovaquia y convocó a Puyol para un amistoso que se jugaría en Croacia el 22 de febrero de aquel año 2000. La selección sub-21 viajó con la absoluta, ya que al día siguiente también se enfrentaba a Croacia. Puyol jugó el partido completo. Pero como le había sucedido en su debut con la sub-18, tampoco supo lo que era ganar el partido. Los croatas vencieron (3-1) con goles de Balaban, Miladin y otra vez Balaban, y Xavi marcó el gol español. Con esta derrota se rompía una racha de imbatibilidad que duraba desde octubre de 1996. La selección jugó con Casillas (Aranzubía, 62'); Puyol, Unai, Sergio, Capdevila (Lacruz, 62); Velamazán, Xavi, Ismael, Angulo; José Mari (Gerard, 46') y Tamudo (Luque, 46'; Pablo, 62'). Al día siguiente, junto a la crónica del encuentro, aparecía la noticia de que Mathaus iba a establecer, en el Holanda-Alemania del Amsterdam Arena, un nuevo récord de internacionalidades con 144 partidos.

El seleccionador convocó a Puyol para el amistoso del mes de marzo, contra Italia, en Terrassa. Aquel 28 de marzo no jugó ni un minuto. Así que volvió a alternar sus entrenamientos y partidos entre el primer equipo y el filial, con la esperanza de que Iñaki Sáez le llevara al Campeonato de Europa de Eslovaquia. El torneo era importante, muy importante, porque no solo estaba en juego el título continental de la categoría, sino también la clasificación para participar en los Juegos Olímpicos de Sídney, que se celebrarían en septiembre. A España le había tocado un grupo duro, con Chequia, Croacia y Holanda, tres selecciones con una larga tradición en el fútbol formativo y que llegaban muy en forma al torneo.

Hasta el último momento, Iñaki Sáez no pudo facilitar su lista para el europeo. El Real Madrid y el Valencia tenían que disputar la final de la Champions League el día 24 de mayo y el RCD Espanyol y el Atlético de Madrid jugaban la final de la Copa del Rey el 27 de mayo. José Antonio Camacho iba a esperar hasta que se jugaran los dos partidos para cerrar su lista de elegidos para la Eurocopa grande, que iba a celebrarse en Bélgica y Holanda. Camacho decidió que Casillas y Gerard jugarían con él, de manera que Felip (Extremadura) y Dorado (Real Madrid) tuvieron billete para Eslovaquia. Otro tanto sucedió con Amaya (Rayo Vallecano), pero en este caso por la lesión de Sergio (Celta de Vigo).

La selección se había concentrado unos días en Puente Viesgo (Santander) y no viajó a Eslovaquia hasta dos días antes de su debut ante Chequia. En el avión con destino a Bratislava no viajaron todos. La expedición debía estar formada por Aranzubía y Lacruz (Athletic Club), Puyol, Xavi y Gabri (Barcelona), Luque (Málaga), José Mari (Milan), Ferrón y Amaya

(Rayo Vallecano), Ivan Ania (Real Oviedo), Ismael (Racing de Santander), Laínez (Real Zaragoza), Marchena (Sevilla), Felip (Extremadura), Capdevila (Atlético de Madrid), Farinós, Albelda y Angulo (Valencia), Dorado (Real Madrid) y Velamazán y Tamudo (Espanyol). Los finalistas de la Copa del Rey jugaban el mismo día que España disputaba el primero de sus partidos en Piestany.

Así que el debut de Puyol en un partido oficial de la selección sub-21 se produjo mientras el Espanyol se proclamaba campeón de la Copa del Rey en la final frente al Atlético de Madrid (1-0). Es decir, que el 27 de mayo Iñaki Sáez tuvo numerosas bajas para afrontar el partido frente a Chequia. No estaban Capdevila, Velamazán y Tamudo y, con molestias, Angulo y Farinós se sumaron a estas tres ausencias. Una de esas cinco bajas, la del defensa del Atlético de Madrid, afectaba directamente a Puyol, que se vio forzado a jugar como lateral izquierdo. Y casi no tuvo tiempo de saber si se sentiría cómodo en esa banda. A los 18 minutos sufrió una elongación en el abductor mediano de la pierna derecha y tuvo que ser sustituido por Dorado. Cuando se marchó del terreno de juego, el marcador estaba tal y como había empezado el partido. Al final, un gol de Luque en el tiempo de descuento permitió que España rescatase un punto (1-1).

Puyol no pudo jugar, obviamente, el encuentro de dos días más tarde, en Trnava, frente a Croacia (0-0). Los médicos sabían que la dolencia no era demasiado grave, pero eran conscientes de que cuarenta y ocho horas no constituían tiempo suficiente para eliminar todos los riesgos. Así que se quedó sin jugar el segundo partido del Europeo y llegó muy, muy justo al tercer y decisivo encuentro. Decisivo por dos razones. La primera porque, si la selección empataba o perdía, se quedaba fuera de la lucha por las medallas. Y la segunda, porque cualquier resultado que no fuera ganar impediría a España participar en los Juegos Olímpicos de Sídney.

Holanda era el rival al que había que vencer el 1 de junio, otra vez en Piestany, una ciudad preciosa, a setenta y cinco kilómetros de Bratislava y en pleno valle del rio Váh. Una ciudad idílica por sus paisajes y también por sus balnearios. Pero todo eso estaba reservado a los turistas. Ahora había que concentrar las energías en jugar el partido y en ganarlo. Iñaki Sáez dejó a Puyol en el banquillo. No estaba del todo recuperado de su lesión, pero la expulsión de Angulo (54') obligó al equipo a un gran desgaste físico y tuvo que recurrir al músculo de Gabri, Puyol y Ferrón para conservar la ventaja (1-0) que se había conseguido mediante un gol del propio Angulo (5'). El encuentro, con Van Bommel y De Jong sobre el campo, fue duro y tenso.

El papel de España, que defendía el título de campeón de Europa, no había sido brillante, pero los empates ante Chequia y Croacia y la victoria contra Holanda fueron suficientes para conseguir la clasificación para los Juegos Olímpicos y para que la selección pudiera disputarle el tercer puesto a Eslovaquia, el país organizador del torneo. El encuentro se celebró el 4 de junio en Bratislava. Recuperado del todo, Puyol jugó los noventa minutos y acabó, como sus demás compañeros de selección, colgándose del cuello la medalla de bronce. Un gol de Ferrón (58') fue suficiente para que este equipo, con jugadores como Marchena, Albelda o Capdevila, volviera a casa con buen sabor de boca.

Para Carles Puyol se terminaba una temporada larga, intensa y llena de emociones. Necesitaba descansar y tan pronto como regresó a Barcelona, recogió a Agnès y se marcharon de vacaciones a Menorca. Estuvieron en Es Castell, el municipio más oriental de España y que tiene la fama de regalar a sus habitantes y visitantes unos magníficos amaneceres. Sin embargo, Es Castell tiene algo más que una privilegiada situación geográfica. Tiene unas playas de agua cristalina que nada tienen que envidiar a las mejores del Caribe y tiene, además, una historia para ser contada. La población estuvo dominada por el Ejército británico durante buena parte del siglo XVIII y hay numerosas muestras de ello. El antiguo Castell de Sant Felip, el Fort Marlborough, la Plaça d'Armes, con los cuarteles ingleses, el Ajuntament y el Museu Militar tienen un aire inequívocamente británico.

Allí, en la isla balear que más conserva sus encantos naturales y que menos se ha dejado estropear por la mano del hombre y en el antiguo muelle de pescadores de Cales Fonts, en Es Castell, Carles y Agnès pasaron unos días magníficos. Además, pudieron compartir muchas sobremesas y veladas con amigos como Josep Maria Gonzalvo y su esposa o Roger Garcia y su novia, que coincidieron allí durante las vacaciones. Además de descansar, de disfrutar de las magníficas calas de Menorca, de bañarse en aquellas aguas cristalinas y de compartir buenos momentos con esos y otros amigos, Puyol tuvo tiempo para recordar algunos de los episodios que había vivido durante la temporada y para reflexionar sobre las noticias que le llegaban desde Barcelona. El club vivía una situación convulsa tras la dimisión de Josep Lluís Núñez, la convocatoria de elecciones presidenciales y la decisión de Louis van Gaal de abandonar el club, aun teniendo un año de contrato.

Roger Garcia se miraba las cosas desde otra perspectiva. La temporada anterior había sido traspasado al Espanyol por 450 millones de pesetas (unos 2,7 millones de euros) y, aunque su equipo de toda la vida era el Barcelona, no olvidaba que Van Gaal había decidido que ni él ni su hermano Òscar tendrían un puesto en la plantilla. Aunque tampoco trataba de alimentar rencores, porque Roger Garcia nunca ha sido así. Puyol le tenía y le sigue teniendo mucho aprecio al pequeño de los Garcia Junyent, porque nunca ha olvidado la forma como le ayudó a integrarse en el grupo durante la pretemporada de Holanda, en el verano de 1998.

Sus sentimientos hacia Van Gaal eran muy distintos. A pesar de que el holandés fuera un hombre adusto y con aparente mal genio, Puyol tenía muy buen concepto de él. Y no porque le hubiera dado la oportunidad de entrenarse y de jugar con el primer equipo, que también, sino porque siempre había tenido la percepción de que era un hombre trabajador, honesto, coherente, ganador y, por todo ello, muy exigente. Además había demostrado en Holanda y en el Barcelona que sabía cuidar bien de los futbolistas de la cantera. Y era curioso que, en esos días, ninguna de las muchas personas que pensaban como él, tuviera el coraje necesario para salir en su defensa. Hasta Gaspart había puesto a Van Gaal a caer de un burro y exjugadores, como el vallisoletano Juan Carlos Rodríguez, tenían la poca vergüenza de aprovechar que el holandés se marchaba para recordar que «Cruyff no usaba libretitas» y sentenciar que «otro *Dream Team* es imposible». El tiempo le pondría en su sitio solo unos pocos años después.

Durante su estancia en Menorca, Carles Puyol nunca tuvo la sensación de que los cambios que iban a producirse en el FC Barcelona fueran a afectarle. Estaba muy seguro de sí mismo y apenas le inquietaban las noticias con respecto a un hipotético consenso entre los candidatos a la presidencia del club para que Llorenç Serra Ferrer fuera el nuevo entrenador. No podía olvidar que sus peores momentos como azulgrana se los había hecho pasar el entrenador mallorquín, cuando trató de forzarle a aceptar que se marchara al Málaga. Ahora era diferente, porque tenía contrato hasta junio de 2004 y se sentía muy seguro de sí mismo.

Eso sí, cada vez que aparecía una noticia sobre la posible salida del club de algún compañero le cambiaba la cara. Aquellos eran días de incertidumbre, porque el proceso abierto para la sucesión de Josep Lluís Núñez congregó una enorme cantidad de precandidatos. Además del vicepresidente Joan Gaspart y Lluís Bassat, hicieron ademán de presentarse Joan Castells, Ángel Fernández, Joan Laporta, Carles Tusquets, Jaume Llauradó y Gabriel Masfurroll. Pero al final, cuando llegó la hora de la verdad, todo quedó en una elección a dos entre el hotelero Gaspart y el publicista Bassat.

La victoria en las urnas fue para el candidato continuista, que de continuista no tendría nada. Al contrario, lo suyo fue un auténtico sainete, hasta el punto de que Núñez tardó muy poco en arrepentirse de haberle dado su apoyo públicamente. Las ansias de Gaspart por demostrar que era un hombre generoso le llevaron a ofrecer un puesto en su junta directiva a todos los precandidatos que habían concurrido a las urnas, excepto a Laporta. Bassat, que había concurrido a las elecciones con Laporta, desestimó el ofrecimiento. Hizo bien, porque aquella macrojunta, que no era ni siquiera legal, se hizo muy pronto ingobernable.

Al final se produjo la marcha de Luis Figo al Real Madrid. El portugués fue traspasado por Gaspart por 11.000 millones de pesetas (unos sesenta y seis millones de euros). Demasiado dinero, que solo sirvió para ser malgastado. La noticia no le hizo ninguna gracia a Puyol. El delantero portugués era un gran jugador, seguramente el mejor del mundo en su posición, y había sido su compañero en la banda derecha durante aquel año. El Barcelona perdía a un extraordinario futbolista, pero lo peor es que se iba a reforzar al Real Madrid y eso tenía toda la pinta, como acabó sucediendo, de ser malo, muy malo para el club azulgrana.

Ese no fue el único motivo por el que se inició la que muchos bautizaron como «la travesía del desierto». En cualquier caso, Carles Puyol recordaba en ese momento que, cuando de chico estuvo a prueba en el Barça, recortaba las fotos de Figo de los periódicos y las enganchaba en cartulinas, que los dos habían llegado al club el mismo año, que le veía entrenar desde la ventana de su habitación en La Masia y que, finalmente, había podido compartir una temporada con el delantero portugués. Afortunadamente, entre las bajas que se produjeron durante el agitado verano del año 2000 no estuvieron las de sus mejores amigos en el vestuario. Arnau, Xavi, Gabri y Luis Enrique continuarían en el club. Además, se llevó una alegría cuando supo que Iván de la Peña iba a regresar al FC Barcelona.

Su entrenador de los cuatro últimos años, Josep Maria Gonzalvo, iba a continuar en el club. El técnico que había guiado sus pasos por el Barcelona C y el Barcelona B, iba a seguir un año más. En su nueva plantilla estarían jugadores del año anterior, como Bermudo, Cuadrado, Motta, Babangida y otros. Pero en su quinta temporada como entrenador del club, Gonzalvo también iba a dirigir a Valdés, Reina, Fernando Navarro, Nano, Arteta y un juvenil de primer año, Andrés Iniesta. Un equipazo que, en circunstancias normales, debería ganar el campeonato con facilidad y regresar a Segunda División A por la puerta grande.

Medalla de plata en Sídney

*L*a vuelta a los entrenamientos, con otra pretemporada atípica como consecuencia de la disputa del Campeonato de Europa de Bélgica y Holanda, fue un tanto extraña para Puyol. Después de habituarse al 1-2-3-2-3 de Louis van Gaal (la versión más moderna del 1-4-3-3), ahora Llorenç Serra Ferrer iba a cambiar el sistema. El mallorquín quería jugar un 1-3-2-3-2. Era evidente que aquel planteamiento se daba de bofetadas con la filosofía que el Barcelona venía desarrollando desde hacía muchos años. Y más allá de que la idea de Serra Ferrer no fuera afortunada, esa situación, nueva hasta para los que se incorporaban al club, obligaba a grandes esfuerzos de adaptación.

En estas circunstancias, la convocatoria para participar en los Juegos Olímpicos de Sídney se convirtió en un problema para Carles Puyol. Sabía que el equipo que se había colgado la medalla de bronce en el Europeo de Eslovaquia tenía todos los números para viajar a Australia. Pero en su interior chocaban, como dos trenes de frente, la idea de que aquella era una oportunidad personal única con la idea de que era un mal momento para dejar el club durante tanto tiempo. Su amigo y representante, Ramon Sostres, acabó por convencerle para que aprovechara una oportunidad que podía ser única en su vida. El torneo de fútbol de los Juegos está limitado a los veintitrés años y, aunque se permite alinear a tres jugadores que superen esa edad, España no había utilizado nunca esa prerrogativa. O sea, que para Puyol era un ahora o nunca, porque ya había cumplido los veintidós años.

La lista que facilitó Iñaki Sáez para la cita australiana apenas presentaba cambios con respecto a la que había ido a Eslovaquia. Por razones de reglamento, solo se podía inscribir a diecinueve futbolistas, en lugar de los veintidós que admitía el Campeonato de Europa sub-21. Así que el seleccionador tuvo que sacrificar a tres jugadores, con todo el dolor de su corazón. En la convocatoria estaban Aranzubía, Felip, Puyol, Lacruz, Ferrón, Amaya, Marchena, Albelda, Capdevila, Unai, Angulo, Gabri, Xavi, Farinós, Luque, José Mari, Ismael, Velamazán y Tamudo. Por lo tanto, se habían quedado fuera Laínez, Iván Ania y Dorado. Curiosamente, el Real Madrid se quedaba sin representación, tras la convocatoria de Iker Casillas para la selección española absoluta.

Los Juegos de Sídney empezaron bien para la selección de España aunque no para Puyol. El primer partido del grupo B se jugó en Adelaida, frente a la selección de Corea del Sur, un equipo que no jugaba muy bien al fútbol, pero que no paraba de correr y no te dejaba ni un metro de respiro. Aquel jueves 14 de septiembre de 2000, víspera de la ceremonia inaugural, la selección venció (3-0), con goles de Toni Velamazán, José Mari y Xavi, todos ellos en la primera media hora. Pero Carles no jugó ni un solo minuto de ese primer encuentro.

Adelaida es la capital del estado de Australia Meridional y la quinta ciudad más poblada del continente, con más de un millón de habitantes. Bañada por el Océano Índico, fue bautizada con ese nombre en honor a la reina Adelaida, esposa del rey Guillermo IV de Inglaterra. Es una población costera, que fue construida muy cerca del rio Torrens. Hoy se la conoce como la ciudad de la cultura por su tradición en la organización de todo tipo de eventos relacionados con el arte, el teatro o la música. En sus orígenes, Adelaida estuvo habitada por la tribu aborigen kaurna. En el siglo XIX estaba compuesta por unos 650 miembros, cuando se convirtió en una nueva provincia británica, por obra y gracia de las conquistas.

El enclave geográfico de Adelaida es magnífico, pero se encuentra a mucha distancia de las demás ciudades importantes del país. Así, por ejemplo, está a 1.375 kilómetros de Sídney, la ciudad donde el 15 de septiembre de 2000, se celebraría la ceremonia inaugural de los Juegos Olímpicos. Así que, ante la proximidad del siguiente partido ante Chile, los jugadores de la selección española de fútbol no pudieron trasladarse a la capital del estado de Nueva Gales del Sur para desfilar junto a los 327 deportistas que formaban la expedición española.

Iñaki Sáez y sus jugadores tuvieron que conformarse con seguir la ceremonia por televisión. Fue emocionante ver como Manel Estiarte, que casi diez años después coincidiría con Puyol y Xavi en el FC Barcelona, actuaba como abanderado del equipo español. Los países desfilaron por orden alfabético y, como se utilizaba la nomenclatura inglesa del país organizador, España apareció por detrás de Sudáfrica y por delante de Sri Lanka. Más allá de que los fastos resultaran espectaculares, los futbolistas españoles sabían que para conocer la ciudad de Sídney no tenían más remedio que clasificarse para los cuartos de final del torneo.

El segundo encuentro, contra Chile, iba a ser muy complicado. La selección sudamericana había acudido con tres jugadores mayores de veintitrés años y uno de ellos era el goleador Iván Zamorano. Pese a que ya había cumplido los treinta y tres, seguía siendo un auténtico depredador del área. Entre 1992 y 1996 había jugado en el Real Madrid y la gran mayoría de los jugadores españoles sabía que se trataba de un delantero con una gran capacidad rematadora. Además, en la primera jornada, el mismo día que España ganó a Corea del Sur, había conseguido tres de los cuatro goles con los que Chile derrotó a Marruecos (1-4), en Melbourne.

Precisamente era en Melbourne —capital del estado de Victoria y antigua capital del país entre 1901 y 1927—, donde España celebraría sus dos partidos siguientes, contra Chile y Marruecos. El cambio fue importante. No solo porque Melbourne triplica el número de habitantes de Adelaida, sino porque es una ciudad comercial e industrial de alto nivel. Está considerada como una de las ciudades con mayor calidad de vida y menor índice de pobreza del todo el mundo. Geográficamente está situada en el sur de Australia, en el curso interior del río Yarra, en plena bahía de Port Phillip. Aunque no es del todo exacto, puede decirse que Melbourne se encuentra a mitad del camino entre Adelaida y Sídney.

O sea, que España se estaba acercando a Sídney. Allí iban a

jugarse los cuartos de final, las semifinales y la final. Pero para eso era necesario que la selección de Iñaki Sáez ganara los dos partidos que le quedaban o sumara, al menos, cuatro de los seis puntos en juego. El día 17, frente a Chile, salió todo al revés. Olarra (24') y Navia (41') adelantaron a Chile en la primera parte. Lacruz (54') acortó distancias al comienzo de la segunda y, cuando España atacaba en busca del empate, Navia sentenció el encuentro (90'). Puyol había empezado en el banquillo y solo jugó los últimos nueve minutos.

Mientras, Corea del Sur había vencido (1-0) a Marruecos. Con aquel resultado, quedaba claro que la última jornada podía ser de infarto para las otras tres selecciones del grupo. La diferencia de goles iba a decidir la clasificación. Chile (+5) y España (+1) tenían ventaja sobre Corea del Sur (-2), pero podía pasar cualquier cosa. En circunstancias normales Chile ganaría a Corea y sería primera de grupo, con nueve puntos. Y si España vencía a Marruecos, que era lo más normal, sería segunda con seis puntos y también se clasificaría.

Pero la lógica, como sucede de vez en cuando en el mundo del fútbol, se quedó en casa el 20 de septiembre. España cumplió con su papel de favorita en el Melbourne Cricket Ground y superó a Marruecos (2-0), con goles de José Mari (33') y Gabri (90'). Puyol fue titular esta vez y jugó el partido completo. Por su parte, la selección de Corea del Sur dio la campanada, ganando a Chile (1-0) en el Hindsmarsh Stadium de Adelaida. La clasificación registró un triple empate a seis puntos entre las tres selecciones y los asiáticos se quedaron fuera por tener la peor diferencia de goles. De haber marcado dos tantos más, España habría pasado como primera y habría evitado encontrarse con Italia en los cuartos de final.

Ese mismo día se hizo oficial la noticia de que Jose Mourinho, que había sido segundo entrenador con Bobby Robson y ayudante de Louis van Gaal, firmaba contrato con el histórico Benfica, el mismo club que había vencido al FC Barcelona en la final de la Copa de Europa de 1961. Al enterarse de la noticia, Puyol recordó que Mourinho le había dirigido en sus dos primeras actuaciones en la Copa Catalunya, en 1997 y en 1998, y que ambos habían mantenido una cordial relación durante la anterior temporada. Serra Ferrer, que había sido escogido para suceder a Van Gaal, no quiso tenerle en su cuerpo técnico. Carles Puyol deseó, ese 20 de septiembre, que a Mourinho le fueran bien las cosas en su nuevo destino.

Durante su estancia en esos juegos, Xavi, Gabri y Puyol también iban recibiendo noticias sobre los resultados que el Barcelona iba consiguiendo en las jornadas iniciales de la Liga y en los primeros compromisos de la liguilla de la Champions League. La información les llegaba a través de mensajes de móvil o de aficionados españoles que se encontraban en Australia. Habían tenido grandes alegrías cuando supieron que el equipo había ganado su primer partido de Liga frente al Málaga (2-1) y, sobre todo, cuando se enteraron de la goleada ante el Leeds United (4-0) en la primera jornada de la Champions. Este último encuentro se había jugado el mismo día que España ganó a Corea del Sur. Pero también supieron que el equipo no estaba jugando bien, que había perdido (3-1) en San Mamés y que había rozado el ridículo (3-0) en Estambul, ante un Besiktas en el que empezaba a destacar un joven goleador: Nihat Kahveci.

Ya en Sídney, la selección que dirigía Iñaki Sáez preparó el partido frente a Italia. Todos sabían que un encuentro de aquellas características, frente a un adversario que maneja muy bien los tiempos del juego, iba a ser complicado y que un error, por pequeño que fuera, podía mandar a la selección de vuelta a casa. La selección italiana, dirigida por Marco Tardelli, también tenía jugadores extraordinarios, como Abbiati, Cirillo, Gatusso, Pirlo, Ambrosini o Ventola. Iba a ser un encuentro entre dos candidatos a medalla, como lo eran también Brasil y Chile, que aquel mismo día se enfrentaban a las selecciones de Camerún y de Nigeria.

Puyol había hecho un extraordinario partido frente a Marruecos y volvía a ser titular esa tarde del 23 de septiembre. Ahora sería alineado como lateral izquierdo. Carles Rexach, que había viajado hasta Sídney para presenciar el encuentro y dar apoyo a los jugadores azulgrana, se sorprendió por la posición y por el enorme partido que jugó Carles. España ganó (1-0) y, para mayor satisfacción de Rexach, la jugada del gol la fabricó Xavi y la remató Gabri (85′). El protagonismo de los jugadores del Barcelona fue innegable. Después del encuentro, Tardelli felicitó personalmente a Xavi. La anécdota, sin embargo, estuvo en que Gabri había comenzado el partido en el banquillo. Cuando salió a calentar, se cruzó con el doctor Jorge Guillén. El centrocampista azulgrana, que ni siquiera sabía a quien iba a sustituir, le dijo «doctor, hoy marco».

Estados Unidos, que iba por el mismo lado del cuadro, también logró meterse en las semifinales. El partido y la prórroga acabaron en empate (2-2) y los americanos se impusieron (5-4) a Japón en una emocionante tanda de penaltis. En la otra mitad del cuadro, la Chile de Zamorano cumplió generosamente con los pronósticos y goleó (4-1) a Nigeria. Pero Brasil, ¡ay Brasil!, se estrelló contra Camerún. El encuentro acabó con empate (1-1). Ronaldinho metió a su equipo en la prórroga ya en tiempo de descuento, pero la clasificación se decidió con un gol de oro de M'bami en el minuto 113. Tres días más tarde, España se enfrentaría a Estados Unidos con una medalla en juego. Ganar aseguraría la plata.

La euforia que produjo la victoria sobre Italia duró poco, muy poco. Los jugadores sabían que perder frente a Estados Unidos les apartaría de la lucha por el oro y les dejaría al albur de lo que sucediera en el encuentro por el tercer y cuarto puestos. Iñaki Sáez estaba tranquilo, porque sabía que en el grupo había tres o cuatro futbolistas, como Albelda, Marchena o Puyol, con la suficiente personalidad como para poner a los demás jugadores en su sitio. Los tres eran muy jóvenes, pero su capacidad de liderazgo, la que les llevaría a ser grandes capitanes en poco tiempo, era ya muy notoria. El seleccionador dirigía los entrenamientos y, con su equipo de colaboradores, había analizado al equipo de Estados Unidos de un modo minucioso. Tanto como para saber que los norteamericanos tenían muchos más puntos débiles que puntos fuertes y que el equipo español era muy superior.

Una de las claves de la selección olímpica española era su naturalidad. El grupo, pese a ser heterogéneo, tenía un gran espíritu colectivo y se comportaba con responsabilidad. Iñaki Sáez no necesitaba levantar la voz ni imponer normas rígidas. Tanto es así, que permitió que varios jugadores, uno de ellos Puyol, acudieran a dar un paseo en ferry por la bahía de Sídney el domingo 24. Los futbolistas habían llegado a un acuerdo para lucir en sus botas el logotipo de un patrocinador y este les había invitado a hacer esa excursión solo dos días antes de la semifinal ante la selección de los Estados Unidos. Otro entrenador no habría autorizado que sus jugadores hicieran una excursión así y Sáez tampoco se lo habría permitido a otra clase de futbolistas.

Y llegó el día. Todos estaban convencidos de que se ganaría el partido y más después de que Iñaki Sáez declarase a los periodistas que su confianza en la selección era absoluta porque era «un equipo con alma, dentro y fuera del campo». En el estadio de Sídney se congregaron casi 40.000 aficionados. Había pocos españoles en las gradas y, en cambio, muchos estadounidenses. Era normal. España jugó, otra vez, con Puyol en el lateral izquierdo. Todos salieron al campo con humildad y muy concentrados. Si corrían tanto como los estadounidenses, ganarían el partido, porque los jugadores españoles tenían mucho más talento. Y vaya si corrieron. No puede decirse que ganar (3-1) fue fácil, pero sí que los goles de Tamudo (15′), Albelda (24′) y José Mari (86′) fueron la consecuencia lógica de lo que sucedió sobre el césped. España fue notablemente superior. Esta vez, con José Mari —sobre todo José Mari—, Tamudo y Puyol como jugadores más destacados del partido. España se había asegurado la medalla de plata, mientras que el Milan de su compañero José Mari y de su ídolo de siempre, el gran Paolo Maldini, se imponía con claridad en el Camp Nou (0-2) y asestaba un duro golpe a las opciones de clasificación del FC Barcelona para los octavos de final de la Champions.

En Sídney ya solo quedaba la final, que iba a disputarse en el Estadio Olímpico. El rival sería Camerún, quien, contra todo pronóstico, había derrotado a Chile en semifinales (2-1). El conjunto africano se había colado casi por sorpresa en una final que, a priori, tenía otros candidatos mucho más firmes, como Italia, Brasil o la misma Chile. Pero los leones, con Kameni, Wome, Geremi, Lauren, Mboma y Eto'o, fueron indomables en la semifinal y tuvieron aliados importantes en la final. La suerte, el público y el árbitro jugaron en contra de España. Marcó Xavi en el lanzamiento de una falta (2′). Solo tres minutos después, Angulo falló un penalti que se disponía a tirar Xavi, pero que el valencianista se empeñó en lanzar.

El fulgurante inicio de partido de los españoles puso en pie de guerra a los cameruneses, que a partir de ese instante actuaron con una gran dureza. Velamazán (27′) tuvo que retirarse del campo con una lesión de clavícula, producto de una durísima entrada. El juego se volvió embarullado. La selección no podía imponer su calidad a causa de las constantes interrupciones del juego. A ello contribuía la permisividad de Felipe Ramos Rizo, el árbitro mexicano que dirigía la final. Aun así, Gabri (47′) marcó el segundo tanto. Algunos pensaron que la medalla de oro ya era suya. Pero la lesión de Tamudo (49′), tras otra acción punible de los cameruneses, y un autogol de Amaya (53′) cambiaron el decorado.

La selección se había echado atrás, de manera instintiva, con el 2-0. Los esfuerzos de algunos jugadores, como Puyol, que se desgañitaba pidiendo a sus compañeros que salieran de la cueva, fue vana. Eto'o (58′) empató el partido en una acción de fuera de juego, mal calculada por Marchena, que pilló a Aranzubía adelantado. A partir de aquí, la tensión y dos expulsiones, de Gabri (70) y José Mari (91), obligaron a España a jugar la prórroga con solo nueve jugadores. Aún así, el equipo resistió. Pudo marcar el gol de oro, en un lanzamiento de Capdevila que se estrelló en el larguero. Pero llegó a los lanzamientos desde el punto de penalti.

Cualquiera habría apostado a que España ganaría. Aún sin Velamazán, Tamudo, Gabri y José Mari, que en condiciones normales habrían estado entre los lanzadores, los españoles tenían más calidad técnica que los cameruneses. Empezó marcando Mboma y luego marcaron también Xavi, Eto'o, Capdevila, Geremi. Era el turno de Amaya, que estrelló el balón en el larguero. Esa fue la última de las desgracias porque Lauren, Albelda y Wome colocaron el 5-3 en el marcador e hicieron innecesario el último lanzamiento del equipo español. La fiesta de los africanos fue grande sobre el césped y en la grada, donde se concentraron más de 98.000 espectadores. La desolación, en cambio, se apoderó de los jugadores españoles. La mayoría de ellos lloró. Y la mayoría tardó un par de días en asimilar la derrota y en aceptar que la medalla de plata era un éxito.

Las portadas de los periódicos españoles del día 21 de septiembre apenas dedicaron espacios a la final del torneo de fútbol. La mayoría de las cabeceras fueron para la despedida de

Iñaki Urdangarín, que decía adiós al balonmano con la medalla de bronce colgada del cuello. España, con David Barrufet, Enric Masip, Mateo Garralda, Andrei Chepkin y Talant Dujshebaev, entre otros, había vencido a Yugoslavia (26-22). En las páginas interiores de los rotativos se destacaba el hecho de que el Barcelona B hubiera perdido (0-2) su primer partido de la temporada, en casa y frente al CE Sabadell, y se anunciaba que la visita del primer equipo barcelonista a Riazor tenía una extraordinaria trascendencia para el equipo que dirigía Llorenç Serra Ferrer. El FC Barcelona volvió a perder (2-0), de modo que seguía sin ganar un solo encuentro fuera de casa.

Los integrantes de la selección olímpica de fútbol permanecieron tres o cuatro días más en Sídney. Los dos últimos, una vez asimilado el auténtico valor de la medalla de plata que habían conquistado, fueron muy distendidos. Paseos por el Puente del Puerto, visitas a la Ópera, compras, comidas, cenas y alguna que otra copa en locales típicos llenaron las horas de Puyol, Xavi, Gabri, Felip Ortiz y Unai. Los tres azulgrana, el portero del Extremadura que había sido compañero de equipo y de piso de Carles, y el defensa vasco del Villarreal fueron a todas partes juntos antes de cubrir los 17.000 kilómetros que les separaban de sus casas. Además de los dos millones de pesetas (12.000 euros) que cobraron en concepto de dietas, ganar la medalla de plata les significó un premio de cinco millones de pesetas (unos 30.000 euros). Más de lo que ganaba Puyol de ficha en su club.

De regreso a Barcelona, los olímpicos catalanes fueron recibidos en audiencia por el muy honorable Jordi Pujol, entonces presidente de la Generalitat de Catalunya. La atleta María Vasco, el gimnasta Gervasio Deferr, los futbolistas Tamudo, Velamazán, Xavi, Gabri y Puyol, entre otros deportistas, estuvieron en la sede del gobierno catalán, en la plaza de Sant Jaume. El presidente saludó uno por uno a los deportistas y conversó brevemente con ellos. A Puyol le preguntó de dónde era y el futbolista le contestó con orgullo: «Soy de La Pobla de Segur». No podía ser de otra manera. Después le comentó que tenía mucho mérito haber ganado la medalla de plata y, al despedirse, le dijo: «A ver si os veo más por aquí».

Jordi Pujol, culé reconocido y socio del FC Barcelona

desde hace muchos años, le estaba invitando a que ganara títulos con su club y fuera a ofrecérselos a toda Catalunya desde el balcón de la Generalitat, como era costumbre en ese tiempo. Desde tiempo inmemorial, cuando el equipo de fútbol conquistaba la Liga, la Champions o la Copa del Rey la ofrecía al país y a la ciudad, en un recorrido entre la Basílica de La Mercè, el Ayuntamiento de Barcelona y la Generalitat de Catalunya. Era un rito que congregaba a infinidad de socios y aficionados a lo largo del recorrido y, de forma muy especial en la plaza de Sant Jaume y sus aledaños.

En los tres años anteriores, los barcelonistas habían estado allí muchas veces ofreciendo sus trofeos. No faltaron la Recopa de Europa, la Liga y la Copa del Rey de 1997, con Bobby Robson al frente del equipo. Fue cuando Jose Mourinho dijo aquello de «hoy, mañana y siempre, con el Barça en el corazón». Y tampoco faltaron las dos Ligas y la Copa del Rey que los azulgrana ganaron a las órdenes de Louis van Gaal en 1998 y 1999. Pero desde entonces, ya nada fue igual. Primero, porque el FC Barcelona no volvió a ganar un título importante hasta la Liga de 2005, con Frank Rijkaard como entrenador. Segundo, porque Jordi Pujol ya había abandonado la presidencia de la Generalitat el día 20 de diciembre de 2003. Y tercero, porque las visitas de la representación oficial del club a la plaza de Sant Jaume pasaron a tener un carácter privado, y muy distinto, a partir de ese 2005. La peregrinación por el casco antiguo de la ciudad se convirtió en una rúa interminable con final en el estadio del Camp Nou. Eso sí, la directiva de Joan Laporta cambió la visita a la basílica de La Mercè por otra al monasterio de Montserrat.

El estreno con la absoluta

*P*uyol regresó a la normalidad al día siguiente que el avión procedente de Sídney aterrizara en el aeropuerto de El Prat. Xavi, Gabri y él mismo entraron en el vestuario con orgullo. Desde Amberes 1920, con los míticos Zamora, Samitier, Belauste, Sesúmaga, Pichichi y compañía, España solo había conseguido dos medallas en unos Juegos Olímpicos. Aquellla y el oro de 1992, en Barcelona, con Ladislao Kubala y Vicente Miera en el banquillo y con futbolistas como Guardiola, Abelardo o Luis Enrique, que ahora eran compañeros suyos en el FC Barcelona.

Colgarse esa medalla de plata del cuello era, hasta aquel momento, el mayor éxito deportivo que Puyol había logrado jamás. Y algo parecido le sucedía a Gabri. Para Xavi era otra cosa, porque él ya había ganado una Liga y también el Mundial sub-20, ambos en 1999. Los tres, sin embargo, tardarían cinco años en volver a ganar alguna cosa importante. La llegada de Joan Gaspart a la presidencia, el 23 de julio de 2000, había cambiado mucho las cosas. Tanto que en octubre el club ya no se parecía en nada al que Josep Lluís Núñez había dejado el mismo día de las elecciones.

Gaspart había gastado una fortuna en fichajes. En apenas unas semanas dilapidó los 11.000 millones de pesetas (unos 66 millones de euros) que el Real Madrid había pagado por Luis Figo. Entregó, parece ser que al Arsenal, la suma de 8.300 millones de pesetas (algo más de 48 millones de euros) por Marc Overmars y Emmanuel Petit. Compró al Valencia los derechos de Gerard López por 4.000 millones de pesetas (unos 24 millones de euros). Y también había adquirido los derechos de Alfonso Pérez al Real Betis por 2.500 millones de pesetas (unos quince millones de euros). Eso sí, había traído gratis a Richard

Dutruel, que andaba buscando equipo desesperadamente y había logrado la cesión de los derechos de Iván de la Peña, que había regresado al club tras su mala experiencia en la Lazio y en el Olympique de Marsella, donde se fracturó el peroné.

Todo aquel dineral no había servido para mucho. O mejor, para nada. En aquellos primeros días de octubre, el FC Barcelona todavía no había ganado ninguno de sus partidos oficiales de la temporada en campo contrario y tenía muy complicada la clasificación para los octavos de final de la Champions. La situación era incómoda. Los socios y aficionados estaban descontentos y los medios de comunicación se mostraban muy críticos con un equipo del que se esperaba mucho más. Ni siquiera Rivaldo, uno de los mejores jugadores del mundo, se libraba de los reproches de un público que llevaba tres años entregado a su magia y a sus goles.

El parón que sufrió la Liga por la celebración de partidos internacionales de selección, clasificatorios para el Mundial de Corea y Japón de 2002, hizo que los días resultaran muy largos. El FC Barcelona había perdido en Riazor el 1 de octubre y no volvía a jugar hasta dos semanas después. Llorenç Serra Ferrer aprovechó para dar descanso a sus jugadores y Puyol aprovechó para ir a casa, a La Pobla de Segur. Llevaba mucho tiempo sin ver a sus padres, a su hermano y a sus amigos y le hacía mucha ilusión poder enseñarles la medalla de plata que había conquistado en los Juegos Olímpicos de Sídney.

La alegría le duró justo lo que duró el viaje. Unas dos horas y media. Cuando llegó a casa, le comunicaron una mala noticia. Su abuela materna, Hermina, había fallecido dos días antes de que Carles viajara a Sídney con la selección española y la familia no quiso decirle nada para que pudiera disfrutar de los juegos. Puyol hubiera querido despedirse de su abuela y estar junto a su madre en esos difíciles momentos, pero ahora solo podía hacer de tripas corazón y vivir el presente. Sobre todo teniendo en cuenta que el consistorio de La Pobla de Segur, con su alcalde Narcís Balaguer al frente, había preparado una gran fiesta a su medallista olímpico.

Más de la mitad de la población acudió la tarde del 7 de octubre a la plaza del ayuntamieno. Carles fue coreado como un héroe. Recibió la insignia del municipio y una placa de plata conmemorativa de esta jornada. El defensa del Barcelona obsequió al alcalde con una camiseta azulgrana, la del Centenario, con el nombre de Puyol y el 32 a la espalda, y otra de la selección olímpica, una de las dos que había utilizado en el partido de los cuartos de final contra Italia.

De regreso a Barcelona, Carles apretó los dientes y se puso a trabajar. Serra Ferrer había empezado la temporada con un temerario cambio de sistema, renunciando a las situaciones de dos contra uno en las bandas. Todo el mundo se daba cuenta, menos él. Incluso Javier Irureta, que nunca pronunció una palabra más alta que otra, declaró durante esos días que el entrenador del FC Barcelona había pretendido «imitar a Cruyff y ese sistema le ha llevado a un 1-8 en contra».

Ocho eran los goles que el equipo azulgrana había encajado en los partidos frente a Besiktas, el Athletic de Bilbao y el Milan. Pero el Barcelona todavía perdería (2-0) el 1 de octubre en Riazor. Esos malos resultados y las dudas, que eran peores que las derrotas, le hicieron cambiar al 1-4-2-3-1. Tampoco era un buen sistema para las características de sus jugadores, pero por lo menos había eliminado espacios en las bandas con la defensa de cuatro y podría utilizar a Simão y Overmars como extremos cuando el equipo tenía el balón.

El siguiente partido que debía disputar el FC Barcelona también era fuera de casa. Concretamente, en San Sebastián. Puyol pensó que con el cambio de sistema —y las lesiones y el desgaste que habían sufrido alguno de los internacionales en la doble jornada mundialista de los días 7 y 11 de octubre— tal vez tendría la oportunidad de jugar. Y se entrenaba con más fuerza y entusiasmo que nunca, ajeno a que Paolo Maldini, el espejo en el que se miraba, había jugado su partido número 113 con la selección de Italia y a que el mítico Wembley había cerrado sus puertas definitivamente con una amarga derrota (0-1) ante Alemania y la posterior dimisión de Kevin Keegan como seleccionador de Inglaterra.

Frente a la Real Sociedad, Puyol fue titular y jugó los noventa minutos como lateral derecho. El equipo no pudo contar con jugadores importantes, como Guardiola, Gerard, Kluivert u Overmars. El síndrome de la derrota en campo contrario se desvaneció en solo unos minutos. De hecho, el FC Barcelona goleó

(0-6) a los donostiarras y marcó todos sus tantos en la primera mitad. De conseguir un único gol en los cuatro encuentros anteriores, pasó a lograr media docena en solo treinta y ocho minutos, que fue el tiempo que medió desde que Rivaldo (2') abrió el marcador hasta que Simão (40') lo cerró definitivamente.

Solo tres días después, el 18 de octubre, el equipo visitaba San Siro para enfrentarse al AC Milan en la cuarta jornada de la Champions League. El entrenador barcelonista seguía empeñado en jugar con una defensa de tres, aunque modificaba el sistema cuando el equipo perdía el balón. Entonces, Cocu se colocaba como defensa central, junto a Abelardo, cerrando con cuatro atrás. Serra Ferrer utilizaba a Sergi de carrilero por la banda izquierda y atacaba con un delantero de referencia (Kluivert, Alfonso o Dani), dándole toda la libertad a Rivaldo como media punta. Atrás habían quedado las polémicas entre el futbolista brasileño y Van Gaal, que solía alinearle como extremo zurdo.

El FC Barcelona necesitaba ganar en Italia para recuperar sus opciones de clasificación. Jugó el partido con descaro, pero acabó empatando (3-3), eso sí con un *hat-trick* de Rivaldo, que ya llevaba cinco goles en los últimos dos partidos y parecía despertar de su extraño letargo. Puyol volvió a ser titular y jugó otra vez los noventa minutos. El problema era que el sábado 21 de octubre volvía la Liga con un clásico cargado de morbo, porque Luis Figo iba a pisar el Camp Nou por primera vez desde que se marchara al Real Madrid. Todos le consideraban un traidor y nadie tenía una mala palabra para Gaspart, que era quien, en definitiva, había firmado el contrato de traspaso del futbolista.

Recordar el ambiente que vivían las gradas del estadio barcelonista pone, todavía hoy, los pelos de punta. Puyol no lo ha olvidado. Como no ha olvidado tampoco que Serra Ferrer le ordenó marcar a Figo y que el portugués, quizás un poco ablandado por el griterío, pero dando la cara siempre, hasta en los lanzamientos de córner, no lució lo más mínimo. El Barcelona ganó (2-0) y pudo obtener una goleada mayor. Además de los tantos de Luis Enrique (26') y Simão (79'), los azulgrana estrellaron dos balones en los postes y Geremi había cometido un claro penalti que el árbitro Pérez Burrull no acertó a ver.

Carles Puyol se había consolidado en el equipo como titular. Cuando el equipo partía de una defensa de tres era central, desplazándose al lateral si Cocu se convertía en central durante las fases de pérdida de balón. Si Serra Ferrer disponía una defensa de cuatro, entonces era lateral. Y así jugó, consecutivamente, y sin ser sustituido ni una sóla vez, contra Leeds United (1-1), en Mallorca (2-0), con Numancia (1-1), ante Besiktas (5-0), en Las Palmas (0-1) y frente al Villarreal (1-2). A título personal era algo soñado, que no imaginó nunca con Serra Ferrer al frente del equipo. A nivel colectivo era otra cosa muy distinta.

El equipo había sido eliminado en la Champions League, con solo ocho puntos sobre dieciocho posibles, y aunque le quedaba el triste consuelo de reengancharse a Europa a través de la Copa de la UEFA, sus altibajos le estaban penalizando fuertemente en la Liga, donde era séptimo clasificado. Y todo eso teniendo en cuenta que tanto el *Superdepor*, campeón vigente, como el Real Madrid y el Valencia no estaban siendo, precisamente, equipos que se distinguieran por su regularidad.

Normalmente, la gente del fútbol se fija mucho en el comportamiento de los equipos como tales. Los entrenadores, los analistas e incluso los aficionados más entendidos saben muy bien que este es un deporte en el que tener al mejor jugador no sirve de nada cuando el colectivo no funciona. Pero existe un tipo de personas, de un talante especial, que cuando asisten a un partido lo hacen con un objetivo distinto. Son los seleccionadores. Ellos disfrutan del fútbol como todos y le dan el valor que realmente tiene al trabajo en equipo. Pero ellos no buscan equipos. Ellos buscan jugadores que encajen en su proyecto.

Por eso a José Antonio Camacho, que además ha sido toda su vida del Real Madrid, le importaba un pimiento que aquel año el FC Barcelona funcionara o dejase de funcionar. Como seleccionador absoluto de España, su preocupación residía en dar consistencia a un equipo que estaba peleando por la clasificación para el Mundial de Corea y Japón, pero que necesitaba algo más para seguir creciendo. Entonces, como en otros tiempos y como ahora mismo, quería un lateral derecho que dominara los diferentes tipos de marcaje, que supiera cerrar bien, que corriera bien la banda y que el físico le diera para subir y bajar cien veces, si era necesario. Y que fuera honesto, disciplinado, generoso y solidario. O sea, que andaba buscando algo que es muy frecuente entre los exjugadores que se meten a entrenadores: un futbolista como él cuando jugaba.

El seleccionador tenía unas magníficas referencias de Carles Puyol. Iñaki Sáez, el responsable de los equipos sub-21 y olímpico de España que venían de ganar bronce y plata aquel mismo año, le había hablado mucho y muy bien del defensa azulgrana. Camacho también le había visto, pero solo cuando sus obligaciones se lo permitían. Aquel verano había estado en la Eurocopa de Bélgica y Holanda. Luego estuvo preparando los partidos de la fase de clasificación para el Mundial de Corea y Japón. Eso sí, entre unas cosas y otras, había visto el marcaje que le hizo a Figo en el Camp Nou y otros partidos de esa misma temporada.

Camacho también necesitaba otras cosas. Por ejemplo, futbolistas con capacidad para marcar el ritmo de los partidos, para enfriarlos cuando hacía falta o para acelerarlos cuando convenía. Con pausa y talento, no solo para darle salida rápida al balón desde la posición del mediocentro sino también con capacidad para fabricar pases decisivos de gol. Esas eran, y son, virtudes que tienen muy pocos futbolistas. Pero en aquel tiempo Xavi Hernández llevaba tres temporadas exhibiendo esas cualidades y quizás había llegado el momento de comprobar si había madurado lo suficiente como para jugar en la selección absoluta.

En noviembre había un partido amistoso frente a Holanda y Camacho pensó que podía ser una buena oportunidad para verlos a los dos. A Puyol y a Xavi. El día 10 de noviembre, el seleccionador facilitó su lista de convocados y ahí estaban, junto a Sergi, Abelardo y Luis Enrique. Los dos recibieron la noticia con mucha alegría. Solo veinticuatro horas antes, el director deportivo del club, Anton Parera, había comunicado que el FC Barcelona tenía la intención de revisar los contratos de sus tres medallistas olímpicos. Ahora, si debutaban con la selección absoluta, tendrían un elemento más para justificar que el aumento de sueldo fuera importante.

Unas horas antes de conocer la convocatoria de Camacho, los azulgrana supieron que el Brujas iba a ser su rival en los dieciseisavos de final de la Copa de la UEFA. Y unas horas después, el FC Barcelona se concentró para preparar el partido de Liga del día siguiente ante el Villarreal que dirigía el exbarcelonista Víctor Muñoz. Rivaldo, que se había concentrado con la selección de Brasil, no pudo jugar. Además, el encuentro empezó mal. Un resbalón de Puyol fue el origen del primer gol de los visitantes, que se llevaron los tres puntos de vuelta a casa (1-2). En el Camp Nou se armó la marimorena y Serra Ferrer aguantó el chaparrón en familia. Catorce jugadores se marchaban con sus selecciones y en Barcelona se quedaban solamente siete futbolistas del primer equipo, dos de ellos porteros.

Ya en Sevilla, Puyol tuvo la gallardía de salir en defensa de su entrenador: «En la plantilla hay mucha calidad y no hay que echarle la culpa al sistema. Si trabajamos todos, sacaremos al equipo adelante. En una situación como esta todos tenemos nuestra parte de culpa. Los jugadores somos los que hacemos buenos o malos los sistemas y los que ganamos o perdemos los partidos. Además, en la jugada del primer gol, yo resbalé, y si yo resbalo la culpa no es de Serra Ferrer. No creo que la solución sea cambiar al entrenador. Hay que darle confianza, dejarnos trabajar a todos y sacar conclusiones a final de temporada». Eran unas declaraciones más propias de un capitán o de un futbolista veterano que no de un joven de veintidós años que apenas llevaba un año como profesional en Primera.

El partido contra Holanda se disputó el miércoles 15 de noviembre en el Estadio de la Cartuja. El seleccionador *orange* era, ni más ni menos, Louis van Gaal, el técnico que había hecho debutar a Xavi y a Puyol en el primer equipo azulgrana. Cuando los tres coincidieron en el campo donde iba a celebrarse el encuentro, Van Gaal los felicitó por su primera convocatoria con la selección absoluta, a lo que ambos, le respondieron: «Usted tiene parte de culpa de que estemos aquí». Luego, Puyol y Xavi fueron titulares, en un equipo que estuvo formado por Casillas; Puyol (Manuel Pablo, 54′), Abelardo, Hierro, Sergi; Mendieta (Munitis, 46′), Xavi, Baraja (Farinós, 46′), Luis Enrique (Paco Jémez, 79′) Raúl (Guti, 46′) y Urzaiz (Catanha, 46′). Puyol fue sustituido por lesión. Y el partido, como todos los demás debuts del defensa con las distintas selecciones acabó con un regusto amargo (1-2). Al terminar el partido, Van Gaal admitió que España había sido superior y dijo que «en el fútbol no siempre gana el mejor».

La lesión de Puyol se produjo de forma fortuita. En un choque con Hasselbaink y con su compañero Fernando Hierro, este le clavó los tacos en uno de los muslos. Hierro sufrió aquel día su primera expulsión en once años como profesional. La tarjeta roja le fue mostrada después de pelearse, literalmente, con Jimmy Hasselbaink, exjugador del Atlético de Madrid. El delantero se quejó del comportamiento de Hierro en la sala de prensa: «Es una vergüenza que Hierro sea capitán de la selección». Ajeno a la polémica, Puyol estaba contento por su debut y declaraba a los periodistas: «Me sentí muy cómodo. Lástima del golpe y de la derrota».

Camacho se quedó más que satisfecho con la actuación de los dos debutantes. A Xavi empezó a incluirle de forma habitual en sus convocatorias. A Puyol no pudo llamarle tanto, porque una lesión de rodilla le obligaría a pasar, por primera vez en su carrera, por el quirófano. Carles tenía molestias desde los Juegos, pero no parecía nada importante. De hecho había jugado todos los partidos desde su vuelta de Australia. Tras debutar con la selección, jugó en Zaragoza, donde fue reemplazado al comienzo de la segunda parte. Los médicos le recetaron reposo, para ver si aquel dolor desaparecía. Estuvo casi un mes sin jugar. Reapareció el 12 de diciembre en un partido de Copa contra el Gandía. Jugó los noventa minutos, pero las molestias reaparecieron. En vistas de que el tratamiento conservador no había dado resultado, se optó por la opción quirúrgica.

La intervención se llevó a cabo el día 20 de diciembre en la Clínica Asepeyo de Sant Cugat. Puyol fue anestesiado por vía epidural y operado por el procedimiento de artroscopia. El doctor Ramón Cugat actuó de cirujano, en presencia del jefe de los servicios médicos del club, Josep Borrell. En poco más de treinta minutos, la operación había terminado. Los doctores explicaron que el defensa barcelonista padecía una fractura osteocondral en el cóndilo femoral interno de la rodilla derecha, que debería permanecer dos semanas sin apoyar el pie en el suelo y que el proceso de la recuperación se alargaría por espacio de tres meses. Carles pasó la noche en la clínica y al día siguiente se marchó a casa con las muletas a cuestas.

Dos años de crecimiento

$\mathcal{A}$ un tipo tan impaciente como Carles Puyol se le hicieron eternos esos tres meses de recuperación. Hasta ahora solo había tenido pequeños contratiempos que, en muchos casos, había superado mientras jugaba. Siempre había vivido a toda velocidad y ahora no entendía que debía ir con el freno de mano puesto si quería recuperarse bien. Correr más de la cuenta solo podía ocasionarle problemas. Los médicos y los fisioterapeutas del club se lo repetían casi a diario. Pero a él le costaba entender lo que le decían. Quería estar ahí, con sus compañeros, peleando por sacar adelante un proyecto que, de momento, no ofrecía resultados.

La sensación de que estaba perdiendo el tiempo, de que se le estaban escapando algunos trenes, dejó de tenerla el 22 de febrero de 2001. Acababa de llegar al Camp Nou para presenciar el partido de octavos de final entre el FC Barcelona y el AEK de Atenas, cuando sonó su móvil. Al otro lado del teléfono estaba José Antonio Camacho. Le llamaba para darle ánimos. Puyol le comentó, como hacía con todo el que le preguntaba por su recuperación, que todo iba más despacio de lo que él querría. El seleccionador no dudó en pedirle que tuviera paciencia y, sin prometerle nada, le insinuó que pronto volvería a las convocatorias: «Tranquilo. Recupérate sin prisas, que luego vendrán partidos importantes y solo tienes que pensar en estar bien para poder jugarlos».

La clasificación del equipo para los cuartos de final fue casi un paseo. El FC Barcelona, que ya había ganado en Atenas (0-1), venció con una gran comodidad en la vuelta (5-0). Pero las cosas no iban nada bien en la Liga, donde seguían alternándose victorias y derrotas. Y cada vez que se producía un tropiezo, Puyol sentía más rabia por no estar todavía en condiciones de jugar. Finalmente, reapareció el 1 de abril, en el partido contra la Unión Deportiva Las Palmas, que se disputó en el Camp Nou. De entrada, se sentó en el banquillo. Serra Ferrer sacó una defensa formada por Gabri, Reiziger, Frank de Boer y Sergi. En el descanso, reemplazó a Reiziger por Puyol, que volvía a jugar como defensa central.

Habían pasado tres meses y diez días desde que fuera operado. La rodilla había respondido bien. Ya solo le quedaba recuperar el ritmo de competición para volver a donde estaba antes de la lesión. Es decir, jugando como titular indiscutible y en condiciones óptimas para negociar un nuevo contrato. Las conversaciones se habían interrumpido, entre otras razones porque Puyol y su representante, Ramon Sostres, no querían sentarse a discutir en condiciones de inferioridad. Además, los resultados no acompañaban. La temporada estaba siendo decepcionante: unos no se atrevían a pedir y los otros no estaban de humor para ser generosos.

La situación, además, fue a peor. Es cierto que el equipo había superado al Celta de Vigo en los cuartos de final de la Copa de la UEFA, pero lo había hecho por el valor doble de los goles marcados en campo contrario. El FC Barcelona ganó (2-1) en el Camp Nou y perdió en Balaídos (3-2). La alegría fue grande en el vestuario, porque el equipo se mantenía vivo en Europa. La clasificación, sin embargo, vino acompañada de los resultados del control antidoping a que se había sometido Frank de Boer la noche del 15 de marzo, en Balaídos. La comunicación indicaba que el resultado había sido adverso, que es como se conoce técnicamente a lo que la gente, en la calle, denomina «positivo». Los análisis de orina indicaban la presencia de 8,6 nanogramos de nandrolona, cuando la tasa máxima permitida era de dos nanogramos. Puyol ni ninguno de sus compañeros de plantilla había vivido nunca una situación así en su propio vestuario.

Encima, las cosas seguían sin ir bien en la Liga. El equipo continuaba lejos de la cabeza y llevaba muchas jornadas fuera de la zona de Champions League, por detrás del Real Madrid, Deportivo, Valencia y Mallorca. Dos empates consecutivos frente al Villarreal y el Zaragoza, en ambos casos recibiendo cuatro goles en contra, encendieron todas las alarmas. El Barcelona iba a visitar Anfield Road en la vuelta de las semifinales de la Copa de la UEFA y el único resultado que le valía era la victoria. En el Camp Nou, el Liverpool había empatado (0-0). El equipo perdió (1-0), con un gol de McAlister de penalti (44'). La falta no admitía discusión. Kluivert había sacado la mano a pasear y el árbitro lo vio perfectamente.

Puyol ya había recuperado la titularidad. En Liverpool jugó los noventa minutos como lateral derecho y ahora, en el siguiente partido, en El Sadar de Pamplona, iba a actuar como defensa central, formando pareja con Cocu. El FC Barcelona, tal vez cansado y decepcionado por su eliminación europea, dio una imagen muy pobre y encajó una nueva derrota (3-1). Esta vez, Gaspart decidió reconocer que se había equivocado y destituyó a Llorenç Serra Ferrer el 22 de abril de 2001. Carles Rexach y José Ramón Alexanko abandonaron la secretaría técnica, se vistieron de corto y pasaron a dirigir la plantilla como primer y segundo entrenadores.

El nombramiento tenía carácter provisional. Pero el equipo se clasificó para disputar la previa de la Champions League en el último minuto del último partido de la Liga. El 17 de junio, el Valencia llegaba al Camp Nou con tres puntos de ventaja sobre el FC Barcelona. Un empate le bastaba para conseguir su objetivo. El partido acabó con victoria azulgrana (3-2). Los tres goles llevaron la misma firma, la de Rivaldo, y el último y definitivo todavía participa hoy en concursos al mejor gol de la historia. Esa chilena no se olvida ni se olvidará en el mundo del fútbol y, en particular, entre los socios y seguidores barcelonistas. Eso sí, los azulgrana acabaron a diecisiete puntos del Real Madrid, que fue campeón.

La eliminación en la Copa del Rey frente al Celta de Vigo puso fin a un año gris, pobre, en consonancia seguramente con la presidencia que le tocaba vivir al club. La sombra de Núñez era demasiado alargada para un hombre al que le podían las pasiones. Las más altas y alguna de las más bajas. Carles Puyol cerraba la temporada con unas cifras globales solamente discretas. Jugó un total de veinticuatro partidos oficiales, trece menos que en su primera temporada con el primer equipo, pero había superado una operación de rodilla, había recuperado la titularidad después de cien días de baja y había regresado a la selección española.

José Antonio Camacho le había alegrado el peor tramo de la temporada, el de la rehabilitación de su rodilla y el de las derrotas dolorosas con el equipo, volviendo a convocarle para jugar con la absoluta. Primero fue el 25 de abril, en El Arcángel cordobés, contra Japón (1-0). Puyol jugó poco más de veinte minutos de ese partido amistoso. Salió en la segunda parte para reemplazar a Manuel Pablo (68'). La siguiente llamada del seleccionador fue para el doble compromiso del mes de junio contra Bosnia-Herzegovina e Israel, ambos correspondientes a la liguilla de clasificación para el Mundial de Corea y Japón. En el partido del día 2, en el Carlos Tartiere de Oviedo, no participó en la goleada (4-1) frente a los bosnios. En cambio, el día 6 hizo su debut en un partido oficial. Su aparición en el encuentro de Tel Aviv (1-1) fue puramente testimonial. Saltó al césped (82') en sustitución de su amigo Luis Enrique. Fueron solo ocho minutos, pero confirmaban que Camacho seguía acordándose de él y que volvería a convocarle.

Ese verano, Puyol empezó una larga relación de amor con Eivissa. Hasta entonces había alternado sus veraneos entre La Pobla de Segur, distintos parajes de la Costa Brava y de Menorca. A partir de ese momento, el defensa azulgrana no faltaría ningún año a su cita con la isla, en la que tiene una magnífica casa y diversas inversiones inmobiliarias. La anécdota de esas vacaciones fue que, en una de las pocas noches que Carles y Agnès salían de copas, se acercaron a Pachá, la discoteca más famosa de la capital. Allí se encontraron con Camacho. Cuando la pareja se marchó a dormir, porque a Puyol se le caían los ojos de sueño, el seleccionador se quedó en la discoteca, en posición de observador.

Las vacaciones, como siempre, se acabaron muy pronto. Y como siempre, también, estuvieron salpicadas de rumores y noticias sobre altas y bajas de jugadores. La más dolorosa, sin duda, fue que Pep Guardiola se negase a aceptar la oferta de renovación con la que el presidente le había estado persiguiendo durante meses. Algo había sucedido entre ambos para que el medio centro se cerrase en banda de la forma que lo hizo y decidiera cambiar su propia casa, porque se había formado en el

FC Barcelona como futbolista y como persona, por el modesto Brescia italiano. El retorno de Iván de la Peña a la Lazio era previsible. Había regresado al club en calidad de cedido y ahora le tocaba volver a Italia. A Puyol, que tenía y sigue teniendo una amistad fraternal con Iván, le supo mal que el club no hiciera un esfuerzo por recuperarle. También dejaron el club Jari Litmanen, Boudewijn Zenden, Emmanuel Petit y Simão Sabrosa.

Carles Rexach continuó como entrenador del equipo, de un equipo que Joan Gaspart reforzó de un modo compulsivo. No quería que volviera a suceder como en la temporada anterior, pero no se daba cuenta de que su propia impaciencia y su particular forma de entender un deporte del que nunca ha tenido ni la más remota idea, iban a castigarle con mucha dureza. Pero, sobre todo, iban a situar al FC Barcelona en una terrible situación económica. Aquel verano cometió dos gravísimos errores: no aceptar ninguna de las ofertas multimillonarias que tuvo por Rivaldo y gastar en fichajes más dinero del que podía.

Pagó 5.000 millones de pesetas (unos treinta millones de euros) por Javier Saviola; desembolsó 3.500 millones de pesetas (algo más de veinte millones de euros) por Giovanni Debeirson, aquel extremo brasileño más famoso por la disputa entre Anton Parera y Jesús Pereda («*Chusín*, el precio lo pongo yo») que por su fútbol; se dejó arrancar 2.500 millones de pesetas (unos dieciséis millones de euros) por Fabio Rochemback, otro brasileño de escaso nivel que apenas unos meses antes costaba una tercera parte; fichó al central sueco Patrick Andersson por 1.500 millones de pesetas (unos nueve millones de euros) y al central francés Phillipe Christanval por 2.800 millones de pesetas (unos dieciocho millones de euros); obtuvo la cesión por un año del italiano Francesco Coco, eso sí, pagando cuatrocientos millones de pesetas (2,4 millones de euros) por el préstamo y, aunque solo fuera para disimular, trajo a Roberto Bonano, exportero del River, con la carta de libertad.

Todo aquello había representado mucho trabajo y un extraordinario desembolso. Así que Gaspart no tuvo tiempo ni, quizás, dinero para afrontar la renovación de contrato de un futbolista como Puyol, que iba a salirle más caro a medida que transcurriera el tiempo. Al principio, debió de pensar que había hecho bien. A fin de cuentas, el defensa azulgrana tenía contrato en vigor hasta 2004 y empezaba la temporada jugando muy poco. Carles Rexach intentó volver a la defensa de tres que tan buen resultado había dado entre 1990 y 1994. Pero ni esa ni otras probaturas, como la de colocar a Luis Enrique como lateral derecho, dieron resultado. Así que tuvo que acabar recurriendo a Puyol.

La temporada fue un nuevo fracaso. El Barcelona cayó eliminado de la Copa del Rey en la primera ronda y frente a un equipo de Segunda B, la Unió Esportiva Figueres. La derrota (1-0) llegó en la primera parte de la prórroga, cuando un disparo de Garrido rebotó en la espalda de Puyol y modificó la trayectoria del balón. El portero Reina no pudo evitar el tanto. En la Liga las cosas iban, más o menos, como la temporada anterior, a pesar de que el Real Madrid no estaba para muchos trotes. El Valencia fue el gran rival y terminó siendo el justo campeón. Los azulgrana volvieron a ser cuartos, a once puntos del Valencia y a dos del Madrid, que fue tercero.

Y en la Champions League, el equipo pasó la previa ante el Wisla Cracovia, fue líder de la liguilla durante la primera fase, por delante de Bayer Leverkusen, Olympique de Lyon y Fenerbahce, volvió a terminar primero en la segunda fase, contra Liverpool, Roma y Galatasaray, superó al Panathinaikos en los cuartos de final, pero en las semifinales cayó frente al único equipo contra el que no podía permitirse el lujo de perder: el Real Madrid. En la Liga, los dos clásicos habían acabado con victoria azulgrana en el Camp Nou (2-0) y empate en el Bernabéu (1-1). Pero en la Champions, el Madrid ganó en el estadio barcelonista (0-2). Los blancos ganaron después la final al Bayer Leverkusen (2-1) y conquistaron su famosa novena. El entrenador del Real Madrid era Vicente del Bosque, que había ganado la octava en el 2000.

El balance del FC Barcelona fue muy pobre. Además, llovía sobre mojado. En cambio, Puyol había completado el mejor de sus tres años con el primer equipo. Saltaba a la vista de todos que Carles había experimentado un notable crecimiento como futbolista. A nivel invididual, acabó siendo el jugador de la plantilla que más minutos disputó, superando a Phillip Cocu y al portero Bonano. En total participó en 51 partidos oficiales, con una presencia de 4.466 minutos, que es su tercera mejor marca hasta hoy. Además, se estrenó como goleador, con dos tantos.

El primero fue el 11 de noviembre de 2001, en la duodécima jornada de Liga. El Valladolid fue derrotado (4-0) en el Camp Nou, justo después de la eliminación ante el Figueres. Saviola había adelantado al FC Barcelona (17') y, solo dos minutos más tarde, Puyol se incorporó al ataque como extremo; Gabri mandó un pase en diagonal, buscando la espalda de la defensa y Carles, llegado desde atrás como una exhalación, le pegó con la derecha —¡qué digo con la derecha!—, le pegó con toda su alma y logró un golazo que puso al público del Camp Nou en pie.

Su segundo gol del año fue el 3 de febrero de 2002, en el Heliodoro Rodríguez de Tenerife. Puyol abrió el marcador de la mejor goleada (0-6) del equipo en toda la temporada. Esta vez, Carles hizo algo propio de los mejores delanteros del mundo. Su espectacular chilena abrió el marcador y mereció los elogios de todos. Las palabras que le dedicó Kluivert en la sala de prensa reflejan lo que los propios futbolistas pensaban de él: «Es un compañero excepcional. Siempre juega con unas ganas impresionantes. Nunca baja los brazos. Si todos jugásemos con la misma intensidad y la misma mentalidad, seríamos invencibles».

Defensa de Catalunya

Cada vez que Puyol ha tenido que dirigirse al público del Camp Nou, bien en las presentaciones de la plantilla cada temporada o bien en los festejos que suelen organizarse para celebrar la consecución de títulos, siempre o casi siempre ha cerrado sus intervenciones con un triple grito: «¡*Visca el Barça, visca Catalunya i visca La Pobla de Segur*!». Son sus pasiones no carnales. Su club de toda la vida; su país y, aunque naciera accidentalmente en Vielha, el pueblo del que siempre se ha sentido hijo. Por eso nunca ha abandonado el FC Barcelona, pese a tener importantes ofertas de clubs ingleses e italianos; por eso acude, siempre que las circunstancias se lo permiten, a las convocatorias de la selección catalana y por eso, obviamente, procura ir a La Pobla de Segur en cuanto tiene un par de días libres en su apretadísima agenda como futbolista.

Los sentimientos de Carles Puyol por el Barça no admiten ninguna duda. Como tampoco hay lugar para los interrogantes sobre su grado de amor hacia Catalunya, hacia La Pobla de Segur y hacia las tradiciones que son propias de la nación catalana. De ahí que siempre se haya implicado en los actos que su club, la Federación Catalana de Fútbol, el Consell Comarcal del Pallars Jussà o el ayuntamiento de su pueblo han organizado en defensa de nuestra lengua y de nuestra cultura. Y decir nuestra lengua no es hablar solo del catalán central. A fin de cuentas, hay diferencias de pronunciación y de vocabulario entre diferentes zonas del país. La entonación del catalán, por ejemplo, es muy distinta en las Terres de l'Ebre que en el Tarragonès o en el Pla de Lleida que en cualquiera de los dos Pallars.

Allí, en la puerta de los Pirineos, como se conoce a La Pobla de Segur, existe una forma propia de hablar. Es catalán, pero es pallarés y, por tanto, un dialecto. Hasta tal punto que durante los últimos meses y por iniciativa de una asociación cultural llamada Espai Nòmada, promovida y financiada por otra asociación denominada Cambuleta, se ha creado una página web (parlapallares.com) y se ha llevado a cabo una exposición (SUPO-SUPO AMB EL PALLARÈS). Abierta a la colaboración de todo aquel que lo deseara, la exposición recoge una serie de vocablos propios del Pallars Jussà y del Pallars Sobirà que han sido recuperados por los ciudadanos. Pues bien, Carles Puyol participó, aportando un escrito en el que aparece el verbo «*antrepussar*», que equivale al término catalán «*ensopegar*» (tropezar).

Este movimiento cultural y lingüístico tiene como único objeto «la defensa de la identidad del territorio y de la propia lengua catalana, desde la riqueza que supone mantener vivas las especificidades geográficas», según reza en su misma presentación a los ciudadanos. Y eso, ni más ni menos, es lo que ha tratado de hacer Puyol, contribuir a la defensa de los usos y las costumbres de Catalunya, del mismo modo que, siempre que le ha sido posible, ha estado presente en los actos institucionales para los que se ha solicitado su presencia y de la misma manera que ha acudido, siempre que le ha sido posible, a las convocatorias de la selección catalana.

Su debut con Catalunya fue el 28 de diciembre de 2001, en el partido que celebró ante la selección de Chile, en el Camp Nou. Aquella noche, en presencia de más de 60.000 espectadores, el defensa de La Pobla de Segur formó como titular. Catalunya venció (1-0), con gol de Luis García (56′). El seleccionador, Pichi Alonso, presentó el siguiente equipo: Toni (Victor Valdés, 51′); Puyol (Curro Torres, 51′), Aguado (Lopo, 65′), Quique Álvarez (Soldevilla, 51′); Sergi Barjuan, Guardiola (Xavi, 51′), Celades, Roger (Codina, 70′), Sergio González, Dani (Gabri, 46′) y Oscar (Luis García, 51′).

Por diversas circunstancias, Puyol no pudo volver a jugar con la selección catalana hasta el año 2007. Fue con motivo de una devolución de visita que Catalunya hizo a Euskadi. El partido se disputó el 29 de diciembre en San Mamés. Aquel encuentro dejó un regusto amargo a todos los futbolistas que participaron en él, porque en un lance fortuito del juego, el portero azulgrana Albert Jorquera sufrió una rotura del ligamento cruzado de la rodilla derecha. De regreso a Barcelona, Jorquera tuvo que ser intervenido quirúrgicamente y dijo adiós a la temporada. Por este motivo, el FC Barcelona se vio forzado a realizar la contratación de Pinto.

Durante los tres años siguientes, Carles Puyol jugó consecutivamente frente a las selecciones de Colombia (2-1), Argentina (1-0) y Honduras (4-0). Los dos primeros partidos se disputaron, los días 29 y 22 de diciembre de 2008 y 2009, en el Camp Nou, y el tercero, el 28 de diciembre de 2010, en el Estadi Olímpic Lluís Companys. Su última aparición con la selección catalana se produjo, el 2 de enero de 2013, en el campo de Cornellà-El Prat. Aquel día Catalunya empató (1-1) frente a Nigeria y Johan Cruyff dirigió al equipo por última vez. Había llegado al cargo de seleccionador en el año 2009 y se retiraba sin conocer la derrota.

Puyol se siente tan identificado con Catalunya que el día 2 de mayo de 2009, fiesta de la Comunidad de Madrid, celebró un gol suyo en el Santiago Bernabéu de un modo que nadie había hecho jamás. Carles marcó el segundo gol azulgrana (20′), que en aquellos momentos deshacía el empate (1-1). En cuanto el balón entró en la portería madridista, el capitán barcelonista se quitó el brazalete, que es la bandera de Catalunya, y lo besó repetidamente, en presencia de los 80.000 madridistas que se habían dado cita en el campo. Al final, el FC Barcelona goleó (2-6) a su mayor adversario y dejó el Campeonato de Liga visto para sentencia.

De la misma manera, cada vez que existe la posibilidad de que su equipo se proclame campeón de alguna competición importante, Puyol lleva una bandera catalana en su equipaje. Si el FC Barcelona consigue su objetivo, sube a recoger el trofeo vestido de futbolista, pero cuando regresa al césped para celebrar el título con sus compañeros, se anuda la bandera al cuello, haciendo las veces de capa, y se pasea con orgullo por el terreno de juego. Lo hace con la misma naturalidad con que cualquier otro futbolista de cualquier otro club podría hacerlo con la bandera de Andalucía, de Euskadi, de Valencia, de España o de cualquier otro país.

Hay mucha gente que, posiblemente, no lo sepa. Pero la se

lección catalana tiene más de cien años de existencia. No se inventó ayer ni antes de ayer, ni empezó a jugar sus partidos por ninguna razón excepcional. La primera vez que Catalunya disputó un encuentro de fútbol fue el 21 de febrero de 1912, en París, contra Francia (7-0) y diez meses después, la selección francesa devolvió la visita. El partido se jugó en Barcelona, donde Catalunya consiguió su primera victoria (1-0). Hasta hoy ha celebrado 77 partidos frente a selecciones nacionales, selecciones territoriales y equipos de club.

Actualmente, existen dificultades para que Catalunya pueda organizar sus partidos. La normativa prohíbe que las selecciones no reconocidas oficialmente puedan aprovechar las fechas que la FIFA reserva para la celebración de partidos de los equipos nacionales de sus países miembros, ya sean amistosos o de competición. De este modo, únicamente quedan libres las fechas que corresponden a algunos períodos vacacionales, por ejemplo con ocasión de la Navidad. Al mismo tiempo, la Asociación de Futbolistas Españoles (AFE) exige que se respeten los períodos de descanso de los jugadores, hecho que todavía dificulta más la posibilidad de organizar encuentros. Incluso la Real Federación Española de Fútbol (RFEF) es reacia a aceptar que la selección catalana juegue más de un partido al año.

El Mundial de Corea y Japón

*D*urante la temporada 2001-02, Carles Puyol no faltó a ninguna convocatoria de la selección española. Aunque España ya estaba clasificada para el Mundial de Corea y Japón desde la primavera anterior, Camacho incluyó al defensa azulgrana en todas sus listas. El seleccionador era el primer interesado en que aquel muchacho de solo veintitrés años llegara a la cita mundialista con la suficiente experiencia como para que su rendimiento fuera óptimo. Aunque Puyol había empezado como suplente en el Barcelona de Carles Rexach, Camacho le incluyó en el once titular del 5 de septiembre de 2001, en Vaduz, frente a Liechtenstein.

El partido era el último de la liguilla de clasificación. Aunque no tenía ninguna trascendencia, España se lo tomó lo bastante en serio como para ganar (0-2) y dar sensación de solidez. Puyol jugó los noventa minutos. Estuvo en su línea de futbolista sólido, rápido y comprometido. Y lo mismo sucedió en el amistoso del 14 de noviembre, en el Colombino de Huelva, frente a México (1-0). Esta vez, también fue titular, aunque fue sustituido por el valencianista Curro Torres (71'), un joven lateral derecho que acababa de irrumpir exitosamente en la Liga. Entretanto, Carles era consciente de que, si mantenía el tono y tenía la suerte de no lesionarse, sería uno de los ventitrés convocados para la Copa del Mundo.

El sorteo del Mundial de Corea y Japón se celebró en Busán (Corea), el 1 de diciembre de 2001, seis meses antes del comienzo de la competición. Así se hace desde hace muchos años, para que las selecciones clasificadas tengan tiempo de preparar todo el aparato logístico (viajes de avión, hoteles, autocares...) que van a necesitar durante el torneo. Pues bien, ese día la expedición española, encabezada por el presidente Ángel María Villar y el seleccionador José Antonio Camacho, salió satisfecha del sorteo. España estaba encuadrada en el Grupo B, junto a Eslovenia, Paraguay y Sudáfrica. Había otros grupos más complicados, como el A, con Francia —vigente campeona—, Uruguay, Dinamarca y Senegal o como el F, el más fuerte de todos, con Argentina, Inglaterra, Suecia y Nigeria.

Camacho todavía disponía de tres fechas para celebrar partidos de preparación y, por lo tanto, para seguir trabajando determinados aspectos del juego de la selección. El técnico había pedido que le buscaran rivales de un cierto nivel. Así que se contrataron amistosos con Portugal, Holanda e Irlanda del Norte. Cuando se pactaron esos partidos, todo el mundo daba por seguro que Holanda estaría entre los finalistas, pero el equipo que dirigía Louis van Gaal fracasó hasta tal punto que el propio seleccionador no tuvo otra salida que presentar su dimisión con carácter irrevocable. Este hecho iba a permitir que Puyol y Van Gaal volvieran a encontrarse en el Barcelona una vez acabado el mundial asiático.

El 13 de febrero, el Estadi Olímpic de Montjuïc fue escenario del España-Portugal (1-1). Puyol volvió a jugar contra Luis Figo, al que ya se había enfrentado en varios clásicos de los últimos dos años. Esta vez, Camacho volvió a incluir a Puyol en el equipo titular, aunque no como lateral derecho, sino como defensa central. Luego, ya mediada la segunda parte (65'), le sustituyó por Óscar Téllez, un central y medio centro defensivo, nacido en Madrid, que en muy poco tiempo había desfilado por las plantillas del Pontevedra, el Alavés, el Valencia y el Villarreal. Téllez había regresado a Vitoria, donde finalizó su carrera deportiva después de terribles enfrentamientos con su presidente de entonces, Dmitry Piterman. El ucraniano se encuentra, todavía hoy, inhabilitado para ocupar cualquier cargo relacionado con el fútbol, después de haber sido sancionado por quince años en los Estados Unidos.

Rotterdam fue la siguiente ciudad que visitó España en su periplo de preparación mundialista. El 27 de marzo se enfrentó a Holanda, ahora dirigida por Dick Advocaat. La selección española perdió (1-0). Puyol repitió como titular y jugó los noventa minutos como lateral derecho. En aquel mismo puesto volvería a jugar el 17 de abril, en Belfast, frente a Irlanda del Norte. Esa noche, España fue un vendaval de fútbol y de goles (0-5). Carles Puyol marcó su primer tanto con la selección (69'), que era el cuarto del partido. Raúl, Baraja y otra vez Raúl batieron antes al portero Taylor. El quinto y último llevó la firma de Morientes.

La Liga había finalizado el día 11 de mayo. El Valencia fue campeón; el Deportivo de La Coruña, segundo; el Real Madrid, tercero y el FC Barcelona, cuarto. De ahí que en la convocatoria que José Antonio Camacho facilitó al día siguiente hubiera dieciséis jugadores pertenecientes a esos cuatro clubs. Eso representaba el 69,5 por ciento del total. Ahí estaban Casillas, Fernando Hierro, Iván Helguera, Raúl y Morientes (Real Madrid), Cañizares, Curro Torres, Baraja y Albelda (Valencia), Romero, Sergio González, Valerón y Diego Tristán (Deportivo de La Coruña), Puyol, Xavi y Luis Enrique (Barcelona), Nadal y Luque (Real Mallorca), Ricardo (Real Valladolid), Juanfran (Celta de Vigo), Mendieta (Lazio), De Pedro (Real Sociedad) y Joaquín (Real Betis).

El miércoles día 15 de mayo, los jugadores se concentraron en Montecastillo (Jerez de la Frontera), con la excepción de los cinco representantes del Real Madrid, que aquella noche conquistaron la novena ante el Bayer Leverkusen, en la final de la Champions League. Una obra de arte de Zinedine Zidane y tres intervenciones decisivas de Casillas, que había sustituido al lesionado César, permitieron que los jugadores madridistas se incorporasen con un subidón de ánimo contagioso para todos. Bueno, para todos menos para Santi Cañizares, que el jueves día 16 sufrió un contratiempo que le obligó a pasar por el quirófano y a perderse el Mundial. El seleccionador llamó a Contreras (Málaga).

Cañizares no se lesionó en el campo, sino en su habitación del hotel. Al salir de la ducha decidió ponerse un poco de colonia. La botella le resbaló de las manos y Santi no tuvo otra ocurrencia que poner la pierna, como para hacer un control de balón, y evitar así que el frasco se estrellara contra el suelo. Su desgracia fue que el bote se rompió y le produjo un corte de un centímetro de profundidad. Y para colmo, el cristal seccionó el tendón del dedo gordo del pie derecho del portero del Valencia.

El doctor Genaro Borrás, que en paz descanse, le acompañó hasta el hospital general de Jerez, donde fue intervenido para recomponer el tendón.

Afortunadamente para la selección no hubo más contratiempos y la expedición pudo partir el día 20 con destino a Ulsan, en Corea del Sur, donde España permanecería mientras durase su participación en el Mundial. El grupo, con Cañizares como invitado, se desplazó en autocar desde Jerez hasta el aeropuerto de San Pablo, en Sevilla. El vuelo final resultó plácido para todos, excepto para el madridista Helguera, que padece aerofobia. Una vez en territorio coreano, la expedición se desplazó desde el aeropuerto de Pusan hasta el hotel Citizen de Ulsan. Ya anochecía, pero aún así Camacho llevó a sus jugadores directamente al campo de entrenamiento. Era importante activar el organismo después de catorce horas de vuelo. A partir de ahí, la selección tendría casi dos semanas para superar el *jet-lag*, aclimatarse y ponerse a punto para la competición.

El hotel Citizen era una auténtica fortaleza, situada en la ladera de una colina. Solo podía accederse por una única carretera, que estaba custodiada por cincuenta policías. A cincuenta metros escasos del hotel se habían construido, expresamente para España, dos campos de fútbol, uno de césped natural y otro artificial. Nadie iba, por lo tanto, a perturbar la concentración del equipo español, que había llegado a Ulsan con 10.000 kilos de equipaje. De todo ese arsenal, unos quinientos kilos correspondían a productos alimenticios. Había 200 kilos de ternera gallega, cincuenta kilos de bonito de Ondarroa, cien litros de aceite de oliva, veinticinco kilos de espárragos navarros y unas cuantas cajas de vino de Rioja.

A España no le tocaba jugar su primer encuentro hasta el día 2 de junio, frente al equipo nacional de Eslovenia. Por esta razón, la selección tuvo tiempo para disputar dos partidos amistosos. El primero fue ante el Jeonbuk Hyundai Motor, el jueves 23 de mayo, y el segundo, contra el Hyundai Horangi Club, el sábado 25. El partido inaugural del campeonato se disputó el viernes 31. Como es tradicional, el honor de abrir el fuego en el Mundial le correspondió al campeón de cuatro años antes, Francia. Y como suele suceder con bastante frecuencia, su rival le aguó la fiesta. Esta vez, Senegal ganó (0-1) con un gol del centrocampista Papa Bouba Diop.

El Mundial de Corea y Japón presentaba diferentes particularidades. Era la primera vez en la historia que dos países organizaban conjuntamente la fase final del torneo. También era la primera vez que se jugaba en Asia. Los dieciséis campeonatos del mundo anteriores se habían celebrado en Europa o en América. Concretamente, nueve en el viejo continente y los siete restantes en Norteamérica y Suramérica. Por lo que respecta a España, sería la primera vez que no iba a televisarse toda la competición en abierto, como había sucedido siempre. Canal+ había comprado los derechos y emitió 55 de los 64 partidos a través de su canal de pago.

Ulsan es una ciudad costera del suroeste de Corea del Sur. Está a unos 70 kilómetros de Busan. Coincidiendo con el Mundial había llegado al millón de habitantes. Antiguamente, la población vivía de la pesca, pero a día de hoy es la capital industrial del país. En Ulsan está ubicada la sede central de la multinacional Hyundai, fábrica que da trabajo a un porcentaje muy elevado de la población laboral activa de la ciudad. España no fue la única selección que se alojó allí. También los equipos de Brasil y Turquía se hospedaron en Ulsan.

La presencia de Brasil, campeona en Suecia'58, Chile'62, México'70 y Estados Unidos'94, absorbió la mayor parte de impacto popular en Ulsan. La Confederación Brasileña de Fútbol, para la que trabajaba entonces el actual presidente del Barcelona, Sandro Rosell, lo había preparado todo de modo minucioso. Incluso había suscrito un convenio de hermanamiento con las autoridades del municipio de Ulsan. El talento de la selección y la hinchada que arrastró desde su país harían el resto. El equipo fue dirigido por Luis Felipe Scolari y el grupo de jugadores era excepcional. Allí estaba Rivaldo, que ese verano dejó el Barcelona para marcharse al Milan. Allí estaban Belletti, Edmilson y Ronaldinho, que cuatro años más tarde coincidirían con Puyol en el equipo que conquistó la segunda Champions de la historia azulgrana, en París. Y allí estaban, también, el madridista Roberto Carlos, el bético Denilson y Ronaldo, que jugaba entonces en el Inter y que había sido barcelonista y pichichi de la Liga en la temporada 1996-97.

España nunca había conseguido entrar en unas semifinales, salvo que otorguemos esa misma equivalencia al hecho de que la selección se clasificara para intervenir en la liguilla final del Mundial de 1950 en Brasil. Estar otra vez entre los cuatro mejores era el objetivo, aunque nadie se atreviera a confesarlo en público. Camacho recordó durante todo el torneo que no se le podía exigir nada a una selección que, en los 72 años de historia de los mundiales, nunca había superado una eliminatoria de cuartos de final. Pero el seleccionador, sus ayudantes y los jugadores trabajaron muy duro para tratar de mejorar aquellos resultados. Y estaban todos muy mentalizados para conseguirlo, como se demostró desde el mismo día del debut. Ese día 2 de junio, en Kwangju, la selección ganó (3-1) a Eslovenia, con goles de Raúl (43'), Valerón (73'), Cimirotič (80') y Hierro (86'), de penalti. De este modo se rompía un maleficio de 52 años. Porque precisamente desde 1950 en Brasil, España nunca había ganado el primero de sus partidos en una fase final del campeonato del mundo.

Cinco días después, el 7 de junio, en Chonju, la selección repitió victoria (3-1) ante Paraguay, que era su principal rival en el Grupo B. Los guaraníes se adelantaron en el marcador, con un autogol de Puyol (9'), pero un oportuno cambio de sistema y la entrada tras el descanso de Morientes, permitieron cerrar la clasificación para los octavos de final, con dos goles del delantero madridista (53' y 69') y otro, de penalti, marcado por Hierro (82'). El equipo español era el primero de los treinta y dos participantes que conseguía meterse en la siguiente fase.

Carles Puyol fue titular y jugó los noventa minutos de los dos primeros encuentros. Ahora, quizá porque el partido contra Sudáfrica tenía una importancia relativa, Camacho reservó a algunos jugadores, entre ellos al defensa barcelonista. Pero la ambición del grupo era muy grande y el 12 de junio el equipo volvió a ganar (2-3), esta vez con goles de Raúl (4'), McCarthy (30'), Mendieta (45'), Radebe (52') y otra vez Raúl (56'). España cerró la primera fase invicta y con una media de tres goles marcados por partido. El rival en la eliminatoria de octavos de final sería la República de Irlanda.

Ganar a Irlanda el 16 de junio, en Suwon, no iba a ser nada fácil. Porque los irlandeses tenían una selección muy competitiva, con futbolistas como Given, Finnan, Staunton, Harte, Kinsela, Quinn, Duff o el mítico Keane. Formaban un equipo muy aguerrido, fuerte físicamente, que buscaba el contacto y que jugaba un fútbol sin transiciones, típicamente británico. España se adelantó muy pronto en el marcador, con un gol de Morientes (8′), y mantuvo el control del juego hasta que Quinn salió al campo sustituyendo a Gary Kelly (55′). Entonces se rompió el partido. Podía pasar cualquier cosa y pasó que Robbie Keane (90′) marcó el gol del empate en el lanzamiento de un penalti que el sueco Anders Frisk sancionó por un pretendido agarrón de Fernando Hierro a Quinn.

La prórroga no sirvió para nada. Así que llegaron los lanzamientos desde el punto de penalti. Casillas le había parado uno a Harte durante el segundo tiempo del partido, tras un derribo de Juanfran a Quinn. Pero eso, en esos momentos, tenía el valor que tenía. Y ya se sabe que los desempates por penaltis son una auténtica lotería. Empezaron marcando Keane y Fernando Hierro. Casillas le paró el lanzamiento a Holland y Baraja transformó el suyo. A partir de ese momento, se entró en una cadena de despropósitos. Conolly, Juanfran, Kilbane y Valerón no fueron capaces de meter el balón en la portería. Después de las otras dos paradas de Casillas, Finnan logró el empate. Ahora, toda la ventaja era para España. Porque solo quedaba un lanzamiento y porque la oportunidad era para Mendieta, un consumado especialista a balón parado. Y marcó. La selección había conseguido meterse en los cuartos de final, igualando las hazañas de los jugadores españoles que disputaron los mundiales de los años 1934, 1986 y 1994.

El estallido de alegría fue enorme, incluso en jugadores como Puyol que, después de ciento veinte minutos corriendo, estaban exhaustos. Camacho, que se había santiguado varias veces durante la tanda de penaltis, llegó calentito a la sala de prensa. Allí cargó contra el colegiado sueco Anders Frisk: «Un arbitraje así no es propio de un Mundial». Luego, cuando le preguntaron si prefería a Italia o a Corea del Sur en los cuartos de final, lanzó una sentencia premonitoria: «Italia siempre será Italia, pero la prefiero porque... Corea del Sur es un equipo al que se lo permiten todo».

Italia se quedó fuera del torneo dos días después. Vieri (18′)

adelantó a su equipo en el marcador, pero Seol (88') empató y Ahn (117') clasificó a Corea. Por segunda vez, y de forma muy clara, el equipo coreano que dirigía el holandés Guus Hiddink volvía a verse favorecido por los árbitros. Le habían dado un empujoncito para superar a Portugal en la última jornada de la fase de grupos y le habían echado otra mano ante Italia. No era ni la primera ni la última vez que los equipos anfitriones recibían un trato preferencial. Había pasado en otros muchos mundiales. Pero seguramente, en el caso de Corea del Sur resultaba demasiado evidente.

Y evidente fue, otra vez, en el partido del 22 de junio en Kwangju. Es decir en el encuentro de cuartos de final que enfrentaba a los coreanos con España. El partido finalizó con empate (0-0) y la prórroga, también. Entre otras razones porque el árbitro egipcio Gamal Al-Ghandour anuló dos goles legales del equipo español. La selección volvió a jugársela en los lanzamientos desde el punto de penalti. Y ahí fueron mejores los lanzadores de Corea del Sur (5-3). Empezaron disparando ellos. Marcaron Hwang, Hierro, Park, Baraja, Seol, Xavi y Ahn, pero Joaquín falló el cuarto lanzamiento español. Si Hong marcaba el quinto, se acababa el Mundial para España. Y no falló. Así que, por mucho que nos asistiera el derecho al pataleo, teníamos que volvernos a casa. Seguíamos atrancados en cuartos de final.

La bronca final fue de órdago. Algunos jugadores, como Helguera o Juanfran, se fueron a por el juez de línea ugandés, Ali Tomusange. Puyol, que había vuelto a hacer un impresionante derroche físico durante los ciento veinte minutos, aún tuvo energías para salir corriendo detrás de algunos de sus compañeros para evitar que, presa de los nervios, hicieran cosas de las que arrepentirse. De no ser por él, las protestas habrían acabado en agresiones. Después se fue en busca de Joaquín, para animarle. El bético estaba desolado tras haber fallado el penalti decisivo.

En la sala de prensa, Camacho volvió a cargar contra el árbitro, igual que había hecho después de los octavos de final ante la República de Irlanda. «Hemos marcado dos goles, pero Al-Ghandour no ha querido que subieran al marcador», manifestó. Luego, el seleccionador comentó que «el fútbol es tan grande, que ni siquiera cosas así pueden acabar con él». Tenía razón. El fútbol era capaz de soportar que una tripleta formada por un árbitro egipcio, un juez de línea de Uganda y otro de Trinidad Tobago pitaran unos cuartos de final de un Mundial.

Carles Puyol, tan alterado y tan decepcionado como el que más, demostró una extraordinaria madurez, poco común en futbolistas de su edad (veinticuatro años). «Es difícil mantener la calma cuando ves cosas así», dijo antes de recordar que «en la final de los Juegos Olímpicos de Sídney ya nos expulsaron a dos jugadores». Cuando entró en el vestuario, se encontró de frente con Camacho. Su entrenador le animó, como había hecho con sus compañeros: «Gracias por todo. No nos han dejado ganar».

El presidente de la Real Federación Española de Fútbol, Ángel María Villar, fue más allá. Al día siguiente del partido, presentó su dimisión como presidente del Comité de Árbitros de la FIFA. Pero todo se quedó en pura palabrería. El agua no llegó al río y Villar sigue siendo, todavía hoy, el presidente de esa comisión. Y, como tal, continúa formando parte del comité ejecutivo de la organización que gobierna el fútbol mundial desde 1904. Nadie descarta que Villar pueda ser, en un tiempo no demasiado lejano, el sustituto de Joseph Blatter en la presidencia.

El día 25 de junio, Corea del Sur perdió (1-0) la semifinal contra Alemania. Y volvió a caer (2-3) ante Turquía, en el partido por el tercer y cuarto puesto, el día 29. La selección de Brasil, que había superado (1-0) a Turquía en la semifinal del día 26, derrotó (2-0) a Alemania en la final del 30 de junio. Los brasileños conquistaban así su quinto campeonato del mundo con gran autoridad. Ronaldo Luís Nazário de Lima fue el máximo goleador del torneo, con ocho tantos en siete partidos. Unos días después, abandonaba el Inter de Milán y firmaba por el Real Madrid solo una hora antes de que se cerrara el mercado.

Los contratos no se rebajan

Acorralado y sin dinero, porque en apenas dos años había reventado la estabilidad económica del club y generado una deuda de muchos millones de euros, Joan Gaspart buscó apoyos para dar un triple salto mortal, con tirabuzones y sin red de seguridad. No pensó en el FC Barcelona. Pensó única y exclusivamente en como salir airoso del berenjenal en el que se había metido por su megalomanía. Necesitaba a alguien que absorbiera todos los golpes. Carles Rexach no le valía para ese papel. Así que le devolvió a los corrales —perdón, a los despachos—, después de hacerle decir que era él quien había avalado la candidatura de Louis van Gaal para liderar su nuevo proyecto. Era una candidatura única.

Gaspart había puesto a Van Gaal a caer de un burro al finalizar la temporada 1999-2000, cuando Josep Lluís Núñez anunció que dejaba la presidencia. Es más, llegó a decir que si el entrenador holandés no se hubiera marchado, él mismo le habría puesto de patitas en la calle. Paradojas del destino; ahora tenía que elogiarle en público y ante los mismos medios de comunicación a los que, en un tiempo no muy lejano, había azuzado contra el técnico azulgrana. La pregunta no era por qué el hotelero fichaba a Van Gaal, sino por qué este aceptaba la propuesta en unas circunstancias tan adversas como las que se producían en ese momento.

Louis van Gaal y su esposa Truus consultaron a diversos amigos. Todos, incluso los que tenían la posibilidad de volver a trabajar con él, le dijeron que sería un error mayúsculo regresar. Y se lo argumentaron. El ambiente estaba muy crispado después de dos años horribles, la plantilla necesitaba un baldeo considerable y no había dinero para fichajes, tenía a los medios de comunicación en contra y, por encima de todas las cosas, no tendría a su lado a un presidente, como Núñez, para defenderle en el supuesto de que las cosas fueran mal dadas. Truus estaba convencida de que los amigos de su marido tenían razón y trató de convencerle, en vano, para que no firmara el contrato. Pero a Van Gaal le pudo la ilusión. Quería terminar el proyecto que había dejado a medias en junio del 2000.

El presidente hizo oficial la noticia de la reincorporación de Van Gaal justo al día siguiente de finalizar la Liga. Era el lunes 12 de mayo. En la calle hubo división de opiniones. No había términos medios. Unos consideraron que Gaspart se había equivocado gravemente en su nuevo intento de salvar su cara y otros recibieron la noticia con entusiasmo. Entre estos últimos estaba Carles Puyol. No olvidaba, ni lo olvidará nunca, que Van Gaal le había dado la alternativa y, por encima de todo, conocía la capacidad y los métodos de trabajo de un tipo que tenía fama bien ganada de ser un profesional de primerísimo nivel. Puyol pensó, además, que tal vez con un entrenador así podría conseguir su primer título con el club.

Van Gaal fue presentado el 17 de mayo de 2002. Gaspart había convocado a los medios de comunicación en la gran sala de la planta baja del antepalco del Camp Nou. Se retiró el mobiliario y se montó un escenario espectacular, con sillas para más de doscientas personas. La expectación fue máxima. No cabía un alfiler en aquel espacio donde, los días de partido, suelen reunirse los patrocinadores del club y los familiares y los amigos de los directivos. Allí, el presidente explicó que el contrato del técnico holandés sería por dos años, con opción de un tercero. Gaspart vinculaba así el compromiso con el entrenador a la duración de su mandato. Y aunque nadie ajeno a la cúpula del club y al entorno de Van Gaal tuvo la posibilidad de ver el contrato, iba a cobrar una ficha de siete millones de euros anuales, premios aparte.

En cuanto a la presentación, no tuvo el impacto mediático que perseguía Gaspart. En plena conferencia de prensa del nuevo entrenador, estalló la noticia de la muerte de Ladislao Kubala. El corazón del mito más grande de la historia del club había dejado de latir, en la Clínica de El Pilar, después de una larga agonía. El futbolista que lideró la conquista de las Cinco

Copas, que empequeñeció por dos veces el campo de Les Corts y que obligó a construir el Camp Nou, se convertía en el principal protagonista de la jornada. Gaspart comunicó el suceso a los asistentes al acto, se guardó un minuto de silencio y se dio por finalizada la rueda de prensa. La vuelta de Van Gaal al club pasó a segundo plano.

Ese día, Carles Puyol estaba concentrado con la selección española en Montecastillo (Jerez de la Frontera). No pudo, por lo tanto, estar con Van Gaal y saludarle personalmente. Pero tuvo toda la información de lo que había dicho su entrenador y hasta de las lágrimas que derramó cuando defendió la continuidad del delegado del equipo, Carles Naval. Algunos medios de comunicación, los mismos que le habían atacado en su primera etapa en el club y los mismos que volverían a tirar a degüello, se habían inventado que Van Gaal quería hacer limpieza en el cuerpo auxiliar del vestuario y que Naval, un tipo que cuenta con un ejército interminable de adeptos, iba a ser su primera víctima.

El trabajo para preparar la plantilla fue largo y duro. Rivaldo, Abelardo, Sergi, Alfonso, Coco, Dutruel y Reina dejaron el club. El brasileño, campeón del mundo en Corea y Japón, se marchó al AC Milan con la carta de libertad. Hacía solo un año que Gaspart había rechazado una oferta de más de 10.000 millones de pesetas (más de sesenta millones de euros) por su traspaso. Abelardo y Dutruel se fueron, gratis, al Deportivo Alavés. Sergi fichó por el Atlético de Madrid, con la carta de libertad. Alfonso, que había concluido su cesión al Olympique, se reincorporó al Real Betis sin coste de traspaso. Coco regresó a Italia. Y Reina se fue al Villarreal, donde estuvo tres años antes de marcharse al Liverpool. El guardameta fue el único por el que se cobró traspaso: 600.000 euros.

El club había cerrado la contratación del portero alemán Enke, que llegaba con la carta de libertad, y había contratado al argentino Riquelme, pagando un traspaso de doce millones de euros al Boca Juniors. Parecía poco dinero, porque desde enero de 2002 las cantidades en euros eran 166,386 veces más pequeñas que con la desaparecida moneda española. Pero eran 2.000 millones de pesetas, que se dice pronto. El nuevo entrenador del FC Barcelona no tenía excesivo interés por ninguno de aquellos dos jugadores. Van Gaal quería un defensa zurdo, un centrocampista de banda derecha y un delantero centro. Quería alternar la utilización de los sistemas 1-4-3-3 (él le llamaba 1-2-3-2-3) y el 1-3-4-3. Como es lógico, había que cubrir alguna de las bajas más importantes que se habían producido y los nuevos debían responder a un perfil determinado.

Su pelea con Joan Gaspart duró seis largos meses. Y de aquellas conversaciones solo surgió una operación. El club aceptó, a regañadientes, que Gaizka Mendieta se incorporase a la plantilla. Pero el centrocampista vizcaíno no llegó mediante un procedimiento de fichaje, sino cedido por un año, con opción de compra y con un precio de alquiler de un millón de euros. La Lazio, propietaria de los derechos del jugador, había hecho un magnífico negocio.

El defensa izquierdo que necesitaba Van Gaal llegó cuando Gaspart ya había cambiado de entrenador. En aquel mercado de invierno aterrizó el argentino Sorín, que apenas duró seis meses en el club. Geovanni, en cambio, fue cedido al Benfica por 500.000 euros, pero con su sueldo por cuenta del Barcelona. El derecho preferencial de compra que los portugueses firmaron en el contrato de cesión era de quince millones de euros. No consta que, finalmente, el club azulgrana ingresara un solo euro.

Entre unas cosas y otras, Van Gaal optó por echar mano de la cantera. Sabía que había mucho talento allí, pero finalizar el proceso de formación de los jóvenes requería un tiempo que quizás él no tendría. Esta vez, el holandés subió al primer equipo a Víctor Valdés, Oleguer, Fernando Navarro, Iniesta y Sergio García. Si Puyol y Xavi habían sido su gran aportación al club en su primera etapa, Valdés e Iniesta serían su contribución en la segunda. No deja de ser curioso que los cuatro han formado parte del mejor FC Barcelona y de la mejor selección española de toda la historia. Los cuatro son, todavía hoy, los capitanes del equipo barcelonista.

Y hablando de capitanes, Van Gaal también fue el primero que creyó ciegamente en la capacidad de Carles Puyol para ser uno de ellos en el primer equipo. En su retorno al club, el entrenador holandés quiso que los jugadores escogieran a sus tres nuevos capitanes. Luis Enrique fue el más votado de todos, seguido por Cocu. En el tercer lugar empataron Frank de Boer y Carles Puyol. La decisión final quedó en manos de Van Gaal, que eligió al defensa catalán.

Tan pronto como empezó la temporada se descubrió que las nuevas aportaciones tácticas de Van Gaal y el trabajo de los jugadores permitirían disfrutar del estilo de juego que siempre han querido los culés. Pero también pudo intuirse que el equipo tenía carencias importantes. Si alguien esperaba grandes cosas de aquel año, se equivocaba. La falta de medios —prometidos y no concedidos por Gaspart—, las dificultades de integración de algunos jugadores importantes —como Riquelme— y la inmadurez de los más jóvenes, que tenían talento para dar y vender pero que carecían de experiencia, configuraban un panorama poco alentador.

El equipo no tenía la consistencia necesaria para pelear por los títulos. Y eso iba a notarse especialmente en la Liga, donde todo el mundo se conoce muy bien y donde, con el cuento de que queda mucho campeonato por delante, nadie piensa que la derrota de hoy vaya a ser decisiva en la clasificación de mañana. El equipo que tiene un buen arranque en la Liga, tiene mucho ganado. Encadenar unas cuantas victorias consecutivas y colocarse en cabeza otorga seguridad y confianza a cualquiera. A los que tienen que pelear por los títulos y a los que luchan por no descender. ¿Cuántas veces ha perdido el título un campeón de invierno y cuántas ha descendido un equipo que había realizado una gran primera vuelta?

La Liga empezó con un empate en casa, ante el Atlético de Madrid (2-2), pero en los dos siguientes encuentros, el FC Barcelona ganó en San Mamés (0-2) y derrotó al RCD Espanyol (2-0). Pero a partir de ahí se sucedieron las de cal y las de arena de un modo que, muchas veces, resultaba incomprensible. Carles Puyol era de los que más sufría aquella situación. Era un calco de las dos anteriores temporadas, pero esta vez con el agravante de que la presión que Van Gaal se imponía a sí mismo y la presión que imponían los medios de comunicación generaba mucha ansiedad en la mayoría de jugadores. Al menos, en los más comprometidos. Las derrotas en los campos del Betis (2-0), Valladolid (2-1), Deportivo (2-0), Real Sociedad

(2-1) y Rayo Vallecano (1-0), situaban al equipo en la mitad de la tabla, muy lejos de sus puestos de costumbre.

En cuanto a las demás competiciones, el equipo fue eliminado en primera ronda de la Copa del Rey frente al Novelda (3-2), en una noche aciaga del portero Enke. El encarnizamiento de los medios de comunicación fue terrible. Seguramente no había para menos. Pero en cambio, en la Champions League la marcha del equipo era espectacular y los elogios brillaban por su ausencia. El equipo superó la eliminatoria previa ante el Legia de Varsovia con victorias en casa y fuera. En la primera fase de grupos, con Lokomotiv de Moscú, Brujas y Galatasaray, terminó sin ceder ni un solo punto. Y en los dos partidos de la segunda fase, los que se jugaron antes de la pausa invernal, el FC Barcelona consiguió vencer en el campo del Bayer Leverkusen y, en casa, ante el Newcastle. Es decir, el equipo ganó los diez partidos europeos que disputó a las órdenes de Louis van Gaal y su segundo Andries Jonker.

El mes de noviembre, que tradicionalmente se le atragantaba al equipo en aquellos años, solo puede ser recordado por Carles Puyol como el mes en el que, por fin, consiguió la renovación de su contrato. Estaba pendiente desde que el defensa de La Pobla de Segur se convirtiera, con todos los honores, en jugador del primer equipo. Es decir, que hacía ya dos años desde que Anton Parera le comunicara a Ramon Sostres la voluntad del club de adecuar las condiciones del compromiso de Puyol a sus nuevas circunstancias profesionales. La mejora llegó tarde, muy tarde. Pero al defensa le salió a cuenta, porque la generosidad de Gaspart con el dinero ajeno siempre era directamente proporcional a la presión que los medios de comunicación ejercían a favor de la renovación de un jugador.

El nuevo contrato de Carles Puyol se cerró, por fin, el día 7 de noviembre de aquel 2002. El anterior, que finalizaba el 30 de junio de 2004, había quedado muy desfasado. Había muchos jugadores del Barcelona B con fichas más altas que la suya, aunque él cobrara los sueldos y las primas del primer equipo. Ahora pasaría a ser uno de los jugadores mejor pagados de la plantilla. Además de tener una ficha muy alta y mantener el sueldo y las primas, cobraría un fijo de 24.000 euros por partido jugado. En cuanto a la cláusula de resolución, que en el viejo contrato era de mil millones de pesetas (unos seis millones de euros), subía ahora hasta los 180 millones de euros. Había multiplicado sus ingresos anuales por treinta.

La realidad es que Van Gaal respaldó la importante mejora del contrato de su tercer capitán y dio el visto bueno al nuevo compromiso. Estaba seguro de que Puyol le respondería siempre, a diferencia de jugadores como Riquelme o Saviola, de los que se podía esperar más bien poco en los momentos de dificultad. La derrota en Vallecas (1-0), tercera consecutiva fuera de casa y quinta en los siete desplazamientos realizados, fue un duro golpe. El equipo ocupaba el décimo puesto en la clasificación, a trece puntos del líder, que era la Real Sociedad. El Real Madrid tampoco andaba muy fino y era sexto, con solo cinco puntos más que los azulgrana. La reacción todavía era posible, pero no podía retrasarse más.

Durante aquellos días difíciles, Louis van Gaal conversó muy a menudo con Carles Puyol. Al entrenador le encantaba conocer las opiniones de su gente, tanto en los buenos como en los malos momentos. Especialmente en los malos. «Me dijo que si él se marchaba, la presión sobre los jugadores disminuiría; pero que si después del cambio de entrenador se perdían dos o tres partidos, volvería a aumentar», recuerda el defensa azulgrana. Van Gaal no era de los que tiran la toalla. Al contrario, cuando peor iban las cosas, más ganas tenía de afrontar los retos. «Tengo mucha confianza en estos jugadores y estoy seguro de que saldremos adelante», había comentado tanto en el ámbito de la directiva como de su propio equipo.

El 15 de diciembre, justo una semana después de la derrota en Vallecas, el equipo recibía al Sevilla en el Camp Nou. Los ánimos estaban encendidos entre los socios y los aficionados. El Barcelona no había perdido ningún partido en casa en toda la temporada. Pero ese día perdió. Y la derrota (0-3) no fue lo peor. Tampoco que el equipo cayera tres posiciones en la clasificación y se colocara a solo dos puntos del descenso, que marcaba el Sevilla con catorce puntos. Lo peor, fue que se lesionaron dos jugadores de carácter: Carles Puyol y Fernando Navarro. En aquellos momentos en los que no había suficiente con el talento para superar las dificultades, el coraje de futbolistas como ellos dos era muy necesario.

Casquero (4') había adelantado al Sevilla, pero el Barcelona tenía el control del juego y del partido. Creaba ocasiones, pero no acertaba a convertirlas en gol. La lesión de Puyol (58') fue un duro golpe para el equipo. Pero fue todavía peor el efecto que produjo la de Fernando Navarro (64'). Carles se había roto el hueso sacro y necesitaría tres semanas para volver a jugar, aunque solo se perdería un partido porque llegaban las vacaciones de Navidad. Fernando Navarro, en cambio, tendría que pasar por el quirófano y tardaría más de un año en recuperarse de la rotura del ligamento lateral interno de su rodilla izquierda. Y encima, el equipo no tenía recambios para el puesto de lateral izquierdo.

El club, siguiendo las instrucciones de Gaspart, se puso a buscar un sustituto. Pero no para Fernando Navarro, sino para Van Gaal. El presidente declaró a la prensa que el entrenador holandés continuaría, pero ya tenía cerrado un acuerdo con Carlos Bianchi para el caso de que el Barcelona perdiera en su encuentro del 21 de diciembre en Palma de Mallorca. Pintaba todo muy negro, porque además de las lesiones de los dos laterales, estaba cada vez más claro que Riquelme y Saviola habían decidido darle la espalda a su entrenador de manera definitiva.

Louis van Gaal decidió jugar muy fuerte en aquellos momentos. Sabía que se estaba jugando la cabeza y que no podía aceptar la presión de nadie. La experiencia de la primavera del 2000, cuando cedió a la voluntad de algunos jugadores y se perdió en Valencia (4-1), estaba presente en sus pensamientos de esos días previos a la Navidad. Es posible que alguna de las conversaciones que mantuvo con sus ayudantes y la actitud de jugadores como Carles Puyol, que aun estando lesionado quiso acompañar al equipo a Palma de Mallorca, le llevaran a la conclusión de que, puestos a morir, era mejor hacerlo con los futbolistas que le habían demostrado fidelidad y afecto. Riquelme, que se escondió detrás de unas molestias, se quedó fuera de la convocatoria y Saviola entró en la lista para ocupar un puesto en el banquillo de Son Moix. El jovencísimo Iniesta, con solo dieciocho años, fue titular por primera vez en la Liga, después de haberlo sido el 29 de noviembre, en el encuentro de Champions League, en el campo del Brujas.

En la rueda de prensa previa al viaje, Van Gaal se mostró seguro de sí mismo. No podía dar muestras de debilidad en aquel momento. «No creo que este sea mi último partido. Tengo carácter y personalidad para sacar al equipo adelante. La unidad que hay en el vestuario es una señal de que vamos a remontar. Los malos resultados no me hacen llorar. La lesión de Navarro o ver que Puyol viaja para apoyar a sus compañeros, sí», declaró a los periodistas. También recordó que Cruyff y Robson habían sido criticados por el entorno de la época y dijo que lo realmente importante era la comunicación entre el presidente y el entrenador o el entrenador y los jugadores. A diferencia de Puyol, Gaspart decidió que esta vez no acompañaría al equipo. Necesitaba estar en contacto con Carlos Bianchi.

En ese desplazamiento, Carles Puyol tuvo un papel muy importante. Estuvo al lado de sus compañeros en todo momento y les animó como solo sabe hacer un gran capitán. Luego, presenció el partido desde el palco presidencial, sentado en una localidad muy próxima a la de Llorenç Serra Ferrer, que había regresado a su casa mallorquina un año antes, tras rescindir su contrato con el club blaugrana. El Barcelona goleó al Real Mallorca (0-4). Jugaron Bonano; Gabri, Christanval, De Boer (Rochemback, 46′); Iniesta (Gerard, 59′), Xavi, Motta, Cocu; Mendieta, Kluivert y Overmars (Saviola, 78′). Ganar resultó mucho más fácil de lo previsto. Porque el equipo jugó bien, porque esta vez tuvo más puntería que en los partidos anteriores —Kluivert hizo un *hat-trick* y Overmars marcó el segundo— y porque fue capaz de sacar de quicio al Mallorca. Novo (21′) y Eto'o (32′) fueron expulsados por roja directa.

Gaspart no tuvo más remedio que llamar a Bianchi y decirle que Van Gaal iba a continuar, que otra vez sería. Sobre las dos de la madrugada, cuando el avión en el que regresaba la expedición azulgrana estaba a punto de aterrizar en el aeropuerto de El Prat, Gaspart cogió su Jaguar y se presentó en el Camp Nou. Yo mismo estaba allí, esperando a Van Gaal para entregarle el informe en vídeo del partido que acababa de disputarse pocas horas antes. Gaspart me pidió que convenciera al técnico holandés para que asistiera al tradicional brindis de Navidad que iba a celebrarse después del entrenamiento del día siguiente, domingo.

En un acto de atrevimiento, intenté arrancarle el compromiso de que si Van Gaal acudía al encuentro con la prensa, él facilitaría el fichaje de los refuerzos que el equipo necesitaba. El presidente aceptó el envite. El entrenador estuvo muy cordial con los periodistas, a los que sirvió la copa de cava personalmente, como si se tratara de un camarero. Vestido con una magnífica chaqueta de cachemira, color camel, pero camarero a fin de cuentas. Ese día y los siguientes, la prensa informó que el club trataría de fichar un central, un lateral izquierdo y un delantero. Van Gaal se habría conformado con un lateral. Pero la palabra de Gaspart tenía el valor que tiene.

A pesar de todo, Van Gaal trató por todos los medios de evitar discusiones con su presidente. Una y otra vez repetía a los periodistas: «Yo confío en Gaspart. Quizá vosotros sepáis algo que yo no conozco; pero no tengo ningún motivo para desconfiar de mi presidente». En su fuero interno, todos sabían que no se podía creer en la palabra de Gaspart y que cuanto más rotundo era al afirmar que no te echaría, más cerca estabas de la puerta de la calle. Y eso, desdichadamente, le sucedió a Louis van Gaal un mes después.

En cuanto el equipo encadenó dos derrotas consecutivas, el entrenador fue destituido. El 19 de enero de 2003, el Valencia ganó (2-4) en el Camp Nou y el 26 de enero, el Celta venció (2-0) a los azulgrana en Balaídos. Al día siguiente, Carles Puyol compareció ante los periodistas en la sala de prensa del Camp Nou. «Estamos donde nos merecemos», comentó antes de salir en defensa de su técnico. «Los jugadores siempre estamos a muerte con nuestro entrenador de cada momento y nuestro entrenador, ahora, es Van Gaal», concluyó. Unas horas después, la directiva hacía oficial lo que ya era un secreto a voces y la misma noche del lunes 27 de enero, los abogados de las dos partes se reunieron en Sitges para pactar las condiciones de la resolución de los contratos de Van Gaal, de su ayudante Andries Jonker y del mío propio. Pero el club no consintió mi salida.

El martes 28 de enero, Van Gaal llegó pronto al Camp Nou. La noche había sido muy larga. A diferencia del año 2000, cuando abandonó el club renunciando al año de contrato que le quedaba, esta vez peleó hasta el último euro. Y se levantó poco después de haberse acostado. Quería estar temprano en el vestuario. Tenía que despedirse de los jugadores y de su *staff*. Delante de los futbolistas y de sus colaboradores, en reuniones diferentes, el técnico holandés no pudo contener la emoción y estalló a llorar. Van Gaal estaba muy agradecido a la mayoría. Pero recordó que sin unidad no se lograrían los objetivos y advirtió que no era bueno que hubiera un chivato que filtrase información a la prensa.

Los jugadores se entrenaron a las órdenes de Antonio de la Cruz, que sería el técnico del equipo durante una semana, hasta la contratación de Radomir Antić. Al finalizar la sesión, todos los integrantes de la plantilla, excepto Riquelme y Saviola, pasaron por el despacho para despedirse personalmente del que había sido su entrenador durante siete meses. Carles Puyol estuvo un buen rato charlando con Van Gaal. El defensa le agradeció todo lo que había hecho por él y lamentó que tuviera que marcharse. «Soy uno de los culpables de que le hayan echado», le dijo asumiendo su parte de responsabilidad en el fracaso del proyecto. Van Gaal, por su parte, le agradeció el gesto y le animó a trabajar por el bien del club: «Teneis que ser fuertes para sacar esta situación adelante. Estoy seguro de que lo conseguiréis, porque confío mucho en vosotros».

Durante las horas siguientes, sin más descanso que la media hora que tardó en comerse un bocadillo allí mismo, Louis van Gaal estuvo recogiendo sus objetos personales. Dejó todos los documentos y todos los informes que tanto él como sus colaboradores habían elaborado para el club. Es posible que todo ese material, de un valor incalculable, haya desaparecido o permanezca abandonado y cubierto de polvo en algún almacén del Camp Nou. Antes de marcharse, aún concedería una última entrevista a Chus Carrillo, para Barça TV. Finalizada la grabación, echó una mirada a las paredes de su despacho, cerró la puerta lentamente y, con los ojos humedecidos en lágrimas, echó a andar en dirección al aparcamiento subterráneo del estadio, acompañado de dos de sus más leales colaboradores. Tras el abrazo de despedida, subió a su Mercedes y emprendió el camino hacia su casa, en Sitges.

Con Radomir Antić y su ayudante Rešad Kunovac, las cosas no cambiaron demasiado. Al margen de que el técnico serbio recurriera a los jugadores más veteranos y dejara de lado a los más jóvenes o de que sustituyera el vídeo por la fotografía fija, el resto fue más o menos igual. El equipo fue eliminado por la Juventus en los cuartos de final de la Champions League, con empate (1-1) en San Siro y triunfo italiano (1-2) en el Camp Nou. Y en la Liga, el FC Barcelona no pasó de la sexta posición, con solo 56 puntos. El Real Madrid, que hizo una buena segunda vuelta, fue campeón, con 78 puntos y la Real Sociedad, que había sido líder durante gran parte de la temporada, fue subcampeona, con 76 puntos.

Joan Gaspart se vio forzado a dejar la presidencia el día 12 de febrero. Puso el cargo en manos de su vicepresidente Enric Reyna, uno de los pocos que no dimitiría durante esa infausta temporada. El constructor convocó elecciones y dejó el club en manos de una junta gestora presidida por Joan Trayter. El día 15 de junio de 2003, Joan Laporta (52,57 % de los votos) ganó la carrera electoral ante Lluís Bassat (31,80 %), Jordi Majó (4,82 %), Josep Martínez Rovira (4,63 %), Josep Maria Minguella (3,62 %) y Jaume Llauradó (1,91 %).

Tras asumir la presidencia, Joan Laporta constató que Gaspart había transformado la herencia positiva de Josep Lluís Núñez en una deuda de 230 millones de euros. O sea, que no había ni un euro en caja para afrontar la renovación de un equipo que no podía ganar títulos de ninguna manera. La situación era tal que la directiva propuso a sus jugadores la renegociación a la baja de sus contratos. Con lo que le había costado a Carles Puyol tener uno de verdad y ahora pretendían recortárselo. Su respuesta fue tajante. No iba a permitir que rebajasen si un solo céntimo de euro de las cantidades que había pactado. «Si el FC Barcelona necesita dinero, estoy dispuesto a sacrificarme y aceptar que me traspasen», propuso.

Llegan los títulos

*E*l ejercicio 2002-03 había sido horrible para el FC Barcelona, pero para Carles Puyol fue bueno, muy bueno, en el plano individual. Más allá de que se consolidara como un jugador importante para el equipo y más allá de que consiguiera un magnífico contrato, se produjeron dos hechos de extraordinaria trascendencia. Fue nombrado candidato al premio Català de l'Any, que otorga *El Periódico de Catalunya* desde el año 2000, y fue propuesto por la UEFA para el premio como mejor lateral derecho de la temporada. En ambos casos, la elección se realizó mediante una votación popular, a través de Internet.

El premio de Català de l'Any fue, finalmente, para la política socialista Manuela de Madre, que fue diputada del Parlament de Catalunya desde 1988 hasta 2003 y que, en esos momentos, se había convertido en un ejemplo por su entereza en la lucha contra la fibromialgia que padece. En cambio, Puyol fue el más votado por los internautas como mejor lateral derecho europeo de la temporada, con un 31,72 % de los votos y por delante del brasileño Cafú, entonces jugador de la Roma, y también por delante de Thuram, que en aquellos momentos jugaba en la Juventus. El equipo del año estuvo formado por Rustu; Puyol, Nesta, Chivu, Roberto Carlos; Seedorf, Ballack, Zidane, Duff; Ronaldo y Henry.

Durante las vacaciones y como sucedía todos los años, llegaba un momento duro para Carles Puyol. ¿Quiénes de sus compañeros abandonarían el club? ¿Habría alguno de sus mejores amigos entre ellos? Esta vez, además, se habían producido cambios importantes en el club. La nueva directiva, encabezada por Joan Laporta y de la que Sandro Rosell era vicepresidente deportivo, había nombrado a Txiki Begiristain como secretario técnico. Durante la campaña electoral habían anunciado grandes cambios e incluso habían facilitado los nombres de algunos candidatos a incorporarse a la plantilla. El más llamativo de todos ellos fue, sin duda, el de David Beckham, entonces jugador del Manchester United.

El verano se hizo muy largo. El club decidió contratar a Frank Rijkaard como nuevo entrenador. A partir de ahí empezó a construirse un nuevo equipo. Se decidió prescindir de Bonano, Enke, Christanval, Frank de Boer, Sorín, Mendieta, Rochemback y Riquelme, que fue cedido al Villarreal y, un año más tarde, traspasado al club levantino. Y se iniciaron las negociaciones para la incorporación de media docena de jugadores. El fichaje del mediático Beckham no fue posible y la falta de recursos económicos condicionó otras operaciones. Así que, en aquel primer año de la nueva directiva, llegarían Rustu (Fenerbahce), Van Bronckhorst (cedido por el Arsenal FC), Márquez (AS Mónaco), Mario (Real Valladolid), Quaresma (Sporting de Lisboa) y Ronaldinho (Paris Saint-Germain).

Rijkaard procedía de la misma escuela que Johan Cruyff y Louis van Gaal. O sea, la del Ajax de Ámsterdam. Pero tanto como el estilo de juego que había aprendido en su infancia y su adolescencia, le atraían los conceptos defensivos que había aprendido en el AC Milan de Arrigo Sacchi. Y decidió aplicar lo mejor de ambos estilos. Control del balón y del juego, circulación alta del balón, juego por las bandas, ensanchando el campo al máximo, presión en primera línea tras la pérdida de la pelota, coberturas en línea horizontal, ayudas y basculaciones. Y todo eso, a la máxima velocidad posible. Su problema, sin embargo, fue que no tenía los jugadores adecuados para llevar a cabo el proyecto y tuvo que renunciar a su idea del 1-4-3-3 y jugar con 1-4-2-3-1 durante los primeros meses.

Puyol, que había lucido el dorsal 24 durante la temporada 2000-01 y que había heredado el número 5 de Abelardo, cuando este se marchó al Deportivo Alavés, estaba ya habituado a actuar indistintamente como lateral o como central. Una de las ventajas que tenía haber jugado el año anterior con una defensa de tres era, precisamente, que conocía las exigencias de ambas posiciones. Rijkaard comenzó utilizándolo como lateral derecho, aunque tuviera que recurrir a Reiziger o Cocu para formar pareja de centrales con el mexicano Rafa Márquez. En ocasiones, incluso, los dos holandeses jugaron juntos en el eje de la zaga.

Jugar el 1-4-2-3-1 no era lo que quería Rijkaard. Y el equipo tampoco se sentía demasiado cómodo. A pesar de ello, la temporada oficial empezó con victoria (0-1) en San Mamés y un empate (1-1) ante el Sevilla en el partido con el horario más intempestivo de la historia del campeonato. El encuentro empezó a las 00.05 de la madrugada, ante la negativa del Sevilla a aceptar que se adelantara al día 2 de septiembre. Total, que la segunda jornada empezó el día 3, aunque fuera solo por cinco escasos minutos. La previa estuvo amenizada por una serie de actos lúdicos en la explanada del Camp Nou, donde se sirvió gazpacho a los espectadores.

Los inicios de la temporada fueron sorprendentes. El equipo no ganó su primer partido de Liga en casa hasta la novena jornada. En cambio, ganaba muchos de sus encuentros en campo contrario. Aquella irregularidad llevó al equipo a una situación muy parecida a la que había vivido en la temporada anterior. De hecho, ya en diciembre, el Barcelona ocupaba el undécimo puesto en la clasificación, a trece puntos del líder, el Real Madrid, con 33 puntos. Además, a esa situación se llegó después de sufrir dos derrotas consecutivas y muy dolorosas, en Málaga (5-1) y contra el Real Madrid (1-2) en el Camp Nou. Esta vez, sin embargo, Laporta no consintió el cambio de entrenador que trató de imponer Rosell. El vicepresidente deportivo tenía preparado a Luis Felipe Scolari.

En el mercado de invierno, Rijkaard ya había decidido cambiar de sistema y jugar con el 1-4-3-3. El estreno fue para olvidar. El Racing de Santander derrotó (3-0) al Barcelona. El entrenador holandés insistió en la idea y, tan pronto como Txiki Begiristain consiguió que la Juventus FC cediera a Edgar Davids, la situación dio la vuelta. El equipo empezó a escalar posiciones en la Liga, hasta terminar segundo (72 puntos). El Valencia fue campeón (77), el Deportivo (71) acabó tercero y el Real Madrid (70) tuvo que jugar la previa de la Champions League de la temporada siguiente. El equipo azulgrana, además, venció (1-2) en el Bernabéu, devolviéndole a su gran rival de siempre el resultado de la primera vuelta.

Y

Desde el otoño de 2002, Carles Puyol no había dejado de asistir a las convocatorias de la selección absoluta. Solo faltó por causas de fuerza mayor. Es decir, por estar lesionado. José Antonio Camacho había dejado el cargo tras el Mundial de Corea y Japón, pero le había sustituido Iñaki Sáez, que conocía muy bien al defensa barcelonista de las selecciones sub-21 y olímpica. En aquellos dos años, España disputó veintiún partidos, diez de la fase de clasificación para la Eurocopa de Portugal, ocho amistosos y los tres encuentros de la fase final del campeonato. Puyol participó en quince de esos compromisos, siempre como titular. La desgracia fue que el sorteo emparejó a la selección con Rusia (0-1), Grecia (1-1) y Portugal (1-0). Aquel año, Grecia fue campeona y Portugal, finalista.

Durante ese bienio, Puyol vivió una situación poco habitual desde su llegada al Barcelona. Siempre se había partido la cara por sus equipos, pero nunca había tenido tantas lesiones. De hecho, en sus tres primeras temporadas en la plantilla profesional había sufrido únicamente dos percances: la fractura osteocondral de la que fue intervenido quirúrgicamente el 20 de diciembre de 2000 y una leve elongación del abductor izquierdo. Entre septiembre de 2002 y junio de 2004 tuvo, en cambio, diez lesiones. Algunas menores, pero otras de cierta importancia, aunque su constante valor, y quién sabe si ese punto de inconsciencia que siempre ha tenido Carles, acabara por disimular la gravedad real de esas lesiones.

En febrero de 2003 sufrió una doble fractura de la base orbital y el arco cigomático del ojo derecho que le tuvo 26 días de baja; en junio del mismo año visitó el quirófano, por segunda vez en su carrera, ahora para corregir una dismorfia del tabique nasal, producida por el efecto de los golpes recibidos, y en enero de 2004 le diagnosticaron una fractura del pómulo izquierdo y le pronosticaron una baja de veinte días. Puyol, sin embargo, acortó casi siempre todos los plazos de recuperación, aunque fuera a costa de jugar los partidos con una máscara protectora. Esguinces de tobillo, artritis traumáticas, hematomas abdominales y elongaciones acabaron por completar su tremendo currículum clínico.

Peor que las lesiones le sentó la retirada de Luis Enrique. Estaba previsto, porque el centrocampista ya había decidido colgar las botas al término de la temporada. Ya había cumplido los treinta años y apenas tenía presencia en el equipo. El 16 de mayo de 2004, en el partido que enfrentó al Barcelona con el Racing, se despedía del público barcelonista en medio del clamor popular. Ese día, Rijkaard le alineó como titular y le sustituyó por Overmars (59'). Una semana después finalizó la Liga y Luis Enrique abandonó el vestuario que había ocupado durante ocho años. En ese tiempo, fue el compañero que más ayudó a integrarse a muchos de los nuevos jugadores.

Puyol ha reconocido que Luis Enrique le tendió la mano en el mismo instante que empezó a entrenarse con la plantilla profesional, en otoño de 1999. A partir de aquel momento, surgió un profundo sentimiento de amistad que hoy se mantiene. Carles le estará eternamente agradecido y reconocido, sobre todo por lo que le enseñó y que tan bien le vino a partir de la temporada siguiente, cuando sus compañeros le eligieron como primer capitán, precisamente para reemplazar a Luis Enrique. Son muchas las palabras que Puyol ha dedicado a su compañero, pero me quedo con una frase muy significativa: «Tan mal que me caía cuando era jugador del Real Madrid y ahora le quiero como si fuera un hermano».

La temporada 2004-05 sería, por fin, la temporada en la que Carles Puyol podría ganar y levantar su primer trofeo de club como profesional. Habían transcurrido diez años desde su llegada al club y nueve desde que conquistara la Copa del Rey juvenil, el 30 de junio de 1996. La secretaría técnica había trabajado muy duro durante los meses previos al comienzo de la competición oficial y el equipo iba a ser el gran beneficiado. Llegaron Belletti (Villarreal), Sylvinho (Arsenal), Edmilson (Olympique de Lyon), Deco (Oporto), Giuly (Mónaco), Larsson (Celtic de Glasgow) y Eto'o (Mallorca). El club invirtió 67 millones de euros, veinte de los cuales correspondían al fichaje de Deco y veinticuatro a los derechos de Eto'o, que compartían el Mallorca y el Real Madrid. Por los jugadores que causaron baja, el FC Barcelona ingresó poco más de doce millones de euros, la mitad por el traspaso de Luis García al Liverpool y la otra mitad por la venta de Quaresma al Oporto.

Los resultados del Barcelona fueron incontestables desde el primer momento. La calidad del fútbol se unió a la eficacia de un equipo que empezó a dar síntomas inequívocos de que estaba viendo la luz al final del largo túnel que había construido Joan Gaspart sobre los cimientos de su propia incapacidad. Hasta la undécima jornada no se produjo la primera de las tres derrotas que el equipo sufriría en toda la Liga. Fueron en el campo del Betis (2-1), el Villarreal (3-0) y el Real Madrid (4-2). Y eso que la plantilla azulgrana sufrió tal plaga de lesiones graves que se temió por el éxito del proyecto.

Entre septiembre y diciembre cayeron Motta (rotura del ligamento lateral interno), Edmilson (rotura de cruzado anterior y menisco), Larsson (rotura de cruzado anterior), Gabri (rotura de cruzado anterior y lateral interno), Sylvinho (rotura parcial de lateral interno) y Gerard (desinserción por arrancamiento del abductor izquierdo). Puyol se salvó de semejante plaga. Bueno, se salvó de forma relativa. Porque durante la misma temporada tuvo cuatro lesiones, eso sí, de pocos días de baja: dos esguinces de tobillo de grado 2; un esguince de rodilla de grado 1 y una contusión craneal, con pérdida momentánea de visión.

Precisamente el día que Puyol tuvo que ser retirado del campo por ese golpe en la cabeza (55′), el FC Barcelona se impuso (1-0) al Racing de Santander y cumplió un año entero sin perder un encuentro en casa. Por aquellas fechas existía una cierta tensión en la directiva del club, donde Sandro Rosell y su grupo no parecían sentirse a gusto. Siendo Rosell vicepresidente deportivo no se entendía demasiado bien que fuera el vicepresidente económico, Ferran Soriano, quien apareciera en los medios de comunicación explicando las gestiones que se estaban realizando para incorporar un par de refuerzos en el mercado de invierno. La plaga de lesiones de ligamentos de rodilla obligaba a ampliar la plantilla.

En los días posteriores, Maxi López (River Plate) y Demetrio Albertini (Atalanta de Bérgamo) se incorporaron al club por petición expresa de Rijkaard y, según parece, la operación del fichaje del delantero argentino fue conducida, en calidad de representante, por un hermano del entrenador azulgrana. Los dos futbolistas tuvieron poca presencia en las alineaciones de aquella temporada. Sin embargo, ambos tuvieron su momento de gloria. Albertini tuvo una actuación portentosa en el trascendental partido que el Barcelona ganó (0-4) en el Sánchez Pizjuán y Maxi López contribuyó de forma decisiva a la victoria (2-1) ante el Chelsea FC, en el encuentro de ida de los cuartos de final de la Champions League. Marcó el primer gol y un remate suyo fue desviado por Eto'o, que anotó el segundo.

En la vuelta, el Chelsea FC se impuso (4-2) en un espectacular arranque de partido. Gudjhonsen (7'), Lampard (17') y Gudjhonsen (19') pusieron la clasificación imposible. Rijkaard corrigió los desajustes defensivos y el FC Barcelona pasó a tener vida propia. Dos goles de Ronaldinho (27', de penalti y 38') antes del descanso colocaron a los azulgrana a un paso de las semifinales. Solo había que conservar el resultado, pero el equipo no estaba construido para eso. Al final, Terry (76') marcó el tanto que daría la clasificación al conjunto que dirigía Jose Mourinho. El gol no debió subir al marcador, porque se produjo una clara falta sobre Víctor Valdés. Pero el italiano Pierluigi Collina, que se retiraba al finalizar la temporada, se hizo el sueco, miró para otro lado y dio validez al gol.

En la Copa del Rey, el equipo había sido eliminado en primera ronda. Pero perder frente a la Unió Deportiva Atlètica Gramenet (1-0) con un gol de Ollés (97') en la primera parte de la prórroga, no se consideró entonces como algo trágico. El Barcelona estaba jugando un fútbol magnífico y todo el mundo estaba convencido de que caería un título de los grandes. Aquel 27 de octubre de 2004, pudo y debió ganar el partido, pero no tuvo la puntería necesaria. Rijkaard alineó a Rubén; Oleguer, Puyol, Navarro (Damià, 102'), Van Bronckhorst; Xavi, Márquez, Iniesta; Giuly (Verdú, 85'), Larsson y Messi (Eto'o, 73'). Es decir que salió con un equipazo.

La noche del 14 de mayo de 2005, después de encadenar cuatro victorias consecutivas (Getafe, 2-0; Málaga, 0-4; Albacete, 2-0 y Valencia, 0-2), el FC Barcelona se proclamó campeón de Liga en el Ciutat de Valencia. Los azulgrana necesitaban el mismo resultado que el Real Madrid consiguiera en Sevilla para proclamarse campeón. El partido del Sánchez Pizjuán acabó en empate (2-2) y los goles del conjunto andaluz, paradojas del destino, los marcaron Sergio Ramos y Baptista.

Un empate daría a los barcelonistas su primer título en seis años. Desde 1999, con Van Gaal, no habían ganado nada.

El Levante se adelantó en el marcador con un gol de Rivera (35'), pero Eto'o logró el empate (60'). Durante la última media hora no pasó nada. Al Levante le pareció que aquel resultado podía darle la permanencia en Primera División y se encerró en su medio campo, mientras el FC Barcelona tocaba y tocaba en su propio campo, esperando a que su rival fuera a buscarle. Cuando Undiano Mallenco señaló el final del partido, la explosión de júbilo de los azulgrana fue incomparable. Excepto para Xavi Hernández, era el primer título profesional de club que ganaban jugadores como Valdés, Puyol, Oleguer, Iniesta, Motta, Ronaldinho o Eto'o.

Entre las cosas que más llamaron la atención de aquel festejo sobre el campo del Levante estuvieron el abrazo entre Ronaldinho y Eto'o, que dos años más tarde acabarían gravemente enfrentados, y la forma en que Carles Puyol celebró la consecución de aquella Liga. «El hombre más feliz del planeta es de La Pobla», tituló *El Mundo Deportivo* uno de sus artículos del día siguiente. No era para menos. El sueño de aquel niño travieso que pasaba horas y horas dándole patadas a una pelota y que no se perdía ni un solo partido del FC Barcelona que emitieran por televisión, se había convertido en una realidad completa. Justo diez años antes, Puyol pasaba las pruebas para fichar por el club de su vida. Ahora regresaba a casa como campeón de Liga y con el balón del partido bajo el brazo.

Al día siguiente del encuentro, el FC Barcelona organizó una rúa para ofrecer el título a la ciudad. Más de un millón de personas, según los organizadores y según la Policía Municipal —con lo que cuesta ponerles de acuerdo—, salieron a las calles y llenaron las gradas del Camp Nou, donde se puso el colofón a la jornada. Tanto Rijkaard como sus jugadores, todos, se dirigieron a los socios y aficionados azulgrana. Puyol, conciso como siempre, ofreció el título a todos los culés y, tras recordar que «hacía tres años que no salía de fiesta», se comprometió en nombre de la plantilla a intentar que aquel campeonato fuera «el primero de muchos». Y vaya si llegaron los títulos. La temporada siguiente sería aún mejor.

La Champions de París

Antes de acabar la temporada, Puyol sufrió una fisura ósea en el tobillo izquierdo. Fue durante el partido que la selección española disputó el 8 de junio de 2005 ante Bosnia-Herzegovina, clasificatorio para el Mundial de Alemania 2006. Justo después del encuentro, Carles se marchaba de vacaciones. Pero esta nueva lesión, la número dieciséis de su carrera profesional, iba a condicionar su descanso. Los médicos le pronosticaron un período de recuperación de cuarenta días. Y si quería estar a punto para competir en el inicio de la nueva temporada, tenía que sacrificar sus vacaciones una vez más.

Cuando está lesionado, Puyol desconecta del mundo. Se encierra por completo. No quiere saber nada ni de nadie. Quizá por eso sus procesos de recuperación son espectaculares. Le obsesiona hacer las cosas lo suficientemente bien como para conseguir una rehabilitación completa en el menor tiempo posible. Eso equivalía, también esa vez, a convertir su descanso veraniego en una sesión continua de trabajo. La fisioterapia fue su acompañante principal de aquellas vacaciones, que volvió a compartir con su afición al bronceado de playa. Su destino fue otra vez la isla de Eivissa, donde estuvo con su novia y con sus amigos. En aquellos tiempos, Alejandro Echevarría ya se había convertido en uno de ellos.

Echevarría, hermano de la entonces esposa de Joan Laporta y miembro de la junta directiva del FC Barcelona, había superado una difícil situación en la Asamblea General Ordinaria del año anterior. Se había descubierto que estaba vinculado a la Fundación Francisco Franco y eso le hizo mucho daño a su imagen personal y a la del presidente azulgrana. Pero como directivo ejerció sus funciones a las mil maravillas. Su trabajo era estar cerca de los jugadores del primer equipo y resolver los problemas que pudieran tener. A base de facilitarles el acceso a todo lo que se les antojara, como entradas para conciertos o para acontecimientos deportivos de primera magnitud, se hizo amigo de la mayoría de ellos. Y sobre todo, de tipos tan diametralmente opuestos en su forma de ser como Samuel Eto'o y Carles Puyol.

Una tarde de aquel mismo verano, el defensa barcelonista estaba sentado en una cafetería del paseo Vara de Rey, acompañado de un amigo —es posible que fuera Alejandro—, cuando se le acercó una periodista. Puyol no tuvo inconveniente en responder a dos o tres preguntas. Y llegó la cuarta: «¿Qué es lo que más le gusta de Eivissa?». La contestación de Puyol puso fin al interrogatorio. Con una tremenda dosis de ironía, respondió: «Las calas, la comida y, sobre todo, que no haya periodistas». La reportera encajó el mensaje y se marchó.

La vuelta al trabajo fue distinta a la de años anteriores. Parecía una tontería, pero haber ganado la Liga y saberse integrantes de un equipo magnífico, hizo que todos los jugadores, hasta los de carácter más arisco, aparecieran con la sonrisa de los campeones en los labios. En la plantilla hubo pocos cambios. Llegaron el holandés Van Bommel, fichado para mejorar los recursos de una plantilla que tenía poco músculo en el centro del campo y poco remate desde fuera del área, y el riojano Ezquerro, que venía con la carta de libertad para ser el suplente de Ronaldinho. El mejor fichaje, sin embargo, sería de casa. Leo Messi se incorporaba a la plantilla de manera definitiva, después de haber aparecido, con el dorsal 30, en algunos partidos de la temporada anterior. Esta vez, con el dorsal 19, empezaría a tener protagonismo en el equipo, aunque las lesiones le impidieran jugar con la regularidad que todos, absolutamente todos, hubieran querido.

Puyol, en cambio, no se lesionó durante toda la temporada. Es más, desde que sufriera la fisura ósea de junio de 2005, no volvería a lesionarse durante dos años consecutivos. Y eso que su presencia en el equipo barcelonista y en la selección española fue constante, y su actitud a la hora de saltar al campo no cambió lo más mínimo. Que eso, seguro, tiene que ver mucho con la genética. El hecho de que no se lesionara en todo ese tiempo quizá fuera la consecuencia de que jugaba con más confianza que nunca y sin un solo gramo de ansiedad.

Además, Joan Laporta consiguió que los jugadores antiguos, los que estaban en el club cuando él accedió a la presidencia, fueran adaptando sus contratos a una fórmula de fijos más variables. Carles Puyol firmó el 25 de septiembre de 2005. Renunció a los 24.000 euros de fijo por partido jugado, algo que no tenía el menor sentido, y a cambio se le rebajó la cláusula de resolución de contrato de los 180 a los 150 millones de euros, se estableció la nueva ficha anual en torno a los 6,5 millones de euros brutos y se fijaron premios por los títulos de Liga, Copa del Rey y Champions League que pudiera alcanzar el equipo. El contrato anterior vencía en 2007 y este nuevo se alargaría hasta el 30 de junio de 2010.

A nivel futbolístico, parecía que las cosas funcionaban solas. Era obvio que todos seguían trabajando al máximo para que los títulos siguieran llegando y para que el estado de felicidad se prolongara en el tiempo. Rijkaard y su equipo, con Ten Cate, Eusebio, Unzué y Seirul·lo, controlaban todo lo que se puede controlar y, sobre todo, mantenían aquel estado físico, técnico, táctico y de ánimo que tanto bien le hacía a la plantilla. Cada uno, empezando por el capitán Puyol, jugaba su papel de forma que el equipo prosiguió su marcha triunfal. Tanto que estableció su récord de victorias consecutivas en partidos de competición oficial. Entre el 22 de octubre de 2005 y el 22 de enero de 2006, el Barcelona ganó dieciocho encuentros seguidos. Trece de Liga, tres de Champions y dos en la Copa del Rey.

Dos meses antes de iniciar aquella espléndida racha de victorias, el día 20 de agosto, Carles Puyol había levantado el segundo de sus veintiún títulos con el club. El FC Barcelona venció al Real Betis, campeón de la Copa del Rey, en la Supercopa de España. En la ida, celebrada en el Benito Villamarín, la competición quedó resuelta (0-3), con goles de Giuly, Eto'o y Ronaldinho. El trámite de la vuelta, disputado en el Camp Nou, se cerró con una intrascendente derrota (1-2). Ese iba a ser el primero de los tres títulos que conquistarían los azulgrana durante la temporada 2005-06. Y los otros dos fueron mucho, mucho más importantes.

LLUÍS LAINZ

Y

En septiembre, la selección española reanudó la disputa de los encuentros de clasificación para el Mundial de Alemania de 2006. En el grupo estaban Bosnia-Herzegovina, Serbia-Montenegro, Bélgica, Lituania y San Marino. El equipo había disputado seis partidos durante la temporada anterior, con un balance de tres victorias y tres empates, dos de ellos en sus visitas a Bosnia-Herzegovina (1-1) y Serbia Montenegro (0-0). Pero el 8 de junio de 2005, antes de las vacaciones, había vuelto a empatar (1-1) con Bosnia-Herzegovina, en Mestalla y el cupo de puntos perdidos se estaba agotando. Era imprescindible ganar los tres partidos que quedaban para garantizarse la clasificación directa.

El 7 de septiembre, en Madrid, la selección recibió a Serbia-Montenegro. Si España ganaba, el primer puesto del grupo sería suyo con toda probabilidad. Pero el equipo no fue capaz de pasar del empate (1-1). Parecía que todo iría sobre ruedas cuando Raúl (19') abrió el marcador. Pero luego España no fue capaz de aprovechar sus ocasiones y Kezman (68') estableció el empate. Se había agotado cualquier margen de error. Quedaban por jugarse los encuentros ante Bélgica y San Marino. Los dos en octubre y los dos fuera de casa. Había que sumar los seis puntos indefectiblemente, porque, en caso contrario, España corría el riesgo de perder, incluso, la opción de clasificarse mediante la disputa de una eliminatoria de repesca.

Luis Aragonés concentró a la selección el 4 de octubre, en la Ciudad del Fútbol de Las Rozas. Después de pensárselo mucho, el seleccionador había introducido muchos cambios en su lista de elegidos. Fueron alta Reyes, Capdevila, Albelda, Baraja, Mista y Villa. En cambio, se caían Morientes, Del Horno, Orbaiz, Tamudo, el lesionado Luque y el sancionado Xabi Alonso. El día 6 de octubre, la expedición viajó hasta Bruselas, donde dos días después, consiguió superar (0-2) el reto más importante de los dos que le quedaban. Esa noche del 8 de octubre, después del partido, la selección regresó a Madrid y se encerró, de nuevo, en Las Rozas.

Durante el entrenamiento del 10 de octubre, se produjo un incidente entre Puyol y el valencianista Vicente. De repente, sin que nadie supiera lo que había pasado, los dos jugadores llegaron a las manos. Luis Aragonés suspendió el entrenamiento de forma inmediata. Una cosa es que hubiera tensión competitiva y otra que se descontrolaran las emociones. El seleccionador citó a Puyol y Vicente para hablar con ellos. Antes, quiso averiguar qué había pasado exactamente. Fue sencillo, porque uno de sus ayudantes había grabado el entrenamiento.

Tras repasar las imágenes del vídeo y comprobar que Vicente había iniciado la pelea, se celebró la reunión. Luis no quiso profundizar en lo que había sucedido. Hubiera sido un error y él tenía demasiada experiencia como para equivocarse. Los llamó a los dos al orden y a la unidad. Porque orden y unidad era lo que necesitaba la selección para ganar su último partido del grupo. Al día siguiente, España viajó a San Marino, donde el 12 de octubre venció (0-6), sin despeinarse. Serbia acabó primera de grupo por diferencia de goles. Así que la selección tuvo que jugarse la clasificación para el Mundial de Alemania en una ronda de repesca.

El sorteo nos emparejó a Eslovaquia. La eliminatoria se jugó los días 12 y 16 de noviembre, en Madrid y en Bratislava respectivamente. Jugar primero en casa fue, esta vez, una ventaja. La selección no estaba para bromas. No quiso dejar nada al azar y salió a resolver la papeleta. Ganó (5-1) en el estadio Vicente Calderón, con un *hat-trick* de Luis García, que tras una buena temporada en el primer equipo del Barcelona había sido traspasado al Liverpool. El trámite de la vuelta se zanjó con un empate (1-1) logrado por David Villa, que había debutado con la selección en el partido del mes anterior en el Stadio Olimpico de Serravalle, en San Marino.

Nada más empezar el mes de febrero, el Barcelona quedó eliminado de la Copa del Rey. Cayó en los cuartos de final, frente al Real Zaragoza. Perdió (4-2) en La Romareda y no pudo levantar el resultado en la vuelta (2-1). Le faltó un único gol. Pero en Liga y en Champions la marcha del equipo era imparable. Tanto que el miércoles 3 de mayo, a tres jornadas para el final del campeonato, el FC Barcelona volvió a conquistar el título de Liga. La victoria (0-1), otra vez fuera de casa y otra vez con un gol de Eto'o (55'), no hacía ninguna falta. La derrota del Valencia en Mallorca, que se consumó durante el descanso del partido de Balaídos, ya había hecho campeones a los azulgrana. El trámite de esa noche lo ventilaron Víctor Valdés; Belletti, Márquez, Puyol, Van Bronckhorst (Sylvinho, 65'); Iniesta, Van Bommel (Xavi, 60'), Deco; Larsson, Ronaldinho (Edmilson, 56') y Eto'o.

Esta vez no hubo rúa. Todavía quedaba un objetivo por el que luchar y la directiva decidió esperar dos semanas. El día 17 de mayo, en el estadio nacional de Francia, Saint Denis, el Barcelona tenía que disputar la final de la Champions League. Pero tampoco podía dejar de celebrarse aquella nueva Liga. Al regreso de Vigo, un autocar descapotable trasladó a los jugadores desde el aeropuerto hasta el Camp Nou. El equipo fue acompañado en aquel viaje de veinte kilómetros por centenares de motos. A las puertas del estadio, varios miles de personas esperaron la llegada de sus héroes, a pesar de que la expedición no llegó hasta pasadas las dos de la madrugada. El día siguiente era laborable. El club también organizó una fiesta para el sábado inmediato, coincidiendo con la visita del RCD Espanyol. El eterno rival ciudadano tendría que hacerle el pasillo a los bicampeones de Liga.

En la Champions League —un trofeo que el FC Barcelona únicamente había ganado una vez, aunque había jugado tres finales—, los azulgrana también habían tenido una trayectoria brillante. El equipo superó a Werder Bremen, Panathinaikos y Udinese en la liguilla de la primera fase, con cinco victorias y un empate, dieciséis goles a favor y solo dos en contra. El 7 de diciembre, en el último partido, Rijkaard se quedó en casa, aquejado de una neumonía, y los azulgrana viajaron a la comarca italiana del Friuli con varios suplentes. Se armó un tremendo revuelo, fomentado por el Werder Bremen. Se sospechó que los barcelonistas, que ya estaban clasificados como primeros de grupo, pudieran alterar la lucha por el segundo puesto. Los goles de Ezquerro e Iniesta callaron muchas bocas y Ten Cate, un tipo de mucho carácter, desafió a los lenguaraces en la rueda de prensa.

El sorteo de los octavos de final deparó otro enfrentamiento ante el Chelsea. Jugar otra vez contra el equipo de Jose Mourinho daba cierta pereza. Aquel entrenador que, desde el balcón de la Generalitat, había hecho una declaración de amor eterno al

club azulgrana («¡Hoy, mañana y siempre, con el Barça en el corazón!»), ya estaba empeñado, por esos días, en confirmar que el
fútbol es un juego de caballeros disputado por villanos. Afortunadamente, casos como el suyo hay pocos. El problema es que
ese 22 de febrero de 2006 contagió a sus jugadores y uno de
ellos, Asier del Horno, fue expulsado (38′) por dos entradas consecutivas de roja directa sobre Messi. El Barcelona ganó (1-2)
con un autogol de Motta (59′), otro tanto en propia meta de
Terry (71′) y, finalmente, un gol de Eto'o (80′). En el partido
de vuelta, el control del partido fue de los azulgrana, que merecieron ganar por un margen de al menos dos o tres goles. Pero el
empate (1-1), con tantos de Ronaldinho (79′) y Terry (93′) en
el lanzamiento de un penalti que no existió, fue suficiente.

Aquella eliminatoria, en la que Mourinho acusó a los jugadores barcelonistas de «hacer teatro del bueno» y en la que el
Camp Nou registró la mejor entrada de toda la temporada, con
más de 98.000 espectadores, dio paso a unos cuartos de final de
menor tensión competitiva, frente al Benfica. La ida se jugó en
el Estadio da Luz, donde el vuelo del águila Vitória ya fue un
presagio de que la eliminatoria tendría color azulgrana. La leyenda dice que si el águila da dos vueltas al campo antes de po-
sarse sobre el escudo del club, gana el equipo de casa. Y esa noche del 28 de marzo solo dio una y el partido acabó en tablas
(0-0). La vuelta fue fácil para el FC Barcelona, que ganó (2-0).
¿Quién marcó? Pues Eto'o y Ronaldinho, los dos mejores go-
leadores del equipo durante la temporada.

La semifinal fue con el AC Milan. Otra vez tocó jugar primero fuera. El mítico San Siro fue el escenario de la ida, el 18
de abril. El FC Barcelona, que en los octavos de final había interrumpido una racha de 49 victorias consecutivas del Chelsea
en Stamford Bridge, se convertiría en el primer equipo que ganaba a los *rossoneri* en su estadio y en competición europea
desde el 9 de diciembre de 2003. Los azulgrana jugaron un
gran partido y vencieron (0-1) con un gol de Giuly (56′), tras
una asistencia inverosímil de Ronaldinho. A las órdenes de
Carlo Ancelotti, hoy entrenador del Real Madrid, jugaron futbolistas como Dida, Nesta, Kalazde, Gatusso, Pirlo, Seedorf,
Kaká, Gilardino, Shevchenko y Maldini, el ídolo que siempre
tuvo, tiene y tendrá Carles Puyol. La vuelta fue complicada,

pero igual que había sucedido ante el Chelsea, el FC Barcelona (0-0) hizo valer el resultado de la ida.

Ese equipazo, liderado por Rijkaard en el banquillo y Ronaldinho en el campo, iba a tener la oportunidad de ganar para el FC Barcelona la segunda Champions League de toda su historia. Era la quinta final de los azulgrana. Derrotados en Berna por el Benfica (3-2), en 1961; vencidos en los penaltis de Sevilla por el Steaua de Bucarest (0-0), en 1986, y caídos en Atenas ante el Milan (4-0), en 1996, solo habían sido capaces de ganar en Londres a la Sampdoria (1-0), en 1992. Esta vez no podía escaparse el título, por mucho que la final se jugara en un territorio y en un estadio que, sin duda, se volcaría en favor del Arsenal, aunque solo fuera por puro chauvinismo. El entrenador del equipo londinense era Arsène Wenger, su mejor futbolista Thierry Henry y también jugaban otros importantes futbolistas francófonos, como Eboué, Kolo Touré o Robert Pires.

Los dos finalistas se fueron con todo hasta París. Presidente, directivos, técnicos, jugadores e invitados. Y cada uno viajó con sus talismanes, con sus miedos y con sus sueños. La expedición oficial azulgrana se dividió en dos mitades. El cuerpo técnico, los auxiliares y los jugadores se alojaron en el hotel Trianon Palace de Versalles y la junta directiva e invitados se hospedaron en el hotel Hilton, que se levanta junto al Arco de Triunfo. No podía ser de otra manera, porque este equipo era un equipo ganador. Los jugadores, además, iban a contar con el apoyo de más de 21.000 socios y seguidores barcelonistas. El grueso de todos ellos llegaría a París el mismo día del partido, en autocares y en vuelos chárter.

En el entrenamiento del día anterior al partido, el Barcelona ensayó disparos a portería. Y en la sesión también estuvo Leo Messi, que salía de una lesión y no tenía opciones de jugar. Él se moría de ganas, como siempre, pero hubo que hacérselo entender. A la rueda de prensa oficial acudieron Rijkaard, Valdés y Puyol. El capitán explicó: «Si queremos tener opciones, debemos jugar con nuestro estilo, ser muy serios en defensa y aprovechar las ocasiones de gol que tengamos». Era de manual. Y como sucede siempre en estos casos, el manual no sirvió absolutamente para nada. Las finales se planifican de una manera y luego resultan ser de otra muy distinta.

El día 17 de mayo, llegar a Saint Denis fue una odisea. No había taxis libres, los autobuses iban llenos, las calles estaban literalmente colapsadas y el metro era un hormiguero humano. Dentro de los repletos vagones no se podía respirar. Y en los andenes era mucho peor. Muchos metros pasaban de largo por las estaciones. Pero al final, una hora antes del partido, las gradas del estadio nacional de Francia, el santuario en el que solo juega la selección, estaba al completo. A la derecha del palco presidencial estaban los seguidores del Barcelona y a la izquierda, los del Arsenal. Había más ingleses. O mejor dicho, los ingleses y los franceses disfrazados de ingleses eran más que los seguidores azulgrana.

Cuando los jugadores barcelonistas saltaron al terreno de juego de Saint Denis para realizar el calentamiento, las gradas rugieron. Puyol y sus compañeros saludaron a los suyos levantando los brazos en señal de agradecimiento. Varios de los jugadores lucían unas botas especiales, conmemorativas del acontecimiento del que iban a ser protagonistas, a partir de las 20.45 horas. El capitán azulgrana, que es una de las imágenes de Nike en España, estrenaba unas botas de color azul, modelo T90 Supremacy, con una inscripción que decía: BARÇA-ARSENAL. 17 DE MAYO 2006. PARÍS. Algo parecido había hecho la UEFA con los balones del partido, en este caso de la marca Adidas, que llevaban una inscripción similar.

Media docena de jugadores del FC Barcelona habían tenido experiencias en Saint Denis. Y de distinto signo. Giuly había jugado catorce partidos en ese estadio, con una única derrota, en la final de la Copa de Francia de 2003; Eto'o había disputado cuatro partidos, también con un encuentro perdido, en la final de la Copa Confederaciones del mismo 2003; Márquez había actuado dos veces, con una victoria y una derrota; Ronaldinho y Belletti nunca habían ganado allí y Edmilson estaba invicto. O sea, que había para todos los gustos y... promesas. El pequeño Ludovic Giuly había prometido que, si ganaba la Champions, se dejaría un bigote como el de Freddy Mercury, el portento de voz que junto a Montserrat Caballé entonó las notas de *Barcelona* para los Juegos Olímpicos de 1992.

Rijkaard y su equipo de técnicos habían estudiado muy bien al Arsenal. Conocían al detalle sus virtudes y sus defectos.

Y sabían cómo defenderse de sus puntos fuertes y cómo atacar sus puntos débiles. La mañana del partido habían mostrado a los jugadores un vídeo, de poco más de doce minutos, con imágenes que desnudaban las grandezas y las miserias del adversario de esa noche y que tenían un alto contenido psicológico. Por la tarde, antes de salir hacia el estadio, se había desmenuzado en una segunda charla, conducida por Unzué, todo lo que guardaba relación con las acciones a balón parado. Se había cuidado todo hasta el más mínimo detalle, aunque luego la realidad es tozuda y se empeña en que nada salga como lo has previsto en el dvd, sobre la pizarra o el papel.

Precisamente sobre esa pizarra y sobre ese papel que lo aguantan todo, Rijkaard dibujó un equipo formado por Valdés; Oleguer, Puyol, Márquez, Van Bronckhorst; Van Bommel, Edmilson, Deco; Giuly, Eto'o y Ronaldinho. Consideró arriesgado contar con Xavi y Messi, que salían de sendas lesiones y estaban faltos de ritmo, y consideró que frente a un equipo muy rápido en el contragolpe y con muchos centímetros para usar en las acciones de estrategia, era mejor contar con Oleguer y Van Bommel que con Belletti e Iniesta. Después se demostraría que la pizarra y el papel son una cosa, el césped otra y las ideas, con sus correspondientes esencias, algo a lo que no se puede ni se debe renunciar jamás.

Tras la ceremonia protocolaria, empezó el partido. Dos intervenciones de Valdés ante Henry sobresaltaron a la concurrencia. Y la decisión del árbitro, el noruego Terje Hauge, de expulsar a Lehmann (20'), por derribar a Eto'o fuera del área, ya puso en pie de guerra a todos. A los azulgrana, porque no aplicó la ley de la ventaja y no esperó un segundo para ver como la jugada acababa en gol. Y a los *gunners* porque entendían que dejar a su equipo con un jugador menos, cuando podía haber concedido el tanto y mostrar una amarilla a su portero, era injusto. Pero ya se sabe que cada uno tiene su visión de las cosas y que eso, precisamente eso, es lo que convierte al fútbol en algo tan universal y tan grande. Por el simple hecho de comprar una entrada en taquilla, todo el mundo es jugador, todo el mundo es entrenador y todo el mundo es árbitro, aunque no posea ninguna de las tres licencias.

Una falta sobre Eboué, discutible, muy cerca del vértice izquierdo del área defendida por el FC Barcelona, según se observa desde la posición del portero, hizo añicos la pizarra y el papel. Henry efectuó el lanzamiento (37') y el defensa central Sol Campbell empequeñeció a los hombres altos de la zaga azulgrana y, en especial, a Oleguer. A solo ocho minutos para el descanso, la final se ponía cuesta arriba, aunque la superioridad numérica de los barcelonistas indicara engañosamente lo contrario. Ahora el equipo azulgrana necesitaba, tanto como siempre y más que nunca, que el talento apareciera por encima de la fuerza o los centímetros de estatura.

Rijkaard y su escudero Ten Cate lo vieron claro en el descanso. Así que Iniesta salió en el comienzo de la segunda mitad para reemplazar a Edmilson. El holandés Van Bommel siguió en el campo, con la doble misión de ejercer como medio centro defensivo y de lanzar sus cañonazos desde media y larga distancia cada vez que viera un hueco entre las dos líneas de cuatro con las que defendía el equipo de Arsène Wenger. El FC Barcelona volvió a sufrir otros dos sustos, en un mano a mano de Henry con Víctor Valdés y en un disparo de Ljungberg. Menos mal que el portero azulgrana estuvo inmenso, otra vez.

Los minutos pasaban y en la portería de Almunia no sucedía apenas nada. El control del juego y del balón servían para muy poco si no se generaban ocasiones de gol. Rijkaard ordenó que Larsson (61') saliera al terreno de juego para reemplazar, ahora sí, a Van Bommel. El cambio dio más profundidad al juego del equipo. Pero aún era necesaria una última vuelta de tuerca. Hacía falta amplitud y hacía falta generar superioridades numéricas. O eso o la Champions League iba a escaparse después de doce partidos sin conocer la derrota. Y Belletti (71') entró por Oleguer. Su misión iba a ser la de jugar casi como un extremo más, junto a Giuly, tal como Van Bronckhorst hacía por el otro lado con Ronaldinho.

Faltaba solo un cuarto de hora para el final del encuentro y el Arsenal seguía ganando (0-1). Puyol mantenía la posición sobre la línea del centro del campo y, desde allí, gesticulaba y gritaba para mantenerse en tensión y para animar a sus compañeros. Los ingleses defendían cada vez más cerca de su portería, porque el FC Barcelona empujaba más y más. Pero así era difícil encontrar huecos. Hasta que, en uno de sus movimientos,

Larsson fue capaz de arrastrar a los centrales ingleses y ponerle un pase de gol a Eto'o (76'), que no falló. Se había conseguido lo más difícil. Ahora el cansancio físico y mental del Arsenal iba a jugar un papel muy importante en el desenlace del encuentro. Es muy difícil defender en inferioridad y más cuando sabes que, en el mejor de los casos, solo conseguirás alargar la agonía con una prórroga de esas que se hacen eternas.

Iniesta seguía tocando y tocando con sus compañeros, Ronaldinho salía a recibir para participar en el juego y poner su talento al servicio de la causa, Larsson corría de acá para allá, desgastando a los defensores contrarios y generando espacios, y Belletti seguía ahí, como un extremo, a veces ocupando el pasillo exterior y a veces, como haría ahora (81'), buscando los pasillos interiores. Otra vez Henrik Larsson metió un balón raso al espacio vacío y Belletti llegó para pegarle a la pelota con toda su alma. El balón se coló entre las piernas de Almunia. Belletti se quedó tumbado en el suelo con los brazos en alto y empezaron a caerle encima, de uno en uno, todos sus compañeros. Larsson, Eto'o y Giuly fueron los primeros. Luego fue llegando el resto y Puyol se lanzó sobre todos, como quien le pone la guinda a un pastel de cumpleaños.

La fiesta empezó en el momento en que Terje Hauge señaló el final del partido. Los jugadores se abrazaron entre ellos, luego con sus técnicos y los auxiliares. Algunos se acercaron a las gradas para recoger a sus hijos, como Giuly, que estaba divorciado y podía compartir con su pequeño esa celebración. Eto'o y el propio Giuly conversaron con Henry, que ya les confirmó que no ficharía por el FC Barcelona aquel verano, como se había rumoreado insistentemente. Todo esto, mientras la UEFA montaba el escenario para que los campeones recibieran el trofeo. Carles Puyol recogió la copa de manos de Lennart Johansson y la levantó tan alto como pudo. Luego se la pasó a sus compañeros y estos se acercaron a las gradas que ocupaban los seguidores barcelonistas. El otro medio campo se vació enseguida.

El Fútbol Club Barcelona había reservado en exclusiva un palacete, convertido en discoteca, en el Bois de Boulogne. Ahí la fiesta continuó hasta el amanecer. Por allí desfilaron autoridades, directivos, técnicos, jugadores, empleados del club e invitados. Hubo tal *overbooking* que nadie recordaba que jamás se hubiera concentrado tanta gente en aquel espléndido recinto. Entonces, como al día siguiente, primero en la rúa por Barcelona y luego en la fiesta final del Camp Nou, el protagonismo principal fue para Belletti, autor del gol del triunfo. Henk ten Cate, Gabri García de la Torre y Henrik Larsson acabaron aquella noche su trayectoria en el club. Se marchaban a Inglaterra, Holanda y Suecia para iniciar nuevas experiencias profesionales en el Ajax de Ámsterdam y el Helsinborg.

Ganar la Champions fue algo muy especial. Para los que se marchaban, porque no había mejor forma de despedirse. Para Rijkaard, porque aquella noche entró en el selecto club de los pocos que han sido capaces de ganar la Champions League como futbolista y como entrenador —hasta hoy, solamente seis: Miguel Muñoz, Giovanni Trapattoni, Johan Cruyff, Carlo Ancelotti, Frank Rijkaard y Pep Guardiola—. Para Puyol, porque como jugador del FC Barcelona únicamente le faltaría ganar algún título menor o repetir los que ya había ganado hasta entonces. Y para otros muchos de sus compañeros, algunos tan insignes como Ronaldinho, porque acababan de conseguir el mayor éxito de su carrera como futbolistas de club.

La muerte de su padre

Carles Puyol había tenido una temporada durísima. Solo se había perdido cinco partidos, bien por precaución o bien porque su entrenador decidió darle descanso. Ese enorme trabajo tenía dos recompensas, pero exigía un nuevo sacrificio. El premio consistía en sumar tres títulos más a su entonces incipiente lista de competiciones ganadas y en participar por segunda vez en un campeonato del mundo, con la selección española. A cambio, sus vacaciones volverían a quedar reducidas a la mínima expresión, otra vez más.

El defensa azulgrana solo pudo descansar cuatro días antes de concentrarse en Las Rozas (Madrid) para preparar el Mundial de Alemania. España se había clasificado como segunda de grupo, por detrás de Serbia Montenegro, pese a no haber perdido ni uno solo de los diez encuentros que disputó. Pero los balcánicos habían cedido cuatro empates y los españoles, cinco. Es decir, que la selección tuvo que jugar una eliminatoria de repesca ante Eslovaquia, a la que superó con mucha claridad. Ahora, apenas iba a tener tres semanas antes de su debut en el Campeonato del Mundo, fijado para el 14 de junio.

De la Ciudad del Fútbol, donde Luis Aragonés buscó mucho más la recuperación y el acondicionamiento físico y mental de sus jugadores que otra cosa, España salió para disputar tres encuentros amistosos —ante Rusia, Egipto y Croacia— y para trasladarse a Kamen, en Renania-Westfalia, donde establecería su cuartel de concentración mientras durase su participación en el Mundial. La selección contó sus partidos del grupo por victorias, frente a Ucrania (4-0), Túnez (3-1) y Arabia Saudita (1-0). En los octavos de final, el rival sería Francia.

El partido se jugó el 27 de junio en Hannover y España fue

derrotada (1-3) con mucha más claridad en el marcador que en el campo. Puyol, que había descansado en el trámite frente a Arabia Saudita, llegó fresco al partido. Y lo iba a necesitar. Volvía a encontrarse, como en la final de la Champions de París, con Thierry Henry. El defensa azulgrana había reconocido, después de aquel encuentro del 17 de mayo, que era muy difícil sujetar a un futbolista de tanta calidad y rapidez. Puyol recordó: «Víctor Valdés ha estado impresionante». Sus tres paradas, cuando el delantero consiguió escapar del marcaje de Puyol, habían sido determinantes. Henry, por su parte, había dicho: «Puyol y Márquez me han dado muchas patadas; me han masacrado, me lo han hecho pasar muy mal». Esta vez, Valdés no estuvo y Henry no lo pasó tan mal. Quizá porque cuando ganas, las patadas no duelen tanto.

El FC Barcelona inició la pretemporada 2006-07 el 17 de julio. Pero lo hizo, como casi siempre que se disputan campeonatos de Europa, de América o del mundo, con solo unos pocos jugadores. En este caso, Rijkaard contó únicamente con diez futbolistas para empezar a preparar su cuarta temporada al frente del club. El FC Barcelona se entrenaría una semana en el Camp Nou, luego realizaría una concentración de cinco días en Aarhus (Dinamarca) y finalmente se iría de gira por México y Estados Unidos, a primeros de agosto. Los internacionales Puyol, Márquez, Van Bronckhorst, Van Bommel, Xavi, Iniesta, Deco, Messi y Ronaldinho se incorporarían al grupo en Norteamérica. No tenían demasiado tiempo para preparar las dos Supercopas, la de España y la de Europa.

A nivel social hubo mucho movimiento aquel verano. El día 19 de julio, una sentencia de los tribunales obligó a Joan Laporta a convocar elecciones, por entender que tenían razón los socios que le habían demandado porque, según los estatutos, los ocho días del mes de junio de 2003 en los que ejerció el cargo, equivalían a una temporada completa. Más allá de cualquier interpretación, la clave estaba en que Laporta había cerrado las cuentas del ejercicio 2002-03. Así que el presidente dimitió el 21 de julio y se preparó para presentarse a la reelección. Xavier Sala i Martín fue situado al frente de la junta gestora y convocó el proceso electoral. Cuatro socios solicitaron al Tribunal Català de l'Esport que inhabilitara a Laporta por haber vulnerado los estatutos, pero el tribunal denegó la petición de los socios. De este modo, Laporta pudo presentarse a la reelección. Solo él consiguió las firmas necesarias y el 22 de agosto fue proclamado presidente.

Johan Neeskens había reemplazado a Henk ten Cate como segundo entrenador. Era y es un mito del barcelonismo. En sus tiempos de jugador, su entrega y su compromiso le habían llevado a los altares. Ahora, no iba a ser igual. Neeskens iba a jugar poco en el vestuario. Y la ausencia de Ten Cate, el poli malo en el santuario de los futbolistas, iba a notarse demasiado. Si nadie asumía ese papel tan necesario para mantener el orden, aquello podía venirse abajo. Sobre todo teniendo en cuenta que los egos de algunos *cracks* pesaban mucho. Por el contrario, los fichajes de Gudjhonsen (Chelsea), Zambrotta y Thuram (Juventus) permitirían cerrar una plantilla que era un poco corta para tanta competición. Además, los dos italianos acumulaban experiencia suficiente como para darle un poso de calma a un equipo excitado por el éxito.

Los días 17 y 20 de agosto, el FC Barcelona y Carles Puyol sumaron un nuevo título, el quinto de aquella etapa y el quinto que el defensa levantaría en sus brazos como capitán de la plantilla. Los azulgrana ganaron la Supercopa de España con notable holgura a un RCD Espanyol que apenas plantó cara (0-1) en el partido de ida y que fue un simple invitado (3-0) a la fiesta de la entrega del trofeo en el Camp Nou. El día 22 de agosto, se jugó el torneo Joan Gamper y el equipo volvió a ofrecer otra gran exhibición frente al Bayern de Munich (4-0). Aquello prometía... ¡y mucho!

Pero ganar y ganar tanto no es nada fácil. Hay que saber masticar muy bien los alimentos para tener una digestión adecuada. Y a algunos jugadores empezó a sentarles mal el éxito. Y el 25 de agosto, en Mónaco, el Sevilla de Juande Ramos le soltó un mandoble al campeón de la Champions, que lo dejó temblando (3-0). El FC Barcelona jugó con Valdés; Belletti, Puyol, Márquez, Sylvinho; Xavi, Motta, Deco; Messi, Eto'o y Ronaldinho. Un equipazo... cuando salía al campo. Pero esa noche, hubo unos cuantos que, pocas horas antes del partido, aún estaban en actos publicitarios, en fiestas, paseando en yate... Rijkaard ya sabía que no podía abrir la mano si quería evitar la descomposición de un equipo como aquel.

Para Carles Puyol fue un día triste, muy triste, por mucho que los periódicos y las emisoras de radio repitieran comentarios como el que publicó *El Mundo Deportivo* al día siguiente: «El capitán fue uno de los pocos que dio la cara». Es cierto, estuvo metido en el partido, gritó, gesticuló, se cabreó cuando alguno de sus compañeros no estaba por lo que hacía... Y en la sala de prensa del Stade Louis II, no tuvo pelos en la lengua: «Cuando todo el mundo te dice que eres muy bueno, quizá te lo crees. El Sevilla ha sido mejor que nosotros y esta derrota tal vez nos ayude a tocar con los pies en el suelo. Se había hablado de que podíamos ganar muchas copas, pero las copas hay que ganarlas en el campo».

Aquel descalabro fue el primero, pero no sería el último de una temporada que resultaría especialmente dura y difícil para Puyol. A la desintegración del equipo y a la consiguiente pérdida de los títulos, se sumó la inesperada y trágica muerte de su padre. Ese fue el golpe más grande que el capitán barcelonista ha sufrido jamás. El viernes día 3 de noviembre, mientras la expedición del Barcelona volaba con destino a La Coruña para disputar un partido de Liga, Josep Puyol fallecía aplastado por una retroexcavadora de 40.000 kilos, que él mismo conducía. Al margen de los negocios de agricultura y ganadería, relacionados con Mas de Gras, la familia tiene un negocio de maquinaria industrial y para excavaciones.

Sobre las cinco de la tarde, Josep estaba realizando un trabajo de limpieza de los márgenes de una carretera que conduce a una finca de su propiedad. Dicha carretera se encuentra en el término municipal de Sarroca de Bellera, un pequeño municipio perteneciente al Pallars Jussà y situado en el límite de la comarca de la Alta Ribargorça. Al realizar una de las maniobras, el vehículo volcó y cayó sobre él, causándole la muerte de forma instantánea. Dadas las características del vehículo, hicieron falta seis dotaciones de bomberos y más de cinco horas para poder sacar el cuerpo de Josep Puyol de debajo del vehículo. Tenía 56 años y era un experto en el manejo de aquel tipo de máquinas pesadas. Había realizado ese mismo trabajo y otras tareas parecidas en infinidad de ocasiones.

La noticia de la muerte de Josep Puyol llegó hasta La Coruña de forma casi inmediata. Allí, Frank Rijkaard tuvo que asumir la desagradable tarea de comunicarle al defensa barcelonista el fallecimiento de su padre. Fue en la misma terminal del aeropuerto, de modo que el futbolista ya se quedó para emprender el viaje de regreso a casa. Puyol tomó el primer avión, acompañado por el directivo Albert Perrín y por el responsable de protocolo del club, Ramon Pujol.

Mientras Carles regresaba al aeropuerto de El Prat, la expedición se alojó en un hotel de la bahía de Riazor y Rijkaard ofreció una rueda de prensa para los medios de comunicación locales. El entrenador holandés se refirió a la muerte del padre de su jugador: «Noticias como esta te dejan sin palabras. El vestuario ha acogido la noticia con mucha tristeza. Solo podemos desear a Carles y a su familia que tengan mucha fuerza en estos momentos. Ningún resultado del mundo puede cambiar nuestros sentimientos y los de los jugadores ahora mismo».

A Carles Puyol le esperaban en Barcelona su novia, Agnès Comas, su representante, Ramon Sostres y el presidente del club, Joan Laporta. Desde el aeropuerto, se desplazaron directamente hasta La Pobla de Segur, donde iba a instalarse la capilla ardiente y donde iba a ser enterrado Josep Puyol. Durante el viaje, el defensa azulgrana pudo recordar infinidad de momentos vividos con su padre. Entre ellos, que hacía apenas seis meses que había asistido a un partido de su hijo, por primera vez en toda su vida. Josep se había muerto sin poner los pies en el Camp Nou, pero había estado en la final de la Champions League de París, con su esposa Rosa, su hijo Josep Xavier y varios amigos de Carles.

El funeral fue un acto multitudinario. Asistieron más de 2.000 personas, la mayoría de ellas de La Pobla de Segur. La iglesia parroquial fue, por supuesto, del todo insuficiente para albergar a las personas que quisieron rendirle tributo a Josep Puyol o que quisieron estar al lado de su hijo. Este fue el caso de Joan Laporta, Txiki Begiristain, Luis Aragonés, Luis Enrique Martínez, Iván de la Peña, Raúl Tamudo, Sergi Barjuán o Demetrio Albertini, que viajó expresamente desde Milán para estar solamente unos minutos con su amigo Carles.

Por la noche, en Riazor, el equipo del FC Barcelona lució brazaletes negros en su partido ante el Deportivo de La Coruña y, antes del inicio del encuentro, se guardó un minuto de silencio en memoria de Josep Puyol. La actitud de máximo respeto que observaron los 34.000 espectadores que acudieron aquel día al estadio no dejaba de ser un reconocimiento a la capacidad de trabajo, la seriedad y el compromiso que, heredados de su padre, Puyol ha mostrado siempre como futbolista, tanto en su club como en la selección.

El golpe que supuso la muerte de su padre fue tremendo. Aún ahora, Carles recuerda todos los días momentos vividos o, simplemente, le echa de menos. Y por supuesto, jamás olvidará que, a punto de dejar La Pobla de Segur para trasladarse a Barcelona y perseguir su sueño, le dijo: «No te preocupes si las cosas no te salen bien, porque aquí siempre tendrás tu casa; pero si fracasas por falta de actitud, es mejor que no aparezcas». Si aquella sentencia se la hubieran dado a todos los jugadores de la plantilla del FC Barcelona, tal vez no habría pasado lo que sucedió en aquella segunda mitad de la temporada 2006-07 y en la siguiente.

Unas semanas después de la muerte de Josep Puyol, el equipo viajó hasta Tokio para disputar el Mundial de Clubs. Era el gran favorito, pero no solo por su condición de campeón de Europa, sino porque su principal adversario, el Internacional de Porto Alegre, campeón de Sudamérica, no estaba para tirar cohetes en aquellos momentos y, por lo tanto, no podía plantarle cara al FC Barcelona en circunstancias normales. O mejor dicho, el Internacional no podía proclamarse campeón si el equipo barcelonista jugaba de acuerdo a sus posibilidades reales. En cambio, si aquellos futbolistas que venían de ganar la Champions, dos Ligas y dos Supercopas de España, jugaban como lo habían hecho en Mónaco durante el mes de agosto, todo podía suceder.

Tokio era un mal sitio para concentrarse. Como lo es el principado monegasco, aunque por motivos distintos y, sobre todo, en plenas vacaciones de verano. La capital japonesa es un fabuloso escaparate en el que encontrar, en cualquier momento del año, el último modelo de todo lo que uno pueda imaginar. Especialmente, en el campo de las nuevas tecnologías y sus aplicaciones. Algo en lo que la mayoría de los futbolistas se han convertido en auténticos expertos, a base de ocupar el tiempo libre de sus concentraciones en jugar con todo tipo de ordenadores portátiles, consolas, tabletas o teléfonos móviles de última generación. Y si no hay suficiente para distraerse, el *jet-lag* todavía suele regalarte unas pocas horas más para seguir jugando y, en consecuencia, para que cualquiera se olvide del llamado entrenamiento invisible. O sea, el descanso, la alimentación y el sueño.

Antiguamente, el Mundial de Clubs se había llamado Copa Intercontinental. Desde 1960 y durante veinte años, la jugaron los campeones de Europa y de América del Sur. Empezó disputándose a doble partido, uno en el campo de cada equipo. Pero el dinero le quitó el romanticismo al torneo, tan pronto como un patrocinador propuso que se jugara a partido único y en Tokio. Así fue entre 1980 y 2004, cuando la FIFA decidió darle una nueva dimensión al negocio. Ahora participan los campeones de las seis confederaciones futbolísticas o, lo que es lo mismo, un campeón por continente, excepto en el caso de América, que tiene dos. Y, desde hace cinco años, también juega el campeón del país donde se disputa el torneo.

En la fase final de 2006 participaron el FC Barcelona (campeón de Europa, UEFA), el Internacional de Porto Alegre (campeón de Sudamérica, Conmebol), el América de México (campeón de Norte, Centroamérica y Caribe, Concacaf), el Jeonbuck Hyundai Motors (campeón de Asia, AFC), el Al Alhy Sporting Club de Trípoli (campeón de África, CAF) y el Aukland City (campeón de Oceanía, OFC). El torneo se disputó en tres grandes campos: el Estadio Olímpico de Tokio, el Estadio Toyota y el Estadio Internacional de Yokohama. El torneo empezó el 10 de diciembre, con el partido entre el Aukland City y Al Ahly y acabó el 17 de diciembre con la final entre los campeones de Europa y de América del Sur.

Tanto el FC Barcelona como el Internacional de Porto Alegre tenían el privilegio de iniciar su participación directamente en semifinales. El equipo brasileño se impuso al Al Ahly (2-1) y los barcelonistas golearon (4-0) al América de México. En la final, pasó lo que no debía. Es decir, que el favorito perdió (1-0), con gol de Adriano, a solo ocho minutos para el final del encuentro. Rijkaard alineó a Víctor Valdés: Zambrotta (Belletti, 46'), Puyol, Márquez, Van Bronckhorst; Iniesta, Motta (Xavi, 59'), Deco; Giuly, Gudjohnsen (Ezquerro, 88') y Ronaldinho. Es decir, no estuvieron los lesionados Eto'o y Messi. Pero ni siquiera las ausencias de dos jugadores así podía justificar que el equipo estuviera tan por debajo de su nivel.

Se hacía difícil explicar qué estaba pasando en la plantilla. Aparentemente no había razones que justificaran ese cambio. La única explicación es que se habían ido deteriorando pequeñas cosas, alguna de ellas imperceptible, y que la suma de esas insignificancias estaba restando fuerza y unidad al grupo. Una de esas pequeñas cosas que nadie había detectado estalló la noche del 11 de febrero. Recién recuperado de su lesión de menisco y tras cinco meses de ausencia, Eto'o estaba en el banquillo, esperando a que su entrenador le alineara durante unos minutos en el partido frente al Racing de Santander. Rijkaard le hizo salir a calentar.

Es posible que el entrenador se distrajera y no se diera cuenta de que el delantero llevaba mucho tiempo haciendo ejercicios en la banda. Cuando le llamó para darle entrada en el campo solo quedaban cinco minutos para el final del encuentro. Eto'o no quiso salir y se negó ante las cámaras de televisión. Todo el mundo pudo ver cómo desatendía las indicaciones del preparador físico y del delegado, y cómo se volvía a uno de los asientos del banquillo. Rijkaard no le dio mayor importancia. Pensó que ya hablaría con el jugador y que todo se resolvería. En esa misma línea se manifestó cuando los periodistas le preguntaron, en rueda de prensa, por la negativa del camerunés a cumplir sus órdenes. Nadie, ni su amigo y directivo Alejandro Echevarría, ni su representante José María Mesalles, ni sus compañeros de vestuario, se habían dado cuenta de que tras aquel acto de rebeldía se escondía un problema de celos. Y Ten Cate no estaba allí para resolverlo.

El 13 de febrero de 2007, los jugadores tuvieron fiesta. Eto'o aprovechó para acudir a un acto publicitario. El departamento de comunicación del club había advertido a los periodistas que el futbolista no hablaría. Pero vaya si habló. Cuando le preguntaron por las declaraciones de Rijkaard en la rueda de prensa del domigo por la noche, se escabulló diciendo que esa pregunta era para el entrenador y no para él; después se negó a responder por qué se había negado a salir al campo y, para finalizar soltó un monólogo en el que no dejó títere con cabeza. No dio ni un solo nombre, pero el ataque era tan evidente que no quedaba espacio para la duda: «Los que están hablando son los que están preocupados. En el club hay dos grupos. Uno, el del presidente; otro, de otra persona [Rosell]. Los que están preocupados que sepan que he vuelto. Volveré y volveré a marcar goles. Si un compañero sale y dice que debemos pensar en el grupo, el que debe pensar es él [Ronaldinho]. Yo siempre pienso en el grupo. Es lo único que me ha molestado. He leído todo lo que habéis dicho, pero yo volveré a marcar goles».

Las divisiones internas, tanto a nivel de directiva como de plantilla, estaban erosionando al equipo. El principio de autoridad había quedado en entredicho por estas y otras cuestiones, de carácter más íntimo, que se habían producido durante el Mundial de Clubs de Tokio. Y las consecuencias fueron nefastas. El Barcelona terminó la temporada sin conseguir más trofeo que la Supercopa de España. Perdió una Liga que tenía ganada; cayó en los dieciseisavos de final de la Champions ante el Liverpool y tiró la Copa del Rey en semifinales, ante el Getafe.

En la Champions League, el Liverpool ganó (1-2) en el estadio barcelonista y aunque trató de reaccionar en la vuelta, su victoria en Inglaterra (0-1) no fue suficiente. Y peor fue lo que sucedió en la Copa del Rey. Tras el recital de la ida (5-2), con Messi reproduciendo el golazo de Maradona a Inglaterra en el Mundial de México'86, el equipo desapareció en el partido de vuelta (4-0) y regresó a Barcelona con las orejas caídas. Pero aún sucedería algo peor: las experiencias de la Supercopa de Europa, del Mundial de Clubs, de la Champions y de la Copa no sirvieron para ganar la Liga.

En sus dos últimos encuentros de casa, el Barcelona se dejó empatar (1-1) por el Real Betis en un lanzamiento de falta que pilló a seis jugadores de espaldas al balón y permitió, en la penúltima jornada, que el Espanyol igualara el marcador (2-2), con un gol de Tamudo en el último minuto.

Perder aquella Liga fue terrible. No por el hecho de perderla, sino por la forma en que se había perdido. La falta de cohesión, de solidaridad y de compromiso que tuvieron algunos jugadores en determinados partidos había condenado al Barcelona a perderlo casi todo, en una temporada en la que podía y debía haber ganado alguno de los títulos importantes. Las formas no fueron las correctas y de ahí que doliera tanto que el título de Liga se perdiera por la diferencia particular de goles con el Real Madrid. El campeonato acabó con un pobre empate a 76 puntos entre los dos aspirantes de siempre. Pero los madridistas se llevaron el trofeo porque ganaron en el Camp Nou (0-2) y resistieron en el partido de la segunda vuelta (3-3), disputado en el Santiago Bernabéu.

Aquel año se recordará porque la directiva del FC Barcelona suscribió un acuerdo de colaboración con Unicef. El club llevaría publicidad en la camiseta por primera vez en toda su historia y no cobrando, sino pagando un millón de euros por temporada. Además, la temporada se cerró con un partido amistoso en Pretoria (Sudáfrica), a beneficio de la propia Unicef y de la Fundación Nelson Mandela. Fue el día 20 de junio. A Carles Puyol no se le olvidará jamás. Entró en el segundo tiempo, junto a otros cuatro compañeros. Y acabó el partido con molestias en la rodilla izquierda, por un mal gesto que realizó durante el juego.

La imagen institucional del club estaba muy por encima de la imagen que había dado el equipo en el transcurso de aquella temporada 2006-07. Individualmente, Carles Puyol volvió a ser uno de los pocos jugadores que se salvó del suspenso general. El defensa de La Pobla de Segur había disputado un total de 54 partidos y marcado cuatro goles. Eran sus mejores cifras como jugador azulgrana. Y eso, en una temporada en la que el equipo había empezado a desintegrarse y en la que se había producido la inesperada y trágica muerte de su padre.

La Eurocopa del 2008

*D*e regreso a Barcelona, después de diez horas de avión, Puyol acudió a hacerse unas pruebas para comprobar el alcance de la lesión que había sufrido en el encuentro amistoso frente al Mamelodi Sundowns en Pretoria. Una resonancia magnética desveló que esas molestias correspondían a una rotura del ligamento lateral externo de su rodilla izquierda. Fue operado de forma inmediata por el doctor Ramón Cugat, su médico de confianza. La lesión iba a necesitar un período de recuperación de tres meses. Carles tendría que sacrificar una vez más sus vacaciones para conseguir una buena rehabilitación.

Entretanto, en el Barcelona se abrió un período de autocrítica. Nadie se puso de acuerdo. El presidente hizo unas declaraciones en las que atribuía el fracaso de la temporada a la falta de actitud de algunos jugadores. Futbolistas como Deco rechazaban la teoría, en parte porque desde la cúpula del club se les estaba poniendo al pie de los caballos. Así que para evitar la decadencia de aquel equipo, Frank Rijkaard propuso a Txiki Begiristain y a Joan Laporta que el Barcelona se desprendiera de Ronaldinho y de Eto'o. Los dos o, en el peor de los casos, uno de los dos tenía que dejar el vestuario. Sin embargo, los intereses comerciales se antepusieron a los deportivos. Los dos futbolistas generaban muchísimo dinero en publicidad y en venta de camisetas. Y el equipo aún tenía crédito.

Aquel verano de 2007 el club afrontó las contrataciones de cuatro jugadores importantes. Eran Gabi Milito (Real Zaragoza), Éric Abidal (Olympique de Lyon), Yaya Touré (AS Mónaco) y Thierry Henry (Arsenal). Además de realizar aquella extraordinaria inversión económica, que rondó los setenta millones de euros, Rijkaard subió al primer equipo a Giovanni dos Santos, Víctor Sánchez, Marc Crosas, Bojan Krkić y Pedro Rodríguez, jugador este último con el que Pep Guardiola, nuevo entrenador del Barcelona B, no contaba en su plantilla. A pesar de que mantener a Ronaldinho y Eto'o en el mismo vestuario suponía un riesgo importante, los fichajes que se habían realizado tenían muy buena pinta.

La temporada empezó con otra lesión de Eto'o, que se produjo un arrancamiento del abductor durante el trofeo Joan Gamper, con un pronóstico de tres meses de baja. Poco después, en el partido de Champions League ante el Olympique de Lyon, Ronaldinho tuvo una rotura de fibras y fue baja durante un mes. En ausencia de ambos, el arranque del FC Barcelona fue muy brillante. El equipo se mantuvo invicto durante los diez primeros encuentros oficiales. Entretanto, el 29 de septiembre reaparecía Carles Puyol en el partido ante el Sevilla.

El equipo mostraba una solidez y un equilibrio muy grandes. No encajaría su primer gol en la Champions League hasta la quinta jornada de la liguilla y resolvería la mayoría de sus partidos marcando tres y cuatro goles. Messi y Henry se llevaban la palma en este capítulo. Es cierto que el Barcelona había perdido la final de la Copa Catalunya frente al Gimnàstic de Tarragona (2-1), pero en el encuentro solo intervinieron cuatro jugadores del primer equipo que, además, eran los que menos minutos estaban teniendo. Los buenos resultados en el arranque de la temporada hacían presagiar que se había reconducido la situación. En la Liga se mantenía un atractivo codo a codo con el Real Madrid y en la Champions se había cerrado la participación en la liguilla con un primer puesto, cinco victorias y un empate, o lo que es lo mismo, con dieciséis puntos sobre los dieciocho posibles.

Entretanto, España seguía buscando su clasificación para la Eurocopa de 2008, que se celebraría en Austria y Suiza. La selección se enfrentó a los equipos de Irlanda del Norte, Dinamarca, Suecia, Letonia, Islandia y Liechtenstein. Puyol jugó la mayoría de esos duelos. De hecho solo se perdió, a causa de su lesión de rodilla, tres de los doce encuentros (Islandia, Letonia y Dinamarca). El 17 de octubre de 2007 reapareció en el amistoso ante Finlandia y el 17 de noviembre ya jugó el partido completo ante Suecia (3-0). Esa noche, en el

Santiago Bernabéu, España consiguió la clasificación matemática como campeona de grupo.

No hubo grandes celebraciones, porque solo cuatro días más tarde, la selección debía afrontar su último compromiso del grupo frente a Irlanda del Norte. El encuentro se jugó en Las Palmas de Gran Canaria. No era imprescindible ganar, pero se venció (1-0), con gol de Xavi. De vuelta al hotel, Casillas hizo un aparte con Luis Aragonés y le dijo: «Míster, a mí me da igual, pero algunos compañeros me han dicho que les gustaría salir de fiesta esta noche». El seleccionador no respondió en ese momento. Esperó a que estuvieran todos juntos y entonces se dirigió a ellos en un tono solemne: «Me ha dicho Casillas que quieren ustedes salir. Sepan ustedes que habrá multas… para los que no salgan». A Puyol, Xavi e Iniesta, que pensaban quedarse a descansar en el hotel, no les quedó otro remedio que irse a tomar una copa y acostarse un poco más tarde.

A pesar de que las cosas marchaban bastante bien, aquellos meses resultaron incómodos para Puyol. En octubre tuvo una contractura en el gemelo interno de la pierna izquierda; en noviembre sufrió un fuerte golpe en las costillas del lado izquierdo; en diciembre padeció una contusión en la rodilla derecha y en enero volvió a ser baja, ahora por una rotura de fibras en el psoas ilíaco. En total fueron cuatro semanas, repartidas en procesos de entre tres y quince días. Su amigo el doctor Pruna siempre pronosticaba tiempos más largos de recuperación, pero Carles se empeñaba en recortar los plazos previstos y en dejar en mal lugar al médico.

La última de aquellas lesiones se la produjo el 23 de diciembre, en el último partido del año 2007. Otra vez caía antes de las vacaciones, en este caso de Navidad. Fue en el Camp Nou y fue el primer partido que el Barcelona perdió esa temporada en su propio estadio. La derrota fue más dolorosa que de costumbre, porque se produjo frente al Real Madrid (0-1), con un golazo de Baptista (35'). Y ya se sabe que para un culé no hay nada peor que perder un clásico y encima, en casa. Por si fuera poco, esta derrota empezaría a marcar diferencias. De haber ganado los azulgrana, la diferencia de puntos se habría situado en uno solo (38-37). Pero el Real Madrid se escapó hasta los siete puntos y esa distancia ya resultó insalvable para los barcelonistas.

Tras el descanso navideño, el Barcelona retomó la competición como un trueno, tanto en la Liga como en la Copa del Rey. Entre unas cosas y otras, el equipo se colocó a solo dos puntos del Real Madrid y fue eliminando a Alcoyano, Sevilla y Villarreal en el torneo español del KO. La vuelta a la Champions fue magnífica, con una victoria (2-3) en el campo del Celtic de Glasgow. Pero los esfuerzos de esos dos primeros meses del año empezaron a pasarle factura al equipo.

El día 27 de febrero, el Barcelona cedió un empate (1-1) al Valencia en la ida de las semifinales de la Copa del Rey, disputada en el Camp Nou. El 1 de marzo, fue goleado en el Vicente Calderón (4-2); el 9, perdía en casa contra el Villarreal (1-2); el 16 no era capaz de pasar del empate en Almería (2-2); el 20 caía en Mestalla (3-2) y quedaba eliminado de la Copa. Luego, el 29 de marzo perdió en el Benito Villamarín (3-2) y la Liga se vino abajo. El equipo volvía a estar a siete puntos del Real Madrid y solo quedaban ocho jornadas.

A dos meses para el final de la temporada, al FC Barcelona solo le quedaba un sueño por alcanzar y un grave problema por resolver. El sueño era, obviamente, la Champions League. Y el problema se llamaba Ronaldinho. Aquejado de soledad y rodeado de malas compañías, el mejor jugador de aquella época se había caído del pedestal y andaba por las cloacas de la noche, como alma en pena. De día, mientras sus compañeros se entrenaban, dormía sus locuras nocturnas sobre la camilla del consultorio médico del vestuario del Camp Nou. Futbolistas de cuerpo entero como Puyol o como Milito se preguntaban qué se podía hacer para ayudar a levantar al ídolo caído y que volviera a caminar. Pero era imposible. Cuando un enfermo no admite su enfermedad difícilmente puede empezar a curarse.

Ese fue el fin de un entrenador y de un equipo. Porque el FC Barcelona despertó de su sueño el 29 de abril de 2008. Y lo hizo en el partido de vuelta de las semifinales de la Champions League. En cuartos había eliminado al Schalke 04, pero en la ida de las semifinales no había sido capaz de marcar (0-0) ante el Manchester United, en el Camp Nou. Y tampoco lo consiguió en el encuentro de vuelta (1-0 para el Manchester), donde un solo gol le habría clasificado para la final y le habría permitido quedar a una única victoria para salvar la temporada y para mantener abierto un ciclo de éxito. El «teatro de los sueños», paradojas del destino, se convirtió en la tumba de Rijkaard, de Ronaldinho, de Deco... y de todo un proyecto.

El Real Madrid fue campeón, con 85 puntos. Y el FC Barcelona ni siquiera pudo quedar en segundo lugar. El subcampeonato fue para el Villarreal CF, con 77 puntos. El «submarino amarillo» acabó con diez puntos más que los azulgrana, que terminaron con 67. Y Dios sabe qué habría sucedido si el campeonato dura dos o tres semanas más. Al final, solo tres puntos separaron a los barcelonistas de tener que disputar la eliminatoria previa de la Champions League. Cuarto y quinto fueron el Atlético de Madrid y el Sevilla, con 64 puntos.

Curiosamente, durante esos mismos días y durante esas mismas noches, Luis Aragonés construía otro sueño que a muchos les parecía imposible. Lo hacía sobre una idea que nada tenía que ver con la furia ni con la épica del pasado. El Sabio de Hortaleza; el hombre que decía que el sabio no era él sino un hermano suyo; el mítico *Zapatones* de los años sesenta y setenta; ese centrocampista de talento que estuvo a punto de hacer campeón de Europa al Atlético de Madrid había decidido entregarle la pelota a Xavi y a Iniesta, como hacía el Barcelona. Era la fórmula para cambiar a unos internacionales que nunca habían ganado nada con la selección absoluta.

En el último partido de la fase de clasificación, contra Irlanda del Norte, ya había alineado juntos a Xavi, Iniesta, Cesc, Marcos Senna y Silva. Y aún iría incorporando a otros jugadores de similares características, como Cazorla. Aquel cambio gustaba tanto en la calle como en las ruedas de prensa. Pero Luis Aragonés llevaba varios meses soportando críticas muy ácidas e interrogatorios durísimos porque había cometido la terrible osadía de no convocar a Raúl y de llamar en su lugar a otros delanteros, como Güiza, Fernando Torres o David Villa.

La decisión de no contar más con el madridista Raúl, que jugó por última vez con la selección en el segundo partido de la fase de clasificación para la Eurocopa de Austria y Suiza, no tenía que ver con la derrota del 6 de septiembre de 2006, ante Irlanda del Norte (3-2). La explicación había que buscarla en otro sitio. A Luis no le gustaron las actitudes con las que el capitán del Real Madrid llegó a esa convocatoria, la primera en la que participaba después del fiasco del Mundial de Alemania. Y las actitudes suelen ser más trascendentes que las cualidades.

La preparación transcurrió por buenos cauces. Los amistosos ganados contra las selecciones de Francia (1-0) e Italia (1-0) dejaron muy buenas sensaciones. Ahora quedaba esperar a que finalizara la temporada de los clubs. Luis Aragonés tenía la intención de facilitar la convocatoria de jugadores para la Eurocopa antes, incluso, de que se disputara la última jornada de Liga. Pero el 15 de mayo se produjo la triste noticia de la muerte de Genaro Borrás, que había sido médico de la selección desde 1991. El fallecimiento le sobrevino a los 62 años a causa de un cáncer. El seleccionador pospuso la publicación de la lista para asistir al entierro.

Por fin, el 19 de mayo, Luis Aragonés facilitó la relación de veintitrés jugadores que iba a llevarse a la Eurocopa de Austria y Suiza: Casillas, Reina y Palop, porteros; Sergio Ramos, Arbeloa, Albiol, Juanito, Marchena, Puyol, Fernando Navarro y Capdevila, defensas; Senna, Xabi Alonso, De la Red, Xavi, Cesc, Iniesta, Cazorla y Silva, centrocampistas; Güiza, Sergio García, Villa y Fernando Torres, delanteros. Había muchísimo talento entre aquel grupo de jugadores.

España se concentró en la Ciudad del Fútbol de Las Rozas el 26 de mayo. Desde allí se trasladó a disputar un amistoso frente a Perú, en Huelva (2-1). Ese 31 de mayo, en el Colombino, Puyol protagonizó una nueva anécdota marca de la casa. En los minutos finales del primer tiempo y peleando por un balón con un delantero peruano, el defensa del FC Barcelona cayó al suelo en mala posición. La rodilla derecha sufrió un giro violento. En el vestuario, el médico hizo que Puyol se tumbara sobre la camilla para poder explorarle la rodilla. El defensa azulgrana lo hizo, pero a regañadientes: «Deje, deje, doctor». El médico quiso hacer valer su autoridad: «¡Quieto ahí!». Pero ya era tarde, Puyol se había levantado de la camilla mientras pronunciaba las palabras mágicas: «¡No, no, a jugar!».

De vuelta a Madrid, continuaron los entrenamientos hasta el 3 de junio. Ese día, la expedición viajó a Santander para celebrar, la noche siguiente, un ensayo contra los Estados Unidos

(1-0). El día 5, la selección española partió con destino a Innsbruck, a bordo de un avión que había sido bautizado con el nombre de «Milagros Díaz». Este hecho dio mucho juego y fue causa de muchas bromas entre los integrantes de la expedición. Pero a raíz de que España ganara la Eurocopa, los tripulantes de la aeronave empezaron a denominarle «el avión de la suerte». Con estas mismas palabras recibió el sobrecargo, a finales de noviembre de 2009, a una expedición del Atlético de Madrid que se desplazaba a Chipre para disputar un encuentro de la Champions League frente al Apoel de Nicosia.

Desde el aeropuerto de Innsbruck, el grupo se trasladó a la localidad de Neustiff, situada a unos veinticinco kilómetros de la capital del Tirol. Un grupo de ciudadanos, ataviados con traje típico, recibió a la selección e interpretó varias canciones a modo de bienvenida. De allí, el equipo se marchó al hotel Milderer Hof, en pleno valle de Stubai. Tanto el edificio como las vistas eran espectaculares. Eran arquitectura y paisaje propios del Tirol y con un colorido único, marcado por el verde de los prados y el blanco de las cumbres, nevadas durante todo el año, de las montañas que lo rodeaban. En definitiva, un lugar idílico.

De acuerdo con la planificación, los jugadores dejarían sus equipajes en las habitaciones y bajarían al restaurante para comer. Luego tendrían la tarde libre. Los entrenamientos se reanudarían a la mañana siguiente. Pero Carles Puyol pidió permiso para realizar una sesión después del almuerzo. Luis Aragonés no tuvo inconveniente y pidió que se preparara el material necesario. El propio seleccionador, uno de sus ayudantes, Reina, Iniesta y Puyol se ejercitaron durante un rato, mientras el resto de jugadores descansaba en sus habitaciones.

La nueva apuesta futbolística de la selección actuaba como un elemento de presión sobre los propios jugadores. Los resultados invitaban al optimismo, pero de eso a convertir a España en favorita mediaba un abismo. Entre otras razones porque aquel proyecto aún tenía carencias y necesitaba tiempo para consolidarse. Pero ya se sabe que el común de los mortales se deja llevar por los resultados y, ahí, el balance no podía ser mejor. Los dieciséis últimos partidos se habían saldado con un balance de catorce victorias y dos empates. España no perdía un encuentro desde noviembre de 2006 y Luis Aragonés había superado al mítico Miguel Muñoz en número de partidos ganados como seleccionador nacional.

A Puyol, como a Xavi e Iniesta, la presión ni siquiera les hacía cosquillas. Estaban muy acostumbrados a convivir con ella. La selección española únicamente había ganado un Campeonato de Europa y hacía 44 años. Muchos de los jugadores que estaban allí ni siquiera sabían quien era Pepe Villalonga. Ni que la final fue el 21 de junio de 1964, en el Santiago Bernabéu y contra la Unión Soviética (2-1). Ni que los goles de la victoria habían sido marcados por Pereda y Marcelino. Eso sí, cuando un periodista les preguntaba por las opciones de España en la Eurocopa de Austria y Suiza, todos apostaban por el mismo plan: ir partido a partido.

Y llegó el primero. El 10 de junio, España se enfrentó a Rusia. Otra vez Guus Hiddink se cruzaba en el camino de la selección. Esta vez, sin embargo, no hubo margen para la sorpresa. El equipo español fue muy superior y goleó (4-1) a su adversario, con un *hat-trick* de Villa y un último gol de Cesc. Cuatro días después, tocaba medirse con Suecia, un conjunto que contaba con delanteros como Ibrahimović y Larsson. España necesitó mucho trabajo y mucha suerte para vencer a los nórdicos (2-1). Y lo hizo con un nuevo gol de Villa, cuando más de uno ya estaba pidiendo la hora (92'). Puyol tuvo que ser sustituido (24') por unas molestias en la planta del pie que le impedían correr con normalidad. El triunfo ante Suecia clasificaba a la selección para los cuartos de final, a falta del encuentro ante Grecia, que se jugó, en Salzburgo, el día 18 de junio. España volvió a ganar, con goles de De la Red y Güiza (2-1). Obviamente, Luis aprovechó para dar descanso a algunos de sus titulares y para recuperar completamente a Puyol de su lesión.

El cruce de cuartos, la eliminatoria maldita de España, nos enfrentó a Italia. Y ya se sabe que, en esto del fútbol, los *azzurri* siempre han sido más pesados e incómodos que las garrapatas. Entre el *catenaccio*, el oficio que tienen para sortear los límites del reglamento, y la competitividad que demuestran en las fases finales, son más difíciles de hundir que un transatlántico. Luis Aragonés lo tuvo muy claro: «Ellos, a lo suyo y nosotros, a lo nuestro». Así que la selección hizo su partido. Tuvo la pelota y la sangre fría suficientes para no perder ni la posición ni la cabeza. Es verdad que remató poco y que apenas tuvo ocasiones. Pero tampoco pasó apuros. Se llegó al final del partido, y también de la prórroga, con el resultado del comienzo (0-0). La clasificación para la final se resolvería por penaltis.

La tanda de lanzamientos siempre es una lotería. Un detalle insignificante te manda a casa o te sube a los altares de la gloria. Bueno, un detalle o varios detalles. Pero insignificantes, en cualquier caso. Que si el que tira se ha desconcentrado porque un espectador ha disparado una foto con *flash* en la cuarta fila, que si el portero ha decidido tirarse hacia un lado por pura intuición… En fin, que no valía la pena ni rezar un padrenuestro. Sería lo que tuviera que ser. Y salió cara, porque Casillas detuvo dos lanzamientos, el segundo a De Rossi y el cuarto a Di Natale, y porque España, que fue certera hasta el cuarto que falló Güiza, tuvo otra vez la sangre fría que se necesitaba. Villa, Cazorla, Senna y, finalmente, Cesc batieron a Buffon y rompieron a trozos el maleficio de los cuartos.

El triunfo sobre Italia, aunque fuera en los penaltis, cambió el discurso del seleccionador y de sus jugadores. «Este equipo está para ganar la final», aseguró Luis Aragonés en la rueda de prensa. Carles Puyol, como buen catalán, era de los que no quería dar nada por seguro. «Hasta que no esté en el saco y bien atado…», decía. Si algo era cierto es que España estaba a dos pasos de ganar un campeonato y que el rival en semifinales iba a ser Rusia, el mismo rival al que la selección había vencido en la final de 1964 en Madrid, y ante los mismos jugadores a los que había goleado en la primera jornada de la fase final, en Innsbruck.

Ahora, en Viena, el seleccionador tenía un doble trabajo. Rebajar la euforia que había penetrado en muchas de las habitaciones del hotel de Viena y convencer a sus futbolistas de que el campeonato estaba a su alcance. Parecía contradictorio, pero no lo era. Se le podía decir a cualquiera de esos jugadores que todavía no había ganado nada y, al mismo tiempo, hacerle ver que, si hacía las cosas bien como las estaba haciendo hasta ese momento, el título no podía escaparse. En su charla previa al partido, Aragonés avisó que Rusia —venía de eliminar a Holanda— no iba a ser la misma del primer encuentro. Con Akin-feev, Ignashevich, Zhirkov, Arshavin o Pavlyuchenko, y con Hiddink en el banquillo, ganar no iba a ser fácil.

En algunos instantes, Puyol se acordó del Mundial de Co-rea y Japón, en 2002, cuando la selección de Hiddink, precisa-mente Hiddink, había eliminado a España en cuartos de final. «Esta vez será diferente», se decía para sus adentros. Y vaya si lo fue. De hecho, la semifinal resultó muy parecida al partido del 10 de junio. España volvió a ser muy superior (3-0) y se metió en la final, con goles de Xavi, Güiza y Silva, todos en la segunda parte del encuentro. Alemania, que había sido se-gunda de su grupo, por detrás de Croacia, llegaba al último partido después de eliminar a Portugal (3-2) en cuartos de fi-nal y a Turquía (3-2) en semifinales.

El día 29 de junio llegó pronto, demasiado deprisa. Normal-mente, las competiciones largas suelen hacerse muy pesadas para los futbolistas. Pero esta vez, no. Los jugadores estaban trabajando duro, pero se estaban divirtiendo a la vez. El modelo —que cualquiera habría dicho que estaba copiado del Barce-lona, de no ser porque España jugaba con dos delanteros cen-tro— había calado dentro y fuera. Tener la pelota, además, can-saba mucho menos que correr detrás de ella.

La final iba a jugarse en el estadio Ernst Happel de Viena. Era un campo muy familiar para la selección, que había dispu-tado ahí sus encuentros de cuartos de final y de semifinales. Sobre aquel magnífico césped, España ya había honrado dos veces la memoria del que fuera uno de los mejores futbolistas y entrenadores de la historia de Austria y que, fallecido en 1992, daba nombre al mejor estadio del país. Y ahora, frente a la Alemania de un jovencísimo Joaquim Löw, iba a volver a ha-cerlo. Un gol de Torres (33′), ganando la espalda de Lahm, dio el triunfo a un modelo, a una apuesta futbolística, que ente-rraba la vieja imagen de la «furia española». Y esa nueva ima-gen era reconocida en la figura de Xavi, autor del pase que desequilibró la final. El centrocampista del Fútbol Club Barce-lona fue elegido mejor jugador del torneo.

La locura se desató. No podía ser de otra manera. Se había ganado y de forma muy merecida. Con buen fútbol, sí, pero también con mucho sacrificio. Y sobre todo, gracias a la unidad y a la fe que, desde el seleccionador hasta el encargado del material, y desde el portero al último delantero, habían tenido todos los integrantes del equipo. Era una gran victoria, pero sobre todo era el triunfo de la modernidad sobre la nostalgia. Y ahí morían, enterrados, los fantasmas del pasado y las discusiones, de calle y de rueda de prensa, sobre algo tan intrascendente en el fútbol como el puñetero sexo que tendrán o dejarán de tener los ángeles.

Al día siguiente, 30 de junio, la selección llegó a Barajas. Un autobús descubierto recogió a los campeones y los paseó por toda la ciudad, hasta llegar a la plaza de Colón, donde tuvo lugar el fin de fiesta. Durante el trayecto, los jugadores tuvieron a su disposición toda la cerveza que quisieron. Una marca de cerveza era una de las empresas patrocinadoras de España. Y como es lógico, los futbolistas se refrescaron y se animaron. Acostumbrados a no beber, se pusieron contentos. Nadie habló de malos ejemplos. Eso quedaría para otros momentos y para otros escenarios. Porque si algo no ha cambiado en este país es que las cosas se ven de manera diferente en función del lugar en el que se producen. Y si son en el norte, peor.

Un año mágico

Dicen que las penas con pan son menos. Pero después de tantos años viendo como se marchaba gente del vestuario, Carles Puyol seguía sin acostumbrarse a las despedidas. O sea que ganar la Eurocopa de Naciones de Austria y Suiza no le quitó ni siquiera un poco de sentimiento al hecho de tener que decirle adiós a Rijkaard, Neeskens, Eusebio, Unzué, Ronaldinho, Deco, Zambrotta, Thuram, Edmilson u Oleguer, con quienes había compartido muchas cosas. Juntos habían vivido buenos y malos momentos. Habían ganado títulos y perdido competiciones. Habían reído y llorado. Pero el fútbol tiene estas y otras cosas como estas. Los comportamientos de unos pocos y los resultados de todos habían condenado a los líderes del banquillo y del césped, arrastrando a más de uno en su caída.

Aquel verano, Joan Laporta atribuyó el fracaso a la autocomplacencia de técnicos y de jugadores. Traducido al idioma común, eso equivalía a decir que, cuando la gente se gusta mucho a sí misma, se relaja, pierde tensión competitiva y no rinde como debería. Quizá tuviera razón. O quizá no. En cualquier caso, la decisión estaba tomada. El club iba a cambiar de responsable técnico e iba a reemplazar a los futbolistas que, según su criterio, tenían mayor grado de responsabilidad en el desaguisado de esa segunda temporada consecutiva sin ganar ningún título importante.

El primero en recibir fue Frank Rijkaard. Se marchó a casa calentito. Es decir, cobrando el año de contrato que le quedaba por cumplir. Se fue triste, porque se veía con fuerzas para revertir una situación que, si le hubieran hecho caso cuando quiso prescindir de Ronaldinho y Eto'o, tal vez no se habría producido. Pero no le quedaba otra que aceptar que las cosas son como son y no como uno quisiera que fueran. Otros cayeron con él. Algunos, como Neeskens o Eusebio, porque formaban parte de su equipo. Otros, como Unzué, porque tenían la intención de emprender una nueva etapa en su carrera profesional, ahora como primer entrenador.

La decisión de nombrar al sustituto de Rijkaard fue relativamente sencilla, aunque hasta el presidente Laporta se echara las manos a la cabeza, en señal de incredulidad, cuando Txiki Begiristain le propuso que la responsabilidad de dirigir aquel transatlántico fuera para Pep Guardiola. Para Puyol, que había sido compañero suyo en la plantilla entre 1999 y 2001, era una buena noticia. Aparentemente, por lo menos. Carles recordaba que Guardiola no solo era un futbolista de los grandes, sino que, además, era «un entrenador en el campo». Así le definió en su libro, donde explicaba algunas anécdotas sobre la capacidad que Pep tenía para leer las situaciones del juego y para transmitir instrucciones a sus compañeros.

En cuanto a la decisión de limpiar el vestuario, también estaba tomada por la directiva y por la secretaría técnica. En este caso y aunque solo fuera por guardar las formas, la directiva optó por concederle al nuevo entrenador el dudoso honor de mancharse las manos de sangre. No es que hiciera falta, porque alguno de los que se había bajado del tren en marcha ya había demostrado que no era precisamente sangre lo que corría por sus venas. Pero era mejor que fuera Guardiola quien resolviera esa situación, porque llegaba limpio y sin condicionantes. Por no tener, no tenía ni vínculos sentimentales con los jugadores. Edmilson, Zambrotta, Jonathan dos Santos, Thuram, Ezquerro, Deco, Ronaldinho, Oleguer y Crosas salieron del club por la puerta de servicio, aunque, siguiendo con la tradición, recibieron una placa de agradecimiento en su primera visita al Camp Nou. Eto'o también fue invitado a buscar nuevo club, pero no quiso marcharse de ninguna manera y resistió las embestidas de Guardiola, que en la misma rueda de prensa de su presentación había dicho que no tenía *feeling* con el delantero camerunés.

La plantilla se reforzó y mucho. El club pagó traspasos por Henrique (nueve millones), Cáceres (diecinueve millones), Piqué (seis millones), Keita (quince millones), Hleb (quince millones) y Dani Alves (veintinueve millones). En la mayoría de los casos, el club se comprometió a complementar el precio de los fichajes con incentivos. Si el Barcelona ganaba uno de los títulos grandes (Liga, Copa del Rey o Champions League), el club de origen recibiría una compensación. De este modo, por ejemplo, el Sevilla acabaría cobrando más de cuarenta millones de euros por su lateral derecho. Guardiola también subió al equipo a Sergio Busquets, que se reencontró con Pedro Rodríguez y con Víctor Sánchez, que ya llevaban un año entrenándose a las órdenes de Rijkaard con la plantilla profesional.

Puyol observaba desde la distancia. En algunas cosas estaba de acuerdo y en otras, no. Pero por muy capitán que fuera, ya estaba acostumbrado a aceptar que en un equipo de fútbol cada uno tiene su papel y no es bueno meterse en camisa de once varas. «Los jugadores no mandamos», dice Carles con una rotundidad que asusta. El propio Guardiola se encargó de dejárselo muy claro a todos nada más entrar en el vestuario. El primer día explicó, con un tono suave pero con una extraordinaria firmeza, qué es lo que quería de cada jugador y del equipo. Muchas de las cosas las dijo delante de toda la plantilla. Otras veces, prefirió hacerlo en privado.

Pep Guardiola había sido cocinero antes que fraile y, además, había oficiado como entrenador del segundo equipo del club la temporada anterior. Por lo tanto, conocía perfectamente la historia y sabía qué cosas eran susceptibles de mejorar en el Barcelona. Sabía que si quería llevar adelante sus ideas tenía que empezar por profesionalizar las estructuras del club. Para conseguir todo eso, contrató al que sería su personal de confianza. No buscó a los mejores, sino a los que sabía que le serían fieles al mil por mil. Le importó poco sacrificar a personas muy capaces, solo porque no las conocía suficientemente bien. Aunque suene extraño, Guardiola es una persona que sufre muchas dudas y es un gran desconfiado. Así que, cuando hubo contratado a su ejército de leales, puso en marcha la segunda fase del proyecto. Ordenó que se acondicionara la Ciutat Esportiva Joan Gamper a las necesidades del equipo y exigió que todas las puertas fueran blindadas.

Antes de empezar los entrenamientos, el nuevo entrenador del FC Barcelona ya había imaginado a sus jugadores perfectos, aún sabiendo que la perfección no existe. El club ya tenía, desde hacía muchos años, un documento en el que se recogían la filosofía, el modelo de juego y los perfiles de cada jugador, en función de la posición que ocupa en el equipo. Nadie le entregó una copia del documento, aunque tampoco le hacía ninguna falta. Había sido educado en esos principios futbolísticos y sabía perfectamente que ni siquiera él reunía las condiciones mínimas exigibles a un mediocentro del FC Barcelona y, en cambio, había sido titular durante más de diez años. Ni tenía poder de duelo, ni dominaba los diferentes tipos de marcaje, ni tenía un buen juego de cabeza... Sin embargo, era tan condenadamente bueno que no perdía una pelota jamás.

En cualquier caso, el nuevo entrenador necesitaba explicar a sus jugadores en qué iban a consistir los pequeños matices que quería introducir en el juego del equipo. El sentido común recomendaba que esas charlas se llevaran a cabo en presencia de todos los integrantes de la plantilla y no de forma individualizada. ¿O es que solo los centrales tenían que saber que iban a ser los responsables de sacar el balón jugado? ¿O solo los extremos debían ser informados de que, a partir de entonces, jugarían por dentro y dejarían libre el pasillo exterior?

El hecho es que Guardiola llamó a Puyol a su despacho. Quería enseñarle unas imágenes de vídeo. Puso la televisión y el reproductor en marcha. Eran escenas en las que se recogían diferentes conceptos del juego de un defensa central. El entrenador hizo algunos comentarios mientras el futbolista mantenía la vista fija en la pantalla. No quería perderse ni un detalle, así que ni siquiera parpadeó para que no se le escapara ni un mísero fotograma. «Me enseñó un vídeo y me dijo: "quiero que juegues así. Y si no lo haces, no jugarás"», ha referido Puyol. Cualquier otro futbolista se habría sentido amenazado. Y aunque no era para menos, Carles se lo tomó como un reto.

Durante ese verano eran muy pocos los barcelonistas que creían que Guardiola estaba capacitado para dirigir la plantilla profesional. La temporada empezó muy bien, con la goleada al Wisla de Cracovia (4-0), en la previa de la Champions League. Pero después, el Barcelona encadenó el tropiezo de la vuelta ante los polacos (1-0), la derrota en el primer partido de Liga en el campo del Numancia (1-0) y el empate en el Camp Nou, frente al Racing de Santander (0-0). Si en aquel momento se hubiera convocado un referéndum para decidir sobre la continuidad de Pep, el resultado hubiera sido incontestable. La suerte, para todos, fue que el derecho a decidir era de unos pocos, y que esos pocos defendieron la continuidad del entrenador, igual que habían hecho el primer año de Rijkaard.

A partir de aquel momento, el equipo encadenó 34 partidos consecutivos sin perder, con treinta victorias y cuatro empates. Consiguió goleadas ante el Sporting de Gijón (1-6), Atlético de Madrid (6-1), Basilea (5-0), Almería (5-0), Málaga (1-4), Real Valladolid (6-0), Sporting de Lisboa (2-5), Sevilla (0-3), Valencia (4-0), Atlético de Madrid (1-3) y Deportivo de La Coruña (5-0). Victorias en la Liga, victorias en la Copa del Rey y victorias en las Champions League. Además, el equipo había ganado al Real Madrid (2-0) en el Camp Nou. El juego y los resultados eran tan brillantes que nadie le dio importancia a la derrota en casa frente al Espanyol (1-2) ni a la derrota de la jornada siguiente en el Vicente Calderón (4-3).

Tras la crisis de febrero —Van Gaal las tenía en noviembre—, el equipo repuntó con una fuerza incontenible. Y ya no quitó el pie del acelerador hasta que se terminó la temporada. La victoria sobre el Bayern de Múnich (4-0) en los cuartos de final de la Champions League, el 8 de abril, y la mítica goleada en el Santiago Bernabéu (2-6), el 2 de mayo, se combinaron con el penalti que Pinto le paró a Pep Martí en la vuelta de las semifinales de la Copa del Rey, el 4 de marzo, en el Ono Estadi, y con el milagroso gol de Iniesta (93') en la vuelta de las semifinales de la Champions League, el 6 de mayo, en Stamford Bridge. Con aquellos dos empates en Palma de Mallorca y en Londres (1-1), el FC Barcelona accedía a la final de las dos competiciones, en las que debería enfrentarse al Athletic Club de Bilbao de Joaquín Caparrós y al Manchester United de sir Alex Ferguson.

El imaginario colectivo de los barcelonistas se había puesto en marcha. Y el 22 de abril, el equipo de *Minoría absoluta*, dirigido por Toni Soler, dio una nueva muestra de ello. Aquella noche, en el programa *Crackòvia* de TV3, una divertidísima parodia de la actualidad deportiva, los actores Pep Plaza, Jordi Rios, Carlos Latre, David Olivares, Toni Albà, Oscar Garcia y otros, lanzaron la canción que acompañaría al equipo hasta el final de la temporada. Utilizando la música de *We will rock you* de Queen, el equipo del programa creó una letra cuyo estribillo era «Copa, Liga, Champions» y en la que daba por sentado que el Barcelona ganaría las tres competiciones y, además, por este mismo orden.

Hacía ya mucho tiempo que los responsables del programa habían encargado al actor Jordi Rios que encarnara la representación de Carles Puyol. La caricatura era y sigue siendo extraordinaria. Más allá de que la puesta en escena del personaje remarcara de un modo exagerado la larga melena y el pronunciado acento pallarés del capitán azulgrana, los *gags* se hicieron muy populares por la aparición en la escena de un personaje tan inesperado como entrañable: la oveja Queca.

Las fechas de las finales de la Copa del Rey y de la Champions League estaban fijadas con mucha anterioridad. La Real Federación Española de Fútbol y la Unión Europea de Fútbol Asociación habían dado a conocer sus calendarios antes del comienzo de la temporada. La final de la Copa del Rey iba a disputarse el 13 de mayo, en Valencia, y la final de la Champions League estaba fijada para el 27 de mayo en Roma. También se conocía la fecha de la última jornada de Liga, que sería el 31 de mayo. Pero el golpe de autoridad que el Barcelona dio en el Santiago Bernabéu hacía presagiar que los azulgrana se proclamarían campeones con dos o tres jornadas de antelación. Y, tal como decía la canción, sucedió.

Mestalla se llenó a rebosar para acoger al FC Barcelona y al Athletic Club de Bilbao, los dos equipos más coperos de la historia. Los azulgrana era favoritos, pese a que llegaban con las bajas de Abidal, Iniesta y Henry. Aquella noche del 13 de mayo, Guardiola formó su equipo con Pinto; Alves, Piqué, Yayá Touré (Sylvinho, 89'), Puyol; Xavi (Pedro, 88'), Busquets, Keita; Messi, Bojan (Hleb, 84') y Eto'o. El encuentro empezó con sorpresa. Toquero (9') adelantó a los guipuzcoanos en el marcador. Caparrós había estudiado muy bien el partido y trató de cerrar los espacios para evitar que los barcelonistas tuvieran ocasiones de gol. Los minutos fueron pasando sin que Iraizoz pasara el menor apuro. Hasta que Yayá Touré decidió desatascar el partido con una acción individual, que inició en el borde de su área y que culminó con un disparo durísimo a pocos metros del área contraria (32'). Tras el descanso, el equipo de Guardiola dio todo un recital de fútbol y el equipo cerró la victoria con goles de Messi (55'), Bojan (57') y Xavi (64').

La Liga cayó como la fruta madura se cae del árbol. El Barcelona ni siquiera tuvo que ganar su partido del 17 de mayo, en Palma de Mallorca. Justo el día antes, el Real Madrid perdió en su visita al campo del Villarreal (3-2). Así que los azulgrana se proclamaron campeones mientras estaban en su casa y tuvieron tres semanas enteras para preparar la final de la Champions League. El trabajo del catedrático Paco Seirul·lo iba a ser fundamental, como tantas otras veces. Guardiola dosificó a sus jugadores y el equipo solo ganó uno de los últimos nueve puntos y, aún así, acabó con nueve de ventaja sobre el Real Madrid. En el Ono Estadi, por ejemplo, alineó a Oier; Alves, Cáceres, Abidal, Sylvinho; Gudjohnsen, Xavi Torres, Hleb; Pedro, Eto'o y Bojan. No estaban Víctor Valdés, Piqué, Puyol, Xavi, Busquets, Yayá Touré, Iniesta, Messi ni Henry.

Quedaba el reto más importante, el que debía dar acceso a disputar la Supercopa de Europa y el Mundial de Clubs, dos títulos menores pero que cuando los ganas engordan una barbaridad. Aquí y en Saigón. No podían desperdiciarse energías de ninguna manera. Así que las fiestas tendrían que esperar al 28 de mayo. Si se ganaba al Manchester United en el Estadio Olímpico de Roma, en la ciudad eterna, habría celebración grande. Y, si no se ganaba, también. Que un doblete no se gana todos los años y menos aún en la primera temporada de un nuevo entrenador. Solo Helenio Herrera y Louis van Gaal lo habían conseguido hasta entonces.

Guardiola sabía que en la final de la Champions League no podría contar con sus dos laterales titulares, Dani Alves y Abidal. Los dos estaban sancionados. El brasileño por acumulación de amonestaciones y el francés por su expulsión ante el Chelsea. Tampoco estaría Márquez, que en abril se había roto el menisco externo de la rodilla izquierda. Y para colmo de males, Iniesta y Henry estaban bajo tratamiento médico, respectivamente, por una rotura muscular en el recto anterior de la pierna derecha y por un esguince del ligamento cruzado posterior, también de la rodilla derecha. Los dos, sin embargo, estaban dispuestos a correr el riesgo de romperse a cambio de participar en la final de las finales.

Cualquiera habría pagado por jugar esa noche ante el Manchester United. Bueno, cualquiera menos Keita. El centrocampista fue tentado por Guardiola para que aceptara jugar como lateral izquierdo, en el puesto del sancionado Abidal. En la final de la Copa del Rey había jugado Puyol en esa demarcación, pero ahora tendría que actuar como lateral derecho, reemplazando al también sancionado Dani Alves. El maliense renunció a la propuesta de su entrenador. Y lo hizo con un argumento irrefutable. No se sentía capacitado para ocupar aquel puesto con las garantías que se requerían en un partido tan y tan importante.

La víspera de la final, Carles Puyol compareció, junto a Víctor Valdés, en la rueda de prensa oficial de la UEFA. El capitán azulgrana estuvo humilde y sobrio, igual que siempre. Calificó al Manchester United como «el mejor equipo del mundo», aunque confesó que los jugadores del FC Barcelona llegaban al partido «con las mismas ganas que en París» y que el equipo había trabajado con mucha intensidad para conseguir que aquella gran temporada acabara «de una forma espectacular». ¡Cuánta razón tenía! Este título era el más importante de todos y el que iba a dar un realce especial a todo lo que ya se había logrado antes de llegar a Roma.

Unos minutos antes del inicio del encuentro, Guardiola citó a todos sus jugadores y les mostró un vídeo motivacional. Se lo había encargado, en el más absoluto de los secretos, a su buen amigo Santi Padró, periodista de TV3. El trabajo de Padró fue excepcional. Mezcló imágenes de la película *Gladiator* con imágenes de todos los jugadores de la plantilla barcelonista e imágenes del Coliseo con imágenes del Estadio Olímpico de Roma. El entrenador azulgrana únicamente había dado una consigna, pero muy clara: «No puede faltar ninguno».

Fue un vídeo explosivo, de los que tocan la fibra. «No sabemos a que nos enfrentamos, pero es más fácil que sobrevivamos si peleamos juntos», era el mensaje. Impresionaba ver a Russell Crowe, el actor principal de la película, con el yelmo cubriéndole gran parte de la cabeza y de la cara, pronunciando esa frase. Y ponía la piel de gallina escuchar la inigualable voz de Luciano Pavarotti interpretando *Nessun dorma*. El aria del acto final del *Turandot* de Giacomo Puccini acababa con un grito que estremeció al vestuario: «*All'alba vincerò!, vincerò!, vincerò!*». No hacía falta saber mucho italiano para entenderlo todo.

Al alba, pero no del día sino del partido, se cocieron casi todas las cosas importantes que sucedieron en aquella final. El vídeo no le había sentado igual a todos. Unos salieron excesivamente motivados y otros, adormecidos. Tal fue, que Guardiola no volvió a usar nunca más aquel método para activar a sus jugadores. Menos mal que Valdés volvía a estar allí para corregir un desajuste defensivo y detener un gran disparo de Cristiano Ronaldo (1′) y menos mal que Eto'o, otra vez Eto'o, estaba allí para abrir el marcador de la final, con un remate que no pudo detener Van der Sar. A partir de ese momento, el Barcelona fue el dueño absoluto de la pelota y del partido. Su improvisada defensa, formada por Puyol, Touré, Piqué y Sylvinho no pasó ni un solo apuro hasta el final y, cuando el encuentro languidecía, Messi estableció, de cabeza, el resultado definitivo (2-0, min. 70′).

El Fútbol Club Barcelona había conseguido algo único en su historia y algo que, hasta ese momento, solo estuvo al alcance de otros cuatro clubs: Celtic de Glasgow (1967), Ajax de Ámsterdam (1972), PSV Eindhoven (1988) y Manchester United (1999). Después, el Inter de Milán (2010) y el Bayern de Munich (2013) inscribirían su nombre en la corta lista de equipos que han sido capaces de ganar Copa, Liga y Champions en una misma temporada. No era nada extraño que, en estas circunstancias, el recibimiento que se tributó al equipo fuera también único. La rúa, con inicio en el puerto y llegada al Camp Nou tras un largo recorrido por la ciudad, congregó a un millón y medio de personas en las calles.

Después de la fiesta, Puyol tuvo que dedicarse, otra vez, a recuperarse de una lesión. En el transcurso de la final sufrió un esguince del ligamento lateral interno de su tobillo izquierdo. Era su tercera lesión de la temporada. Y todas las tuvo en la segunda mitad del año. La primera de sus lesiones de 2009 fue una rotura de fibras en el recto anterior de la pierna izquierda (29 de enero) y la segunda, un esguince del ligamento lateral externo del tobillo izquierdo (7 de marzo).

Aun así, Carles Puyol jugó un total de 45 partidos y marcó un gol, que celebró por todo lo alto. No solo porque fuera en el campo del Real Madrid, sino porque fue el gol que deshacía el empate a uno y que ponía al equipo en el camino de la goleada que decidiría la Liga (2-6). «El beso a la señera después del gol en el Bernabéu fue una dedicatoria a un amigo muy especial, al que quiero mucho, y también a todos los culés y todos los catalanes. Fue algo que salió desde el corazón».

La temporada había finalizado, pero el año, no. Y al Barcelona, a su entrenador y a sus jugadores aún les quedaban retos por alcanzar. Si ganaba la Supercopa de España frente al Athletic Bilbao, la Supercopa de Europa ante el Shakhtar Donetz y el Mundial de Clubs —en el que también participarían el Estudiantes de la Plata (campeón de Sudamérica, Conmebol), Atlante de México (campeón de Norte, Centroamérica y el Caribe), Pohang Steelers (campeón de Asia), TP Mazembe (campeón de África), Al-Ahly de Dubái (campeón de los Emiratos Árabes Unidos) y el Auckland City (campeón de Oceanía)—, podía conseguir algo único en la historia.

Antes, sin embargo, el equipo tuvo que realizar una pretemporada muy cargada de partidos y de viajes, por aquello de que era conveniente recaudar un buen dinero para hacer frente a los nuevos fichajes y al pago de los contratos de los jugadores. Después de jugar la Wembley Cup, la plantilla se marchó a Estados Unidos. Visitó Pasadena, Seattle y San Francisco.

Guardiola hizo muchos cambios en la plantilla durante ese verano. No quiso levantarle a Eto'o la sentencia que había dictado sobre él en 2008. El camerunés había marcado 36 goles y había tenido un comportamiento intachable, pero Pep seguía sin tener *feeling* con el delantero. Por unas y otras razones, tampoco quiso a Jorquera (Girona), Botía (Sporting de Gijón), Sylvinho (Manchester City) y Gudjohnsen (Mónaco). Además, exigió la cesión de Hleb (Stuttgart), Cáceres (Juventus), Henrique (Racing de Santander) y Víctor Sánchez (Xerez).

Las bajas trajeron altas. Llegó Ibrahimović (Inter de Milán) en la operación más cara de la historia del FC Barcelona, tanto por lo que costó en dinero como por lo que significó desde el punto de vista deportivo. También llegó el lateral izquierdo Maxwell (Inter de Milán) y Keirrison (Palmeiras), que tal como entró se marchó cedido a la Fiorentina para no volver jamás. Y, por último, Dmitro Chygrynskyi (Shakhtar Donetz), que llegaría después de la Supercopa de Europa. El precio de todas aquellas transacciones superaba los cien millones de euros.

Era evidente que entre las muchas habilidades de Guardiola no estaba la de fichar jugadores. Se había equivocado la temporada anterior y volvía a equivocarse esta vez. Sobre todo en la incorporación de Chygrynskyi. Había varios informes contrarios al fichaje del central. Pero el entrenador se puso muy pesado en que se cerrara esa contratación. Se pagaron veinticinco millones de euros. En el vestuario, los jugadores observaban la situación con extrañeza. Veían, oían y callaban. A fin de cuentas, les pagan para que jueguen. Solo eso. Durante esos días, Puyol recordó más de una vez su visita del año anterior al despacho de Pep.

El FC Barcelona ganó la Supercopa de España con victoria en San Mamés (1-2), el 16 de agosto, y nuevo triunfo en el Camp Nou, justo una semana después (3-0). La defensa parecía consolidada con Alves, Piqué, Puyol y Abidal. Ellos cuatro volvieron a jugar, también, la Supercopa de Europa. Fue el 28 de agosto, en el Estadio Louis II de Mónaco. Pese a contar con una delantera formada por Messi, Ibrahimović y Henry, el equipo no fue capaz de crear ocasiones ante un equipo que tampoco generó peligro. Es cierto que el terreno estaba en muy malas condiciones, pero los azulgrana debieron pasar por encima del Shakhtar como una apisonadora y no lo hicieron. Es más, el encuentro llegó a la prórroga y solo Pedro, el pequeño delantero al que Guardiola no había querido dos años antes, logró el gol (115') que convertía a los barcelonistas en ganadores de otra competición más. Era la quinta de cinco que conquistaba ese año y aún quedaba el Mundial de Clubs.

El arranque del equipo en la Liga fue tremendo, con triunfos consecutivos sobre el Sporting de Gijón (3-0), Getafe (0-2), Atlético de Madrid (5-2), Racing (1-4), Málaga (0-2) y Almería (1-0). Dieciocho puntos sobre dieciocho. Y en la Champions

League todo marchaba sobre ruedas, con empate (0-0) en el campo del Inter de Milán y victoria (2-0) frente al Dinamo de Kíev. El 17 de octubre, el Barcelona empató en Mestalla (0-0) y tres días más tarde tuvo su primer revolcón de la temporada. El Rubin Kazán ganó en el estadio barcelonista (1-2). Ese día, Puyol se quedó en el banquillo por decisión técnica. Piqué y Márquez fueron los centrales. Chigrinski había debutado en el choque ante el Getafe, formando pareja con Piqué y desplazando a Puyol al lateral derecho; y contra el Málaga, donde jugó al lado de Carles y fue sustituido al comienzo de la segunda mitad.

Joan Laporta estaba haciendo frente a sus últimos tiempos como presidente. El 30 de junio tendría que abandonar el club, porque se cumplían los dos mandatos a que tienen derecho como máximo los dirigentes del FC Barcelona. Está escrito en los estatutos. Los éxitos de un equipo que estaba haciendo historia, le obligaban a asegurar la continuidad de los jugadores más importantes antes de marcharse. Y Puyol era uno de ellos, le gustara más o menos a su entrenador. El contrato de Carles finalizaba el 30 de junio de 2010, pero el 23 de octubre de 2009 quedó prorrogado hasta 2013.

En las semanas siguientes, las victorias en Liga, Champions y Copa, que empezó a disputarse a finales de octubre, continuaron produciéndose. Solo algún empate en campo contrario, como en El Sadar (1-1), en el Centralnyi de Kazán (0-0) y en San Mamés (1-1) permitían seguir pensando que el Barcelona era un equipo formado por humanos. Ni siquiera el Inter de Mourinho, que se había vuelto a cruzar en el camino de los azulgrana, había sido capaz de arrebatarle la primera plaza en la liguilla. En cuanto al Real Madrid, perdió en el Camp Nou, con gol de Ibrahimović (55'), a pesar de que los azulgrana jugaron la última media hora del choque en inferioridad numérica, por expulsión de Busquets (62'). El equipo madrileño, que entonces dirigía el chileno Manuel Pellegrini, hizo un gran partido, pero Valdés y Puyol estuvieron a un nivel espectacular la noche del 21 de noviembre.

Cuando el FC Barcelona se marchó a Abu Dhabi (Emiratos Árabes Unidos) para disputar la Copa del Mundo de Clubs de la FIFA, era líder de la Liga con 39 puntos. El Real Madrid era segundo, con 34, aunque con un partido menos. La Real Federación Española de Fútbol había autorizado que los azulgrana adelantaran su encuentro de la decimoquinta jornada ante el Xerez (0-2). Así, recuperaban el partido que debía disputarse durante su ausencia de territorio español.

El 16 de diciembre, los azulgrana alcanzaban la final del Mundial de Clubs al derrotar (1-3) al Atlante de México, después de empezar el partido perdiendo. Tres días después, de nuevo en el Zayed Sports City y ahora frente al Estudiantes de La Plata, el Barcelona empezó otra vez perdiendo. Pedro (89') volvió al rescate de su equipo y se convirtió en el primer jugador que conseguía marcar al menos un gol en las seis competiciones en las que había participado el equipo en ese 2009 de auténtico ensueño. Porque Messi (110') puso el broche de oro al mejor año de la historia del club y, posiblemente, de la historia del fútbol. Puyol levantó aquel 19 de diciembre el último título de clubs que le quedaba por conquistar.

El Mundial de Sudáfrica

*E*spaña había iniciado su camino hacia el Campeonato del Mundo de 2010 con un nuevo responsable técnico. Luis Aragonés había entregado el testigo a Vicente del Bosque, un entrenador con una capacidad muy similar a la de su antecesor, pero con un carácter muy distinto. Ni mejor, ni peor. Solo distinto. Los que conocían a Del Bosque estaban seguros de que la selección española estaba en buenas manos y de que el equipo sería fiel al modelo que había permitido alcanzar el Campeonato de Europa de Austria y de Suiza. La apuesta por la posesión y el buen trato al balón iba a mantenerse o incluso superarse y el bloque del equipo, también.

El sorteo de la fase de clasificación emparejó a España con las selecciones de Bosnia Herzegovina, Armenia, Estonia, Bélgica y Turquía. Teniendo en cuenta que ganar y seguir ganando no es fácil, dio la sensación de que aquello era un paseo. La selección ganó los diez partidos de la liguilla. Puyol jugó, completos, los cuatro que se jugaron en 2008 y fue titular en el amistoso frente a Chile del mes de noviembre. Después del parón invernal, una lesión impidió al defensa barcelonista jugar los dos partidos ante Turquía de marzo y abril. Ahí se abría un paréntesis en la competición, porque llegaban el verano y la Copa Confederaciones.

Puyol se recuperó a tiempo de la distensión de ligamentos del tobillo que sufrió en la final de la Champions League ante el Manchester United. Justo, pero a tiempo. Volvió a la selección para el amistoso de junio en Azerbaiján. Y de ahí, a Sudáfrica, para participar en la Copa Confederaciones como vigente campeona de Europa. La idea de la FIFA de celebrar esta competición de campeones continentales era buena, porque permitía poner a prueba la capacidad organizativa del país que, un año más tarde, celebraría el Campeonato del Mundo.

Más allá de que España fuera eliminada en la prórroga de las semifinales por Estados Unidos (2-0), aquella fue una magnífica oportunidad para que Vicente del Bosque, Carles Puyol y la mayoría de los jugadores de la selección conocieran el país y los campos en los que, ya entonces, se intuía que la Roja tendría que jugar al año siguiente. La selección ganó cuatro de sus cinco partidos. Los tres de la fase previa ante Nueva Zelanda (0-5), Irak (1-0) y Sudáfrica (2-0) y el encuentro por el tercer y cuarto puesto, otra vez ante Sudáfrica (3-2).

Como refiere Orfeo Suárez en *Yo soy español*, después de la derrota frente a Estados Unidos, Puyol y Xavi mantuvieron una conversación con el periodista. Xavi se lamentaba de la mala suerte y Puyol, en cambio, otorgaba todo el mérito al partido impecable que habían jugado los americanos. Ni siquiera el consuelo de haber estado quince partidos consecutivos ganando, le decía nada al defensa del FC Barcelona: «Ganar la Eurocopa, el Mundial… Eso es lo que quiero. Lo otro es historia; pero la historia de verdad se hace con títulos».

Ese 26 de junio, en Bloemfontein, la conversación de Suárez con Xavi y Puyol llegó a un punto delicado. Cuando al capitán del Barcelona le preguntó qué sentía cuando se cuestionaba su compromiso con la selección, Puyol fue rotundo: «En mi opinión, no hay nada que decir ni que demostrar. Si estamos aquí es porque queremos. Siempre salen cosas, como cuando se dijo que escondíamos la bandera al doblar los calcetines… ¡Pero si entonces las medias no tenían bandera! ¿Cómo se puede inventar alguien eso? Creo que todo es gratuito y no beneficia en nada a la selección, que es lo único importante. El mensaje que hemos de transmitir a la afición y a los niños es que lo primero es el equipo. Está por encima de todo».

De regreso a España, la selección inició una nueva racha de victorias con otras cuatro más, en las últimas jornadas de la fase de clasificación. Los encuentros del grupo finalizaron el 14 de octubre, con la victoria (2-5) de la selección en Zenica (Bosnia Herzegovina). Y solo cuatro días después, una lágrima recorría la mejilla de muchos futbolistas de ese equipo. El 18 de octubre fallecía en Madrid el periodista Andrés Montes. Era un tipo entrañable. Además de muchos amigos, dejaba un diccionario de frases célebres y una larga relación de apodos con los que había distinguido a los futbolistas de la Liga y de la selección.

Ingenioso como pocos, Montes había acuñado expresiones que en su boca sonaban como en ninguna otra: «Porque la vida puede ser maravillosa», «cómo nos gusta el fútbol», «ra-ta-ta-ta-ta-ta-ta-ta-ta», «los jugones», «que vienen los sioux», «Wilma, ábreme la puerta» y otras muchas. También definió a los equipos, en su conjunto. Se refería al FC Barcelona como «los reyes del tiki-taka» y a la selección de Alemania le llamaba «La industria pesada». A nivel individual, nadie que lo mereciera se había escapado de recibir las aguas bautismales de sus talentosos apodos. «pegamento Imedio» era el italiano Gatusso; a Xavi le llamaba «Humphrey Bogart»; a Iniesta le puso por delante el término «*sweet*» y a Carles Puyol le bautizó «tiburón».

El 4 de diciembre de 2009, España había acudido al sorteo de Ciudad del Cabo. Siendo como era cabeza de serie, a la selección no podían tocarle en el mismo grupo Argentina, Inglaterra, Alemania, Holanda, Italia, Brasil y Sudáfrica, que como país organizador tenía el mismo trato que las mejores selecciones del mundo. Las palabras mayores quedaban, por supuesto, para las rondas finales por eliminación directa. Quedó encuadrada en el grupo H, junto a Suiza, Honduras y Chile. Los partidos se celebrarían en Durban, Johannesburgo y Pretoria.

Tras el paréntesis navideño, la plantilla del Barcelona —que venía de superar los registros del mítico equipo de las Cinco Copas, al conseguir seis títulos— regresó a las competiciones. Un empate en la Liga ante el Villarreal (1-1) y una derrota en la Copa frente al Sevilla (1-2) fueron sus primeros resultados. Habrían sido unos resultados aceptables si se hubieran producido fuera de casa, pero los dos encuentros se habían jugado en el Camp Nou. Además, en el partido ante el Sevilla, Guardiola decidió que jugaran muchos suplentes habituales. Entre otras cosas, alineó a Chygrynskyi y Milito como centrales. Y eso acabaría costando la eliminación del torneo. En la vuelta de aquellos octavos de final, los azulgrana salieron con todo, ganaron y merecieron pasar la eliminatoria (0-1). Pero solo eso.

El 10 de abril, el Barcelona ganó en su visita al Santiago Bernabéu (0-2). Pero la Liga siguió apretada. Después de la jornada 33, en la que los azulgrana empataron en el campo del Espanyol (0-0), el equipo de Guardiola era líder de la Liga con 84 puntos y el Real Madrid era segundo, con 83. Es decir, que la lucha por el título quedaba muy apretada. En la Champions, los barcelonistas habían eliminado al Stuttgart y el Real Madrid había vuelto a caer en octavos frente al Olympique de Lyon. Desde aquel momento, la competición se infló de morbo. La final iba a celebrarse precisamente en el Santiago Bernabéu y los socios barcelonistas soñaban con ganar el título en ese escenario. Los madridistas, por su parte, rezaban todos los días para que los azulgrana se quedaran por el camino. Cuando el equipo superó al Arsenal en cuartos de final y se plantó en semifinales, todo Madrid temblaba.

El 20 de abril, se jugó la ida de las semifinales entre el Inter de Milán de Jose Mourinho y el Barcelona. Ya se habían encontrado en la fase de grupos y los azulgrana se habían mostrado superiores. En el Giuseppe Meazza, ganaron los italianos (3-1). El partido había tenido muchas alternativas pero, sobre todo, había contado con un invitado inesperado. ¿O no? Se trataba del árbitro portugués Olegario Benquerença, de quien se decía que era socio de Mourinho en un negocio. Verdad o mentira, el personaje hizo un arbitraje terrible. Más allá de que el último gol, marcado por Diego Milito, llegara en un fuera de juego de libro, y de que el colegiado Benquerença se comiera un penalti muy claro sobre Dani Alves, pasaron otras cosas. Por ejemplo, que Guardiola modificó el modelo de juego del equipo, colocando a Messi por detrás de Ibrahimović. Con Alves en el centro del campo, el equipo jugaba con 1-3-4-3, con el medio campo posicionado en forma de rombo.

Remontar en la vuelta del 28 de abril en el Camp Nou era posible. La premisa para conseguirlo era hacer las cosas como el Barcelona había demostrado que sabía hacerlas. El equipo tenía que ser fiel a su filosofía, a su modelo de juego, a sus esencias. Pero a Guardiola volvió a traicionarle el subconsciente —era imposible que eso lo hiciera conscientemente— y, en un viaje al pasado, con Cruyff en el banquillo, olvidó que para remontar un resultado adverso ante un equipo italiano hace falta ensanchar el campo, tener una circulación rápida de la pelota, crear situaciones de superioridad numérica y, con todo eso, generar espacios.

Sin Puyol, que no podía jugar por acumulación de amonestaciones, alineó a Víctor Valdés; Piqué, Yayá Touré, Milito; Busquets, Xavi, Keita, Messi; Alves, Ibrahimović y Pedro. Aquel 1-3-4-3, con el centro del campo en rombo, implicaba muchas cosas y todas negativas. El FC Barcelona iba a jugar con una defensa lenta, sin central corrector, con un centro del campo con calidad y músculo pero sin velocidad, con un media punta que solo podía tropezarse con el delantero centro, con un extremo que no lo era y con otro que no recibiría ningún tipo de apoyo. Era un equipo muy previsible, sin amplitud, sin profundidad y, sobre todo, sin la posibilidad de generar situaciones de dos contra uno ni en defensa ni en ataque.

La expulsión de Motta (28') parecía una buena noticia, pero no lo fue. Con dos goles de ventaja de la ida y en inferioridad numérica, Mourinho encerró a su equipo atrás, con Eto'o jugando casi como lateral izquierdo. O sea, que eliminó los espacios y con un sistema muy simple de coberturas y ayudas, defendió en superioridad. Algo tan sencillo provocó que los azulgrana se atascaran cada vez más, a lo que se añadía que Messi e Ibrahimović se estorbaban más de lo que se ayudaban. En el descanso, Guardiola sustituyó a Milito por Maxwell. Para marcar al único delantero del Inter, y siguiendo con la teoría de Cruyff, le bastaba con dos defensas. Pero ese cambio no surtió efecto.

El equipo siguió sin encontrar soluciones. Finalmente, Bojan y Jefren entraron por Ibrahimović y Busquets (63'). Ahora sí, el equipo recuperó su modelo y sus esencias, con Alves y Maxwell en los laterales, con Keita como medio centro, Xavi en el interior derecho, Messi en el interior zurdo y Pedro, Bojan y Jefren arriba. Empezaron a crearse ocasiones y, por fin, llegó el gol de Piqué (84'). Los azulgrana estaban a un solo gol de la final. No había mucho tiempo pero, con el Inter agotado de defender, todo podía pasar. Y pasó. Pero Frank de Bleeckere, el árbitro al que Jose Mourinho menciona siempre como uno de los aliados del Barcelona, anuló un gol a Bojan que habría metido al equipo en la final del Bernabéu.

Cuando acabó el partido, Puyol abandonó el palco de muy mal humor. Le dolía en el alma esa eliminación, como le duelen en el alma todas las derrotas de su equipo. «Tengo muy mal perder y me cuesta mucho digerir cuando las cosas nos han salido mal», dijo una vez. De hecho, esa noche se marchó tan deprisa hacia el vestuario, que no pudo ver cómo Mourinho provocaba las iras del público del Camp Nou, cómo Valdés intentaba impedir el desafío del entrenador portugués y cómo se ponían en marcha los aspersores de riego. Esto no estuvo bien. Ni siquiera la enésima provocación de aquel entrenador —que un día gritó «hoy, mañana y siempre con el Barça en el corazón», desde el balcón de la Generalitat— justificaba la iniciativa de un empleado del club.

De los tres títulos grandes, ya solo quedaba la Liga. Y fue para el Barcelona, porque, a partir del empate con el Espanyol, ganó los cinco partidos que quedaban para cerrar el campeonato. Eso sí, recuperando la filosofía, el modelo y las esencias. La machaconería de Txiki, la valentía de Guardiola, que dejó en el banquillo a Ibrahimović, y el espléndido final de temporada de Bojan permitieron salvar uno de los tres títulos grandes. Llegó en la última jornada. Concretamente, el 16 de mayo de 2010. Ese era el cuarto Campeonato de Liga que ganaban Puyol, Valdés, Iniesta y Messi y el quinto para Xavi.

Tanto el capitán azulgrana como los otros catorce jugadores de la plantilla que iban a jugar el Mundial de Sudáfrica, se concentraron con sus respectivas selecciones: España, Brasil, Argentina, México, Uruguay, Francia y Costa de Marfil. En el caso de la selección española, la preparación incluyó dos partidos amistosos, en Innsbruck y Murcia, ante Corea del Sur (1-0) y Polonia (6-0). Con esos dos triunfos, Vicente del Bosque completaba un total de veinticuatro partidos disputados, con veintitrés victorias y la única derrota, frente a Estados Unidos, en la Copa Confederaciones.

La selección se trasladó a Johannesburgo el 10 de junio, a bordo de un Airbus A-340/600 de la compañía Iberia. De los treinta jugadores que Del Bosque había preseleccionado para preparar el Mundial se cayeron de la lista De Gea, Diego López, Azpilicueta, Senna, Cazorla, Güiza y Negredo. Al seleccionador le dolió en el alma, pero solo podían ser inscritos veintitrés y decidió que fueran Casillas, Valdés y Reina, porteros; Arbeloa, Puyol, Piqué, Albiol, Sergio Ramos, Marchena y Capdevila, defensas; Xabi Alonso, Busquets, Xavi, Iniesta, Cesc Fábregas y Javi Martínez, centrocampistas; y Navas, Silva, Mata, Fernando Torres, Villa, Fernando Llorente y Pedro, delanteros. En total había ocho jugadores del FC Barcelona.

Nadie dudaba, en los días previos al comienzo de la competición, que España iba a conseguir la clasificación para los octavos de final sin despeinarse. Todas las casas de apuestas daban como ganadora a la selección en sus partidos ante Suiza, Honduras y Chile. «Nadie ha ganado un partido sin jugarlo», recordaba Puyol. Y tuvo toda la razón del mundo. El 16 de junio, Suiza nos ganó (0-1) con un gol de Gelson Fernandes (52'). Es cierto que la selección fue mejor, que tuvo una posesión del 63 %, que remató veinticuatro veces a portería por solo ocho de los suizos, que lanzó doce saques desde las esquinas por tres los helvéticos o que solo cometió ocho faltas por veintiuna suyas. Sí, sí, muy bonito. Pero el gol lo metieron ellos y, como Chile ya había ganado a Honduras (1-0), se encendieron las alarmas y las calculadoras empezaron a echar más humo que un club de fumadores compulsivos.

El 21 de junio, Chile volvía a jugar antes que España. Se enfrentaba a Suiza en el estadio Nelson Mandela Bay, mientras la selección española medía sus fuerzas ante la teórica cenicienta del grupo. El equipo de Marcelo Bielsa estaba muy bien trabajado y, en pura lógica, debía ganar. Pero era la misma lógica que no había servido tres días antes contra Suiza. Menos mal que un gol de Mark González, un viejo conocido del fútbol español, le dio la victoria a Chile (1-0). Y España ganó a Honduras (2-0), con dos tantos de David Villa. El asturiano había cerrado su incorporación a la plantilla del Barça unos días antes del Mundial.

La tercera y última jornada del grupo se disputaba el 25 de junio. Los dos partidos empezaban al mismo tiempo (20.30 h). Si Chile ganaba a España y Suiza vencía a Honduras, la selección se volvía a casa. Si España superaba a Chile y Suiza se imponía a Honduras, se producía un triple empate a seis puntos y la clasificación iba a depender de la diferencia de goles. La selección española ganó a Chile (2-1) y Honduras volvió a demostrar que no se puede vender la piel del oso antes de cazarlo. Suiza no pudo pasar del empate, pese a ser superior (0-0). España acabó como primera de grupo por solo un gol de diferencia.

Entrar en los octavos de final había sido mucho más complicado de lo que podía imaginarse. Y ahora el equipo tenía que enfrentarse a Portugal, que acabó segunda en el grupo de Brasil y que no había perdido ninguno de sus tres partidos. Empató con Costa de Marfil y con Brasil (0-0). Entre ambos encuentros, goleó a Corea del Norte (7-0). No había encajado ni un solo gol en 270 minutos. Y aún estaría imbatida otra hora larga más, justo hasta que Villa marcó el tanto que dio la victoria a España frente a nuestros vecinos del oeste (1-0, min. 63'). Ese 29 de junio se cumplían exactamente dos años de la conquista de la Eurocopa de Austria y Suiza.

En la siguiente ronda esperaba Paraguay, de la que era seleccionador Gerardo Martino, *el Tata*, hoy entrenador del FC Barcelona. Por aquel entonces no se había convertido a la fe del juego de posesión, que ahora defiende como si fuera suyo. En ese tiempo, alternaba 1-4-2-3-1, 1-4-3-2-1 y 1-4-4-2. Contra España, el 3 de julio, puso arriba a Cardoso y Valdez para que taparan la salida de balón de los centrales y situó el centro del campo en rombo para que Barreto se echara encima de Busquets. Y estuvo a punto de conseguir su objetivo. España sufrió hasta el minuto 94. Tenía la pelota (68 %), pero no llegaba con claridad. En cambio, las contras de Paraguay eran peligrosas. Casi tanto como el árbitro del partido, el guatemalteco Carlos Batres, que tenía más de peligro público que de juez.

Batres anuló un gol a Valdez (40') por fuera de juego de Cardozo. Según su opinión, había hecho ademán de intervenir en la jugada. Después sancionó un penalti por derribo de Piqué a Cardozo (56'), que lo paró Casillas. Inmediatamente después (59'), Alcaraz arrolló a Villa en el área y Batres también señaló el penalti. Como Villa había fallado ante Honduras, ahora lo lanzó Xabi Alonso. Batió a Justo Villar, pero el colegiado obligó a repetir el lanzamiento y esta vez, falló. Con Cesc jugando de falso 9, el partido fue consumiéndose. Mucho dominio español, muchos «uys» y muchos «ays», pero poco más. Hasta que Villa marcó (82'), tras un jugadón de Iniesta y un remate de Pedro al poste. ¡España estaba en semifinales!

Los jugadores de la selección se sentían como héroes. Pero, al mismo tiempo, los jinternacionales de Del Bosque querían más. No se conformaban con esto. Se entrenaban con una intensidad y una ilusión enormes. Querían llegar hasta el final. Y pensaban a todas horas en cómo hacerlo. En una de las sesiones previas al partido contra Alemania, cuando ya Del Bosque estaba a punto de dar por finalizado el trabajo, Puyol le dijo: «Míster, vamos a probar la jugada que hacemos en el Barça». Y el míster, como le llaman todos, no puso ningún reparo. ¿Para qué? Así que se pusieron a ensayar, una vez que el defensa azulgrana hubo explicado los intríngulis de aquel saque de esquina. Era relativamente sencillo: «Xavi saca el córner, Geri [Piqué] entra primero, engaña y yo voy al remate...»

El día de San Fermín, 7 de julio, los jugadores de la selección estaban como los toros cuando están a punto de abrirles la puerta de toriles para que dé comienzo el encierro. Excitados, con ganas de comerse el mundo. Del Bosque tuvo que tranquilizarlos. Eso lo hace sin esfuerzo. Simplemente hablando con su tono suave y pausado. Les explicó cómo iban a jugar. La novedad principal era que Pedro sería titular y que Fernando Torres se quedaría en el banquillo. Dos ideas, dos advertencias y... a correr. España pasó por encima de la Alemania de Joachim Löw y consiguió meterse en la final.

Pudo conseguirlo en varios momentos de su recital futbolístico. Pero no, el gol de la victoria no podía llegar en una jugada cualquiera. El gol tenía que producirse exactamente como Puyol había dibujado unas horas antes. Saque de esquina desde la esquina izquierda. Alemania se preparó con una defensa combinada: un jugador en el segundo palo, el portero un poco adelantado sobre la mitad de la portería, otro defensor en el vértice del área pequeña y cinco marcadores, uno para cada atacante español. Xavi, de rosca, puso la pelota donde habían acordado. Piqué arrastró a la defensa en un claro amago de ir a rematar y Puyol, llegando desde atrás, saltó con el corazón y remató con el alma (74'). España se había plantado en la final del Campeonato del Mundo (1-0).

Mucha gente cree recordar que aquel gol en la semifinal ante Alemania fue idéntico al que Puyol había marcado al Real Madrid en la mágica noche del 2-6. Fueron muy parecidos, es cierto. Pero hubo una diferencia entre ambos. En el estadio Moses Mabhida de Durban, la jugada se originó en un saque de esquina, mientras que en el Santiago Bernabéu fue en una falta indirecta, casi en la confluencia de la línea de fondo y la del área grande. Todo lo demás fue idéntico: lado izquierdo, golpeo de Xavi, amago de Piqué y remate de Puyol con la frente.

Las finales, todas las finales, se juegan para ganarlas. Nadie las juega para perderlas. Y lo mismo da que llegues a disputarla por tercera vez, como le sucedía a Holanda, que por primera vez, como era el caso de España. En esto, la antigüedad no es un valor añadido. A veces, ni siquiera sirve de nada que un equipo haya jugado mejor, haya tenido más tiempo la pelota o haya dispuesto de más ocasiones de gol. Manda el marcador final. Es así de sencillo, por muy cruel que pueda parecer. Así, el 11 de julio de 2010, en el estadio Soccer City de Johannesburgo, los dos finalistas se encomendaron a su idea de fútbol y a su propio destino.

En conjunto, la selección española fue mejor y más noble. No tuvo «van bommels» ni «de jongs». Mantuvo su apuesta por la posesión y por el fútbol de toque. Tuvo suficientes ocasiones para ganar, con remates de Sergio Ramos, Villa o Cesc, y pudo perder en un mano a mano de Robben, que se tropezó con la pierna izquierda más mágica que Casillas haya sacado jamás. Ya en el tiempo suplementario, con las fuerzas justas, había que seguir en pie. Y encima no bastaba con mostrar capacidad de resistencia. Hacía falta meter un gol. Holanda resistía y España sacaba fuerzas de donde podía para seguir mandando. No quería someterse a la ruleta rusa de los penaltis. Y tanto lo deseó, que, al final, Iniesta tumbó a Stekelenburg y a toda Holanda con un disparo cruzado, tras controlar dentro del área un pase magnífico de Cesc (116′).

Todo lo que vino después lo sabe todo el mundo. El estallido de júbilo, con dedicatoria incluida de Iniesta a su amigo Dani Jarque, «que estás en los cielos», el pequeño suplicio de cuatro minutos que se hicieron interminables, el pitido final de Howard Webb (un inglés con más pinta de *bobby* que de árbitro de fútbol), los abrazos y los besos entre titulares, sustituidos, sustitutos, suplentes, seleccionador, auxiliares… «Andrew, eres el puto amo», le gritaba Puyol al que fue elegido como mejor jugador del partido. En fin, un delirio que continuó cuando Casillas recibió el trofeo más preciado de la historia del fútbol mundial y lo levantó bien alto; cuando el equipo festejó su conquista sobre el terreno de juego; cuando lo celebró en el vestuario y más tarde en el hotel; cuando brindó por el éxito en el avión de vuelta a casa y cuando compartió el éxtasis en la embriagadora rúa por Madrid. El final de la fiesta, en la madrileña plaza de Colón, se produjo por pura afonía.

El soltero de oro

Si la intimidad personal ha tenido un celoso guardián, ese ha sido Carles Puyol. Más allá de su vida secreta, la que solo le pertenece a él y a nadie más, el futbolista ha trazado siempre una línea divisoria muy gruesa entre su vida pública y su vida privada. Siempre ha sido así. Incluso en su temprana y precipitada biografía de la primavera de 2003, la que se escribió cuando Carles solo asomaba tímidamente a la historia del fútbol, él mismo reconocía que aceptar la propuesta de contar su vida era una grandísima equivocación. Eso sí, asumía las consecuencias de sus actos: «Pero ya está hecho. Tengo que pulir este punto de inconsciencia».

Hoy, la idea de que alguien pueda contar cosas de su vida privada sigue sin gustarle lo más mínimo. Le molesta sobremanera que alguien sobrevuele su cabeza con la intención de saber a quién o cuándo dio le dio el primer beso, qué día le sentó mal una copa por primera vez —la última fue en la rúa de la Liga de 2013— o cualquier otra simpleza semejante que los *echaos p'alante* referirían como una heroicidad. Y no es porque a él le moleste contarlo en círculos íntimos. De hecho, lo cuenta. Pero no quiere que, de ninguna manera, esas cosas, pequeñas pero tan y tan suyas, puedan correr de boca en boca y alcanzar el ámbito de lo público.

La suerte de Puyol es que en Catalunya, guste o no guste en otras partes, se respeta la vida privada de las personas mucho más que en otros lugares de España y del mundo. En Madrid, sin ir más lejos, los futbolistas no pueden salir a tomar una copa sin que, al cabo de solo unos minutos, su foto y la de su ocasional acompañante, si es que la tuviera, ya haya sido tomada por los *paparazzi* y puesta a subasta. Solo unos días después, la noticia es portada de la revista del corazón que más ha pagado por la exclusiva, generalmente «robada», por utilizar el lenguaje de ese mundillo tan y tan curioso. De hecho, son muy pocas las fotografías que se han obtenido de Carles con la pareja de cada momento de su vida y la mayoría de ellas corresponden a actos públicos o a períodos de vacaciones.

El interés de la prensa rosa por estos temas ha ido creciendo en los últimos años. En parte porque ha habido famosos que no han tenido el menor rubor en vender las exclusivas más inverosímiles y a precios de oro. Puyol odia todo eso. Y le sienta como una patada en el hígado que una publicación, se llame como se llame y sea del color que sea, se entrometa en su vida privada. A veces, incluso, para combatir esa fiebre por conseguir su fotografía con una de sus parejas, ha optado por ofrecerla directamente a través de las redes sociales y, de este modo, acabar con las persecuciones y las especulaciones que generan este tipo de fotos.

De todos modos, Puyol también ha evolucionado con el paso de los años. Queda ya muy poco de aquel muchacho que salía a cenar con sus amigos o con su novia y que, tan pronto como se acababan los postres, salía en dirección a casa porque el cuerpo le pedía descanso. Es cierto que el reglamento de disciplina fija un tope horario para salir de noche. Horario, por cierto, que es más propio del cuento de Cenicienta que del mundo real de los adultos. Pero sus ganas de volver pronto a casa no tienen que ver únicamente con la existencia de un reglamento interno en su club.

Al Carles Puyol que vivió en La Masia, en el piso que compartió con Felip y Molist, y en la casa de los padres de Agnès, el cuerpo le pedía una vida reposada. Es de los de quedarse en casa a ver una película o un partido de fútbol en el dvd del salón y acostarse temprano. Estaba y está acostumbrado a levantarse pronto. Como estaba y está habituado a ser el primero en llegar al Camp Nou o a la Ciutat Esportiva Joan Gamper para participar en los entrenamientos. Ahora le gusta salir de vez en cuando y disfrutar de una buena sobremesa, sin mirar el reloj como antes. Pero los fotógrafos de la prensa rosa le siguen incomodando como siempre.

Seguramente, el peor de todos los momentos que ha vivido

con el ámbito de la prensa rosa fue cuando, a finales de febrero de 2012, el futbolista quiso que su madre conociera a una de sus parejas, la colombiana Giselle Lacouture. Ese día, Puyol organizó una comida en el restaurante El Trapío, a escasa distancia del domicilio en el que reside. Momentos antes de salir a la calle les informaron que había varios fotógrafos a la misma puerta del local. A la hora de abandonar el restaurante, Carles, Rosa y Giselle salieron en fila india, por este mismo orden y separados por cinco o seis metros de distancia el uno del otro. Todos evitaron mirar a las cámaras y Puyol no pudo disimular su malestar. La cara le delataba. Esa imagen fue interpretada por la prensa de un modo curioso: el encuentro entre la madre y la novia había sido un fracaso.

Fracaso, lo que se dice fracaso, fue su relación con Agnès Comas. Ella fue la primera novia que se le conoció. Y parecía que ese amor de adolescentes duraría toda la vida. De hecho estuvieron juntos muchos años, sin separarse más que cuando Carles tenía que entrenarse o jugar partidos y cuando ella iba a la universidad. Aquella pareja feliz, que disfrutaba tanto haciendo las cosas en común, fue objeto de un reportaje en *Playboy*. Puyol confesó públicamente su amor y explicó pequeños detalles de su relación, como que Agnès estaba enamorada de la ciudad de París o que era ella la que le escogía y compraba la ropa habitualmente.

La pareja se rompió en el año 2008, después de más de diez años de relación. Puyol no ha hablado nunca del tema. Solo lo hizo en la estricta intimidad, sabiendo que no trascendería ni el más mínimo detalle de lo poco que él mismo había contado. Nadie pudo negar, sin embargo, que la ruptura le afectó mucho. Desde aquel momento, no se le conoció ninguna relación hasta casi un año después, cuando fue visto en público con la modelo Malena Costa, de veintitrés años, en el concierto que Alejandro Sanz ofreció, el 15 de septiembre de 2009 en el Palau Sant Jordi de Barcelona. Cuentan que fue Gerard Piqué quien los presentó con la intención de sacar de penas a su compañero de equipo. Pero nadie ha confirmado estos extremos. Carles y Malena estuvieron juntos hasta finales del 2011.

Fuentes próximas a Malena filtraron a la prensa rosa que «los celos de Puyol se cargan la relación». Sin citar quién era el autor de las frases, la web de Antena 3, en su apartado *Celebrities*, daba crédito a la modelo: «Carles presionó tanto a Malena, que las broncas entre ellos eran insoportables. Malena se ha ido de casa, pero no cree que la ruptura sea definitiva. Está dándole tiempo a Puyol porque espera que recapacite». Era todo una novela, aderezada desde la mentira. Entre otras razones, porque, como todo el mundo sabe, los celos no existen. Cuando eso que la gente llama celos no tiene ningún fundamento, es una simple tontería. Y cuando sí tiene fundamento, no son celos… sino cuernos. En cualquier caso, Puyol se sintió tan liberado después de romper con Malena, que aquel hipotético reencuentro que aventuraba el «garganta profunda» ni tan solo pasó por la cabeza del futbolista. La pareja había durado poco más de dos años.

Mucho menos tiempo, apenas unos meses, duró la relación entre Carles y Giselle Lacouture, una modelo colombiana de veinticuatro años que había sido elegida reina del Carnaval de Barranquilla. Según parece, se conocieron en una de las giras que el Barcelona realizó por América. Probablemente fue en la de 2011. Puyol nunca confirmó la existencia de su relación con Giselle, aunque esa fotografía de Carles, su madre y la colombiana, saliendo del restaurante El Trapío, daba a entender que sí eran pareja. A diferencia de Agnès y Malena, que le acompañaron en diversos actos públicos y en las fiestas de celebración de los títulos que ganó el equipo, Giselle no estuvo en ninguno. Según cuentan diversos medios de comunicación especializados, habría sido la cantante Shakira, cuyo nombre auténtico es Isabel Mebarak Ripoll, quien hizo que el futbolista y la modelo se conocieran.

A partir de la ruptura con Giselle, dio la sensación de que la vida sentimental de Puyol entraba en un nuevo paréntesis, como el que se produjo tras su ruptura con Agnès. No obstante, no faltó quien trató de adivinar vínculos entre el futbolista azulgrana y diversas mujeres. Entre estas estuvo la actriz Adriana Torrebejano, de 22 años, conocida por sus papeles en *Tierra de lobos* y *Hospital Central*, dos series televisivas españolas de notable éxito. La verdad es que, a finales de 2012, fueron descubiertos en un restaurante cenando amistosamente. Hay quien dice que después se bebieron unas copas en un local de moda. Y que no hubo nada más.

Pero Twitter tiene memoria, como las hemerotecas. Y el propio Puyol colgó este texto unos días antes de la cena: «Si quereis pasar un buen rato, id a ver #PerversionesSexualesEnChicago con @TorreBe. Un abrazo». Más aún, el 6 de noviembre de 2012, Adriana Torrebejano colgó en su cuenta una foto de los dos juntos. Nadie —porque ellos no han abierto la boca a día de hoy— sabe si aquello fue una simple amistad o algo más. En el mejor de los casos fue una breve historia comparable, más o menos, con la que le atribuyeron a Carles con Mónica Carrillo, poco después de que el futbolista rompiera su relación con Malena.

Malas lenguas, tan malas como la del que le había cargado toda la responsabilidad de la ruptura entre Carles y Malena, soltaron a través de algunas revistas, de mucho nombre pero poca credibilidad, la especie de que Puyol estaba liado con una periodista y presentadora de los informativos de Antena 3 y que esa había sido la verdadera causa de la ruptura. La propia Mónica Carrillo desmintió que hubiera existido nada entre ellos. Simplemente le hizo una entrevista. Más allá de la fotogafía que se hicieron entonces, no hay ninguna prueba de que hubiera algo entre ellos dos. Puyol colgó en su cuenta de Twitter un simple comentario «Ya he terminado la entrevista con @monicacarrillo. Un placer!!!»

Es posible que entre Carles Puyol y Mónica Carrillo o que entre el futbolista del Barcelona y Adriana Torrebejano no hubiera nada. Como mucho, simples actos de amistad, insuficientes para que pueda decirse que esos encuentros estuvieran marcados por el sentimiento. Todo lo contrario de lo que sucede actualmente. Desde enero de 2013, Carles vuelve a estar enamorado. Él no lo ha dicho nunca, pero ella lo ha insinuado. Y al margen de esto, hay suficientes elementos como para creer que la modelo Vanessa Lorenzo puede ser la mujer que le quite a Carles Puyol ese título de soltero de oro que, con novias o sin ellas, con amigas o sin ellas, ha colgado siempre de su cuello, como si se tratara de una medalla olímpica.

Vanessa Lorenzo nació el 7 de enero de 1977 en Badalona (Barcelona). Es, por lo tanto, unos catorce meses mayor que él, que tiene treinta y cinco años cumpliditos. Rubia, de ojos azules y con una mirada seductora, ha sido una de las modelos españolas más cotizadas en el mundo. Ha conquistado los mercados inglés, francés y norteamericano, ocupando las portadas de las más importantes revistas.

Judith Mascó y ella han sido las únicas modelos españolas en ser portada de *Sports Illustrated*. Hija de padres andaluces, a los diez años ya hizo su primer trabajo para la firma Pepe Jeans. Con dieciséis años fue segunda en el concurso de la agencia Élite para Imagen del Año. De ahí saltó a la pasarela donde, con sus 1,72 de estatura, es una de las modelos más bajas de los desfiles. Al margen de ser modelo para numerosos diseñadores, ha sido imagen de campaña de los modistas Yves Saint Laurent y Christian Dior o de las empresas de cosmética L'Oréal y Pantene, entre otras. Al margen de sus incursiones en el mundo del cine (*Entreacto, El topo y el hada* y *Fuocchi d'artificio*), Vanessa Lorenzo está creando su propia marca de ropa.

En cuanto a su relación con Puyol, es de dominio público que van juntos a todas partes, siempre que se lo permiten sus compromisos profesionales. El 29 de abril de 2013, Vanessa declaró: «Espero casarme en un futuro. Estoy muy feliz y contenta. Estoy viviendo un gran momento en el aspecto personal». Cuando le preguntaron qué valoraba más de un hombre, respondió: «La sinceridad, la nobleza y la lealtad». Son virtudes propias de Carles, de quien puntualizó: «Por ahora no me puedo quejar». El 4 de junio, Carles Puyol dio un paso, publicando una foto de ambos en Twitter, acompañada de un texto breve, muy breve: «De viaje».

Aprovechando que Puyol ha estado mucho tiempo lesionado durante el primer semestre de 2013, han estado juntos más de lo que suele ser habitual. Y en poco más de medio año, han estado en La Pobla de Segur, donde pasaron la Semana Santa; han viajado a Nueva York, donde Vanessa Lorenzo tiene un apartamento, y el pasado mes de julio estuvieron unos días de vacaciones en Eivissa. El día 2 de agosto, la modelo y pareja del futbolista azulgrana no tuvo el menor inconveniente en hacer pública su vocación de madre, en el diario astuariano *La Nueva España*: «El proyecto más grande de mi vida es tener hijos. Me gustaría mucho formar una familia».

Cuando se publiquen estas páginas, Vanessa Lorenzo estará embarazada de casi siete meses. Nadie lo sabía y nadie, más allá del círculo íntimo de la pareja, tuvo conocimiento de la noticia hasta el 7 de septiembre. Esa tarde, Carles Puyol publicó este texto en su cuenta de Twitter: «Estamos muy felices de comunicaros que esperamos ser padres a finales de enero». La criatura, por tanto, fue concebida a finales de abril de 2013.

El nuevo Wembley

*E*l final de temporada y el veranito de 2010 fueron de órdago. Muchos creían que ya lo habían visto todo y que los éxitos del equipo habían devuelto la paz al club. El año 2008 había sido kafkiano. Joan Laporta había salvado una moción de censura por los pelos —con el 60,60 % de los votos en contra— y la mayoría de sus directivos había presentado la dimisión después de intentar, en vano, que el presidente aceptara el resultado de la moción como una derrota. Era la segunda vez que a Laporta le sucedía algo parecido. En verano de 2005 ya habían dimitido Sandro Rosell y su gente de confianza, por desacuerdos en la gestión.

Ahora, Laporta tenía que convocar elecciones y las batallas por tomar el testigo al presidente fueron duras. Batallas, en plural, porque se libraron dos. Una dentro del club, antes de que se abriera el proceso electoral, y otra fuera, a partir del momento en que dio comienzo la carrera a la presidencia. Joan Laporta no fue capaz de consensuar el nombre del candidato continuista y, a partir de ahí, se produjeron episodios impropios de una sociedad moderna y de larga tradición democrática como lo es el Fútbol Club Barcelona. Finalmente, Jaume Ferrer sería quien se enfrentase a Sandro Rosell, Marc Ingla y Agustí Benedito en las urnas.

Los jugadores se mantuvieron completamente al margen del proceso, a pesar de que muchos de ellos eran socios del club y tenían sus vínculos sentimentales con alguno de los aspirantes. La inmensa mayoría tampoco votó el 13 de junio de 2010. Puyol no podía hacerlo, porque se encontraba en Sudáfrica para disputar el Mundial, y los estatutos del Barcelona no contemplan el voto por correo. La victoria de Sandro Rosell fue incontestable, con un 61,35 % de los votos. Jamás nadie había obtenido un porcentaje tan alto.

Los cambios en el club estaban servidos. Solo Guardiola tenía el puesto asegurado en la estructura técnica del club. Y solo Txiki Begiristain había anunciado, con mucha antelación, que se marcharía a su casa. Las razones eran absolutamente personales. No estaba dispuesto a trabajar para Rosell. A pesar de ello, el nuevo presidente no se atrevió, durante la campaña, a dar a conocer el nombre del nuevo director deportivo. Nadie lo hubiera hecho sin el consentimiento del único socio del club que, con una sola palabra, habría decidido el resultado de las votaciones. Pero Pep fue honesto y guardó silencio.

Mientras se cocían la nueva estructura técnica del club, las altas y las bajas, se había producido la contratación de Jose Mourinho como nuevo entrenador del Real Madrid. Pese a tener un año más de contrato con el Inter de Milán, el entrenador portugués decidió aceptar también el papel de antídoto frente a la grandeza del Barcelona. Es posible que lo hiciera por despecho. Dos años antes, los entonces vicepresidente deportivo y secretario técnico, Marc Ingla y Txiki Begiristain, habían viajado hasta la ciudad de Lisboa para tantear la posibilidad de que *The Special One* fuera el sustituto de Rijkaard en el banquillo del Camp Nou.

Nadie podía imaginar, en esos momentos, la que se avecinaba. Mourinho, que ya en sus etapas como entrenador del Chelsea y del Inter de Milán había protagonizado enfrentamientos con el Barcelona, se convertiría en muy poco tiempo en un azote del fútbol español; en un problema, incluso para la selección española y para su propio club. Si a Puyol le hubieran explicado todo lo que sucedería en torno a la figura del entrenador portugués no se lo habría creído. El capitán barcelonista había coincidido con Mourinho en su etapa como ayudante de Louis van Gaal y tenía un buen concepto de él, pese a sus diatribas sobre el «teatro del bueno» y a su provocativo paseo bajo los aspersores del Camp Nou.

Mourinho abandonó el Real Madrid tres años después, sin haber acabado con la hegemonía de los azulgrana. Es cierto que Florentino Pérez pudo ofrecerle a sus socios una Copa del Rey, una Liga y una Supercopa de España, un título por año y por este orden. Pero, en este mismo trienio, los barcelonistas conquistaron ocho títulos, y de mayor peso específico: una Champions League, una Supercopa de Europa, un Mundial de Clubs, dos Ligas, una Copa del Rey y dos Supercopas de España. Y aun más, hasta el Atlético de Madrid ganó más títulos en esos tres años, con una Europa League, dos Supercopas de Europa y una Copa del Rey, muy dolorosa para el madridismo, porque fue a costa del propio Real Madrid y en el Santiago Bernabéu.

Para Puyol, lo importante era que, después de unas cortas vacaciones en Eivissa, su duodécima temporada en el Barcelona empezaba con muy buenas perspectivas para su equipo y también para él. Además, Guardiola había renovado por otro año, el tercero, y se había solventado el problema que Ibrahimović suponía para el vestuario. La salida del delantero sueco le trajo sin cuidado. Como se la trajo, también, la decisión del club de devolver a Chygrynskyi al Shakhtar Donetz. Distintos fueron los casos de Yayá Touré, Rafa Márquez y Thierry Henry, con los que no tenía amistad pero por los que sentía aprecio.

A pesar de que Laporta había fichado a David Villa (Valencia) antes de marcharse y de que el club lograse las incorporaciones de Javier Mascherano (Liverpool), Adriano Correia (Sevilla) e Ibrahim Afellay (PSV Eindhoven), la plantilla seguía nutriéndose de jugadores formados en casa. La temporada 2010-11, el cincuenta por ciento de los futbolistas que se entrenaban a las órdenes de Guardiola eran de la cantera. Romanticismos al margen, la sensación general era que el FC Barcelona iba a tener un once muy competitivo, pero que estaba perdiendo estatura y fondo de armario.

A Puyol no es que le traiga sin cuidado todo lo que pasa a su alrededor. Pero siempre ha tenido muy claro que no puede perder ni un solo segundo de su tiempo, de su vida, en cosas que no dependen de él y que, por tanto, no puede solucionar. Tantos años en el club, tantos años de capitán y tantas veces campeón de tantas cosas, pero su actitud seguía y sigue siendo la misma de siempre. No ha cambiado. Era y es el primero en llegar al vestuario y, con independencia de que haga frío o calor, no falta a su cita con el gimnasio y con el entrenamiento ni cuando el entrenador concede día de descanso o convoca una sesión de asistencia voluntaria.

Es más, no descansa ni en vacaciones. Ha tenido, y tiene, entrenadores personales. Toni Manzanares, exjugador del fútbol-base del Barcelona (1974-87), es su profesor de Pilates desde hace unos siete años. Durante un tiempo, Puyol mantuvo un silencio sepulcral sobre esta actividad. Pero ahora no esconde su pasión por un tipo de gimnasia que le permite incrementar fuerza mediante un trabajo de mejora postural, flexibilidad, liberación de tensiones y aumento de la energía central. Son métodos de entrenamiento que desarrolló el alemán Jospeh H. Pilates, durante la Primera Guerra Mundial, mientras permanecía internado en un campo de concentración como prisionero de guerra. Puyol empezó a practicar pilates un año antes de la Eurocopa de Austria y Suiza. Se lo recomendaron para superar unos problemas de espalda que sufrió en 2007, cuando se recuperaba de una intervención por la rotura del ligamento lateral externo de la rodilla izquierda: «Es bueno para mi cuerpo y para mi mente. Entreno dos veces por semana y estoy seguro de que cuando deje el fútbol seguiré practicándolo».

El clima interno estaba crispado porque Johan Cruyff había devuelto la insignia de oro y brillantes que le impuso Joan Laporta cuando le nombró presidente de honor del club, porque Sandro Rosell había impulsado una *due diligence* y porque la asamblea ordinaria de compromisarios había aprobado que se presentara una demanda de responsabilidad civil contra el anterior presidente. Pero Pep Guardiola y la plantilla que capitaneaba un año más Carles Puyol se encerraron en la Ciutat Esportiva y se dedicaron a lo suyo. Es decir, a prepararse para los partidos, a competir en las mejores condiciones y a luchar por todos los títulos posibles.

La temporada empezó con la conquista de la Supercopa de España frente al Sevilla, que se había proclamado campeón de Copa en la final del Camp Nou, contra el Atlético de Madrid. El equipo blaugrana —todavía con Ibrahimović y sin muchos de sus internacionales— perdió la ida en el Sánchez Pizjuán (3-1) pero goleó en la vuelta, con la mayoría de titulares en el campo (4-0). Puyol no jugó ni un minuto, pero el 21 de agosto levantó el trofeo en su condición de capitán del equipo. La Liga empezó una semana más tarde, en Santander, con una cómoda victoria. El Hércules, sin embargo, advirtió al Barcelona que no podía relajarse si quería ser campeón. Los alicantinos ganaron en el Camp Nou (0-2).

Los partidos de Liga, como es habitual, se intercalan con los de la liguilla de la Champions. Siempre es así hasta el mes de diciembre. Entonces las competiciones europeas se paran hasta finales de febrero y este hecho se aprovecha para acumular eliminatorias de Copa del Rey durante el invierno. En el sorteo de Mónaco, el bombo emparejó a los azulgrana con Panathinaikos, Rubin Kazan y Copenhaguen. No eran rivales complicados, ni mucho menos. Y con un mínimo de esfuerzo, el equipo consiguió el objetivo, como campeón de grupo y sin haber perdido ninguno de los seis partidos.

Messi jugaba en una nueva posición. Había abandonado definitivamente la banda y no para actuar de media punta, como querían en Argentina. La Pulga jugaba ahora como falso delantero centro. Por su parte, Puyol seguía a lo suyo, jugando la mayoría de los encuentros. El día 14 de noviembre de 2010, en el Camp Nou y en el choque de Liga contra el Villarreal (3-1), el defensa central disputaba su partido oficial número quinientos con el Barcelona. Hasta ese momento, únicamente Migueli (549) y Xavi (540) habían jugado más encuentros que él en toda la historia del club. El 19 de mayo de 2013, Valdés se convirtió en el cuarto mosquetero azulgrana en llegar al medio millar de partidos oficiales disputados.

Por supuesto, Carles Puyol también jugó de titular el 29 de noviembre. Esa noche saltó al césped del Camp Nou el mejor equipo posible. O sea, el once titular que habían dejado en herencia Joan Laporta y Txiki Begiristain: Valdés; Alves, Piqué, Puyol, Abidal; Xavi, Busquets, Iniesta; Pedro, Messi y Villa. No podía faltar ninguno, porque llegaba el Real Madrid y, además, lo hacía como líder invicto del campeonato. Con Jose Mourinho, había ganado diez partidos y empatado los otros dos. El Barcelona llevaba un punto menos. También había logrado diez victorias, pero había empatado con el Real Mallorca y perdido con el Hércules.

El Madrid, que únicamente había encajado seis goles en las doce primeras jornadas del campeonato, salió del estadio barcelonista literalmente escaldado. Los azulgrana fueron una apisonadora. Así, tal como suena. Ganaron 5-0, igual que en aquel mítico 17 de febrero de 1974, en el Santiago Bernabéu, con Cruyff como mariscal de campo, e idéntico resultado que el 8 de enero de 1994, en el Camp Nou, con el *hat-trick* de Romário, Alkorta recogiendo su cintura del suelo y Cruyff, otra vez él, al mando de las operaciones. Puyol ya sabía cuál era la diferencia entre meterle una manita al filial en un clásico o metérsela al primer equipo.

En el encuentro de la jornada anterior, el Barcelona había vencido al Almería (0-8) y, ahora, con el chute de autoestima que significaba golear al Madrid, cogió carrerilla. Otros cuatro equipos encajaron manitas en esa Liga: Real Sociedad (5-0), Espanyol (1-5), Betis (5-0) y nuevamente Almería (5-0). Daba la sensación de que los azulgrana podrían repetir el triplete de la temporada 2008-09, porque solventaban sus compromisos en la Copa del Rey y en la Champions League con una facilidad muchas veces insultante. Mientras, Puyol se lesionó el 22 de enero en El Sardinero. Fue reemplazado en el descanso por Piqué. Sufría una tendinopatía en el vasto interno de la rodilla izquierda. Realizó un tratamiento conservador, pero estuvo de baja a lo largo de tres interminables meses.

Durante el mes de marzo, dos noticias de mucho impacto golpearon anímicamente a Puyol y al vestuario del FC Barcelona. El 5 de marzo de 2011, Miki Roqué anunciaba entre lágrimas su retirada momentánea del fútbol para tratarse de un cáncer de pelvis. El jugador del Betis, de solo veintidós años, había nacido en Tremp, la capital del Pallars Jussà, a solo trece kilómetros de La Pobla de Segur, de donde era su madre. Diez días más tarde, el club azulgrana emitió un comunicado oficial para dar a conocer que «al jugador Éric Abidal se le ha detectado un tumor en el hígado». Hacía mucho tiempo que las palabras cáncer y tumor no se escuchaban asociadas a un futbolista en activo. En 1996, Lubo Penev (Valencia) causó baja para tratarse de un cáncer de testículo y, en 2002, el portero José Molina (Deportivo de La Coruña) repetía por idéntica causa. Los dos volvieron a jugar en poco tiempo y siguen vivos, sin necesidad de más tratamiento. Sus ejemplos ofrecían caminos de esperanza.

Estas dos noticias no afectaron el rendimiento del equipo

azulgrana, que prosiguió con una fuerza increíble su camino hacia los títulos de Copa del Rey, Liga y Champions League. Era como si tuvieran que ganar por Miki y por Abi, que así los llamaban cuando se dirigían o se referían a ellos. En la Copa, el Barcelona eliminó al Ceuta, al Athletic de Bilbao, al Betis y al Almería. De modo que llegaron a la final del 20 de abril, en la que jugarían el tercero de sus cinco partidos de la temporada contra el Real Madrid. Otro capricho del destino había querido que el clásico de la segunda vuelta de la Liga se jugara el 16 de abril, solo cuatro días antes de la final de Mestalla, y que las semifinales de la Champions League entre los dos transatlánticos españoles se celebraran el 27 de abril y el 5 de mayo, en el Bernabéu y en el Camp Nou, respectivamente.

El empate en el choque liguero del Bernabéu dio prácticamente la Liga al Barcelona (1-1). Los azulgrana llegaron a Madrid con ocho puntos de ventaja y salieron con esa misma ventaja a solo seis jornadas para el final. El equipo de Guardiola fue muy superior. Solo el sibilino arbitraje del asturiano Muñiz Fernández —hijo de un juez de línea poco amigo de los barcelonistas— le impidió la victoria. Messi transformó un penalti que Albiol cometió sobre Villa (53′). La falta fue tan clara que el defensa madridista tuvo que marcharse a los vestuarios por roja directa. Luego, Muñiz se zampó un claro derribo de Casillas al propio Villa y sancionó con penalti una supuesta falta, que no existió, de Alves sobre Marcelo. Cristiano Ronaldo (82′) transformó el lanzamiento en el gol del empate definitivo.

Puyol reaparecía después de casi tres meses de baja, pero tuvo que ser sustituido (58′) a causa de una contractura en los isquios de la pierna izquierda. En un principio los médicos tuvieron la impresión de que el capitán podría jugar la final de la Copa del Rey. Pero la lesión, la número treinta de su carrera profesional, le impidió disputar la final. Mientras, Mourinho inició su cruzada particular contra los árbitros, aprovechando que, en los partidos de Liga contra los azulgrana, su equipo siempre acababa con un jugador menos. No tenía razón, porque hasta Sergio Ramos llamó por teléfono a Carles Puyol para disculparse por la agresión que cometió sobre Messi (90′) y contra el propio Puyol, en el Camp Nou, y porque la tarjeta roja de Albiol en el Bernabéu está perfectamente tipificada en el reglamento: derribar al contrario, siendo el último hombre y evitando una ocasión manifiesta de gol.

Mourinho calentó mucho la final de Mestalla. Al Real Madrid le vino bien. El navarro Undiano Mallenco permitió unos niveles de dureza, agresiones y desconsideraciones, que pudieron condicionar el partido. Y no hacía falta llegar hasta ahí. Los madridistas fueron superiores en la primera mitad y el Barcelona pudo resolver la final en la segunda. Pero Pinto y, sobre todo, Casillas estuvieron inmensos. En la prórroga, Cristiano Ronaldo marcó el único gol de la final (102'). Es posible que el equipo de Guardiola acusara las bajas de Valdés, por decisión del propio técnico, del lesionado Puyol y de Abidal, aún convaleciente de su operación de hígado del 16 de marzo.

El entrenador y los jugadores del Barça felicitaron al Real Madrid por el título, del mismo modo que después del 5-0 del Camp Nou habían dicho que el equipo de Mourinho era extraordinario y que esa victoria tan abultada había sido circunstancial. Pero a Guardiola le preguntaron en la rueda de prensa por un gol anulado a Pedro. El técnico azulgrana respondió que estaba bien anulado, aunque la posición antirreglamentaria se había producido por muy pocos centímetros y que, si el juez de línea hubiera dado por bueno el gol, el campeón sería otro. Mourinho también le sacó punta al lápiz y en la rueda de prensa previa al partido de Champions de la semana siguiente, en el Santiago Bernabéu, lanzó un ataque durísimo contra el propio Guardiola y contra los barcelonistas.

Mourinho calculó mal la jugada. Su rueda de prensa se produjo por la mañana y Guardiola hablaría a última hora de la tarde. Dejarle tanto tiempo para pensar si respondía —y, en caso afirmativo, qué le respondía— no era demasiado inteligente. Pep pensó lo necesario para saber que sí debía contestar al entrenador del Real Madrid. Pero no por el gusto de hacerlo o porque él mismo fuera a sacar ventaja de todo ello. Pensó en sus jugadores, que llegaban al Bernabéu con un alto nivel de agotamiento nervioso. La respuesta de Guardiola fue demoledora: «Como él me ha tuteado, yo le tuteo», «¿cuál es la cámara del señor Mourinho? Bueno, deben ser todas», «aquí, Mourinho es el amo, el puto amo», «en la sala de prensa, ya ha ganado; le regalo esta victoria y todas las demás y le recuerdo que nosotros los partidos los jugamos en el campo». Los jugadores del Barcelona escucharon la rueda de prensa de su entrenador por la radio, mientras regresaban a su hotel de concentración. Guardiola volvería más tarde, en coche. Cuando entró en el comedor del hotel, Puyol y los demás jugadores se pusieron en pie y le dedicaron una espectacular ovación. El FC Barcelona había empezado a clasificarse para la final del 28 de mayo en Wembley.

El Real Madrid salió con miedo y excitado a la vez. No sé qué les diría Mourinho en el vestuario, pero muy pocos jugadores de su equipo estaban en los niveles de activación adecuados y algunos iban pasados de vueltas. Así, difícilmente serían capaces de controlar sus emociones. Dos goles de Messi (76′ y 86′) tumbaron a un equipo que jugaba a defenderse y que había perdido a Pepe por una entrada fuera de lugar sobre Alves. Arbeloa, Xabi Alonso, Diarra o Adebayor también pudieron irse a la caseta antes de acabar el partido. Pero el alemán Wolfgang Stark solo mostró la roja a Pinto en el túnel de vestuarios (45′), a Pepe por su falta (61′) y a Mourinho por sus airadas protestas (62′). Después sería sancionado por la UEFA por el esperpento de rueda de prensa que protagonizó. ¿Por qué?

La vuelta en el Camp Nou, el 3 de mayo, volvió a estar competida, aunque todos sabían que difícilmente el Real Madrid podría ganar por tres goles de diferencia. Pedro adelantó al Barcelona (54′) y Marcelo consiguió el empate (64′). La noticia del partido fue la reaparición de Abidal (90′). El defensa francés entró por Puyol. Ambos se fundieron en un largo abrazo, que tenía mucho que ver con la fuerza y la energía que se habían estado transmitiendo durante todo un proceso que, en ese momento, tenía la pinta de haber acabado.

El 11 de mayo, otra vez en el Ciutat de Valencia, el Fútbol Club Barcelona se proclamó campeón de Liga. Era la tercera consecutiva en los tres años de Guardiola como entrenador, y la quinta de Puyol. El resultado del partido contra el Levante volvió a ser el mismo que en 2005, pero esta vez con goles de Keita (28′) y Caicedo (41′). Abidal, que había jugado veinte minutos en el partido de la jornada anterior contra el Espanyol, fue titular por primera vez desde que le extirparon el tumor maligno que se había colado en su hígado de deportista. Quedaban dos jornadas para el final del campeonato y el equipo tendría tiempo para preparar la final de Wembley, otra vez, como en Roma, frente al Manchester United.

Los preparadores físicos, con Paco Seirul·lo y Lorenzo Buenaventura a la cabeza, bordaron el trabajo con los jugadores, que llegaron a Londres en un estado físico excepcional. Todos, menos Puyol, que, a pesar de que había sido titular en los partidos más importantes de esa primavera, se resintió de su lesión de rodilla y tuvo que abandonar el entrenamiento del 27 de mayo en Wembley. El equipo llegó a la final con una frescura enorme y convencido de que podía vencer a un Manchester United que no era el mismo de Roma. Había vendido a Cristiano y estaba en proceso de renovación. Pero aún contaba con jugadores que habían disputado la final de 2009, como Van der Sar, Ferdinand, Vidić, Evra, Scholes, Giggs, Park o Rooney, junto a jóvenes como Fabio, Valencia o Chicharito.

El Barça seguía en lo suyo. No jugaba Puyol y eso preocupaba a los más pesimistas. El equipo no había perdido ninguno de los veintisiete partidos de la temporada en que había intervenido el capitán y para muchos ya no era un jugador, sino un talismán. Pero daba igual. Valdés; Alves (Puyol, 88'), Piqué, Mascherano, Abidal; Xavi, Busquets, Iniesta; Pedro (Afellay, 90'), Messi y Villa (Keita, 86') estaban ahí para darle la razón a todos los que decían que formaban el mejor equipo de la historia del fútbol y a todos los que empezarían a decirlo después de esa final.

Uno de aquellos fue sir Alex Ferguson. «Ningún equipo nos había dado nunca una paliza así», reconoció nada más acabar el encuentro. El recital de los azulgrana fue incontestable. Como el resultado final (3-1), con goles de Pedro (27'), Rooney (34'), Messi (54') y Villa (69'). Pero el FC Barcelona demostró en el nuevo Wembley que era mucho más que un grupo de futbolistas que juegan como los ángeles. También dejaron constancia de la calidad humana de todos los jugadores y, de forma especial, de su capitán Carles Puyol. Esa noche le correspondía recoger el trofeo de manos de Michel Platini, presidente de la UEFA. Pero Carles, después de hablar con su compañero Xavi, decidió que fuera Éric Abidal quien recibiera la cuarta Champions League de la historia de un club que, en aquella final, había alineado a ocho jugadores educados en un modelo de éxito, repleto de valores.

El cáncer de Miki, Abidal y Tito

*E*l 1 de junio de 2011, Carles Puyol se sometió a una intervención quirúrgica para solventar los problemas que seguía dándole la rodilla izquierda. Era la tercera vez que entraba en el quirófano. Todo indicaba que las molestias guardaban relación con la tendinopatía del vasto interno, pero el doctor Ramón Cugat, que llevó a cabo la operación, y el doctor Ricard Pruna, médico del club que presenció la artroscopia, informaron a los periodistas que le habían extraído «un cuerpo libre, de origen cartilaginoso, procedente de la tróclea femoral».

¡Hay que ver como se complican los médicos para explicar una cosa tan sencilla! Una tendinopatía es, pura y simplemente, una lesión por sobrecarga del tendón. Hay muchos tipos de tendinopatías, pero la más frecuente es la tendinitis. Y una tendinitis es una simple y llana inflamación del tendón. Y en la intervención, según dijo el doctor Cugat, le habían extraído a Puyol un trocito de cartílago que se había desprendido de la pequeña cavidad que se forma en la confluencia de los cóndilos femorales. ¿Cóndilos? Sí, son las dos formas redondeadas de la base del fémur que reposan sobre los meniscos, en la meseta tibial.

En cualquier caso, Puyol se quedó otra vez sin vacaciones. O dicho de otro modo, dedicó una gran parte de sus vacaciones a la recuperación de su rodilla izquierda, bajo los cuidados de Juanjo Brau, un tipo extraordinario por su capacidad profesional y humana. El proceso de rehabilitación se inició tan pronto como al día siguiente de la intervención, cuando el defensa barcelonista fue autorizado para abandonar la clínica. Aparentemente, Puyol estaría en condiciones de jugar a finales de agosto, es decir, en los mismos comienzos de la temporada

2011-12. Pero era casi imposible que llegase a tiempo para jugar la Supercopa de España contra el Real Madrid.

La competición entre el campeón de la Liga (FC Barcelona) y el campeón de la Copa del Rey (Real Madrid) se jugó los días 14 y 17 de agosto. Demasiado pronto para que Puyol pudiera disputarla. En la ida, los azulgrana empataron (2-2) en el Santiago Bernabéu. Y en la vuelta, ganaron (3-2) los barcelonistas con un gol de Messi (88') que deshacía la igualada. Los madridistas perdieron, otra vez, el señorío. Y Marcelo tumbó a Cesc con una fuerte entrada por detrás, delante de los banquillos. Fue una acción de impotencia, que desencadenó una tangana. En el fragor de la batalla, Mourinho apareció para meterle el dedo en el ojo a Tito Vilanova, en una acción insólita.

Más allá de que Mourinho fuera tratado por los comités federativos como un agredido en lugar de ser sancionado como el agresor que era, esta nueva actuación del portugués solo servía para acrecentar la tensión entre los jugadores, trasladar el problema a la selección española y dar pie a que unos cuantos listos —con letra de imprenta más propia de un disco solicitado por el amo que de una pancarta espontánea— colgaran en el Bernabéu una sábana con un texto merecedor de sanción: «Mou, tu dedo nos señala el camino». ¡Qué pena!

Después de ganar la décima... Supercopa de España, el Barcelona se fue a Mónaco a jugar la Supercopa de Europa ante el Oporto. Los azulgrana con Alexis y los portugueses sin Falcao se enfrentaron el 26 de agosto. Y ganaron los barcelonistas con goles de Messi (39') y Cesc (88'). Lo del chiquillo argentino, que había padecido déficit de hormonas de crecimiento, era insultante. Se había convertido, con apenas veinticuatro años, en el mejor jugador del mundo. Solo cuatro días antes había iniciado su carrera. Los primeros sorprendidos eran sus compañeros. «Piensas que no puede hacerlo y lo hace», decía Puyol.

Guardiola volvió a renovar por otro año. Solo uno, porque no podía firmar por medio. Al menos, eso decía. Quiso introducir variantes en el juego del equipo. Pensaba que era demasiado previsible y que si el club quería seguir ganando, tenía que evolucionar. Pero jugar con el sistema 1-3-4-3 no era ir hacia delante, sino regresar a los años noventa, cuando Pep debutaba como medio centro del Barcelona en el que luego sería bautizado como el *Dream Team*. Jugar con tres atrás era perder el dos contra uno en las bandas y renunciar a jugar con los pasillos exteriores e interiores al mismo tiempo. Van Gaal lo había intentado en 2002 y fracasó. Varios clubs italianos, también el Milan, lo habían probado y ya habían regresado sobre sus propios pasos. Cuando vio que no salía bien, Guardiola intentó que Sergio Busquets actuara como defensa central en fase de pérdida y fuera medio centro en fase de posesión.

Las consecuencias fueron terribles, porque el equipo cedió muchos empates en partidos que tenía ganados. El Real Madrid mantenía una marcha muy regular, camino de los cien puntos y del récord de goles de la historia de la Liga. Y al Barcelona, incómodo con esas innovaciones, solo le faltó recibir la puñalada de finales de noviembre de 2011. Los médicos le habían detectado un cáncer de parótida a Tito Vilanova. Fue operado el día 22 por el equipo de especialistas en cirugía maxilofacial del hospital del Valle de Hebrón, encabezado por Coro Bescós Atin y Jorge Pamias Romero. El comunicado médico decía simplemente que había sido intervenido con éxito. Horas después de la operación, el doctor Josep Ramon Germà, jefe del servicio de oncología médica del Institut Català d'Oncologia, envió un mensaje de esperanza, diciendo que «en el 80 % de los casos, los tumores de parótida son completamente benignos».

Puyol había vuelto a las convocatorias del equipo pero no acababa de encontrarse del todo bien. Sufría pequeñas lesiones, consecuencia de las sobrecargas derivadas de procesos de recuperación largos. Nada importante, desde luego. Sí era importante, y mucho, estar al lado de la familia de Miki Roqué, que ni siquiera podía hacer frente al tratamiento que el joven futbolista estaba recibiendo en la clínica Dexeus de Barcelona. En silencio, como se hacen estas cosas, Puyol dio instrucciones al hospital para que le comunicaran directamente a él todo lo que el jugador del Betis pudiera necesitar.

En diciembre, el Barcelona volvió a disputar el Mundial de Clubs. Esta vez jugaban el Santos (campeón de América del Sur), el Monterrey (campeón de Norte, Centroamérica y Caribe), Al Saad (campeón de Asia), el Espérance (campeón de

Africa), el Aukland City (campeón de Oceanía) y el Kashiwa Reysol (campeón del Japón). Los azulgrana derrotaron (4-0) al Al Saad en las semifinales y se adjudicaron el título, tercero de la temporada y quinto del año, al vencer (4-0) al Santos de Neymar en la final. Puyol jugó los dos partidos prácticamente completos. En la final fue reemplazado por Fontás (85'). Como capitán, volvió a recoger el trofeo correspondiente.

Las vacaciones de Navidad fueron tranquilas. Y la vuelta a la Liga y la Copa del Rey se realizaron dentro de los parámetros habituales. El FC Barcelona volvió a encontrarse con el Real Madrid en los cuartos de final. Parecía claro que a doble partido, los azulgrana eran más fuertes. La victoria (1-2) en la ida del Bernabéu, disputada el 18 de enero decidía prácticamente la eliminatoria. El Real Madrid, más centrado en la Liga, empató (2-2) en la vuelta. En semifinales, tocó jugar contra el Valencia los días 1 y 8 de febrero. La ida fue en Mestalla. El duelo terminó en empate (1-1) con gol de Puyol (35'). Y en la vuelta ganaron los azulgrana (2-0). La final sería frente al Athletic Club de Bilbao, en el Vicente Calderón.

El 16 de marzo, justo un año después de que se diera a conocer la noticia de que Abidal tenía un cáncer, se supo que las pruebas realizadas al futbolista francés desvelaban que el cáncer se había reproducido y que, por lo tanto, debería someterse a un trasplante de hígado tan pronto como se localizara un órgano compatible. La lista de espera era grande, pero a Abidal le tocó la lotería dos veces. La primera, porque su primo Gerard se ofreció a donarle un trozo de hígado. Y la segunda, cuando las pruebas desvelaron que era compatible. La doble intervención se llevó a cabo el 10 de abril de 2012. Todo salió satisfactoriamente. Pero quedaba la duda de si Abidal podría volver a jugar al fútbol. No existía ningún precedente que permitiera mostrarse optimista, ni tampoco pesimista.

Puyol no pudo jugar la final de la Copa del Rey, porque una nueva lesión —esta vez en la rodilla derecha—, le volvió a llevar al quirófano el día 12 de mayo de 2012. La intervención se produjo casi por sorpresa. El club lo sabía y Vicente del Bosque, también. El capitán azulgrana se perdía la Eurocopa de Polonia y Ucrania, donde sus compañeros volverían a proclamarse campeones. De hecho, Puyol había jugado su partido número

99 con la selección el dia 29 de febrero de 2012, en Málaga y frente a Finlandia, con victoria del conjunto español (5-0). El propio defensa barcelonista informó del resultado de la operación a través de su cuenta de Twitter.

Entre unas cosas y otras, la Liga fue para el Real Madrid, con nueve puntos de ventaja sobre el vigente titular del trofeo. Mourinho festejó el título como si fuera el fin del mundo. Es cierto que nunca nadie había ganado la Liga con cien puntos, pero eso tampoco justificaba que se dieran ciclos por acabados, ni que se hablara de hegemonías arrebatadas y otras sandeces de similar calibre. La Champions League fue a parar a manos del Chelsea, que eliminó al Barcelona en semifinales, con victoria en Stamford Bridge (1-0) y empate en la vuelta (2-2), otra vez con la maldita defensa de tres (Puyol, Piqué y Mascherano).

El 27 de abril de 2012, Guardiola hizo pública su decisión de poner punto final a su etapa como entrenador del FC Barcelona. No le gustó nada lo que sucedió en aquella rueda de prensa, a la que asistieron los jugadores, encabezados por su capitán Carles Puyol. El club, por sorpresa, anunció que Tito Vilanova sería el sustituto de Pep. Eso no era lo que se había pactado entre bastidores. Ocho días más tarde, el 5 de mayo de 2012, Guardiola tuvo su despedida de verdad. Después de que su equipo goleara al Espanyol (4-0), pudo dirigir unas palabras a los socios que llenaban las gradas del Camp Nou. Su último servicio al club fue, no obstante, el 25 de mayo, en la final de la Copa del Rey. La victoria de los barcelonistas fue incontestable (3-0), ahora con dos tantos de Pedro (2' y 25') y uno de Messi (20'), que acabó el año con cincuenta goles en la Liga.

El 24 de junio, se producía la trágica noticia de la muerte de Miki Roqué. Habían transcurrido quince meses y medio desde que el propio futbolista anunciara su retirada temporal para someterse a tratamiento. Pero ya no pudo regresar. Tenía solamente veinticuatro años. No era justo; no es justo que pasen estas cosas. En la final de Wembley del año anterior, Puyol había lucido una camiseta en la que podía leerse «Ànims, Miki!» El golpe fue terrible. Y el capitán azulgrana ha seguido recordando al joven futbolista de muchas maneras. La última fue el 15 de abril de 2013, cuando estrenó unas nuevas botas de la marca Nike, con la inscripción «MR26», que correspondía a las iniciales de Miki Roqué y al número de dorsal que el defensa central y centrocampisa vestía en el Real Betis antes de su retirada prematura de los terrenos de juego y de la vida.

Tras recibir el alta médica, Puyol regresó a los campos como un trueno. O casi podría decirse como un caballo desbocado. Reapareció el 4 de agosto de 2012 en el Parque de los Príncipes, en un amistoso ante el Paris Saint-Germain, y luego jugó algunos encuentros más. Pero las molestias volvían a aparecer y tuvo que descansar de nuevo. Se perdió la ida de la Supercopa de España, que se jugó el 23 de agosto en el Camp Nou. El Barcelona estuvo a un gran nivel, pero dos errores inverosímiles, uno de Messi en un mano a mano con Casillas y otro de Valdés, maquillaron el triunfo final de los azulgrana (3-2).

Puyol reapareció el 26 de agosto, ante el Osasuna y en la segunda jornada de Liga. Aunque acabó el partido, en un lance del juego se fracturó el pómulo. Así que se perdió la vuelta de la Supercopa en el Bernabéu, donde el 29 de agosto sus compañeros perdieron (2-1), acorralando al Real Madrid pese a jugar con un jugador menos por expulsión de Adriano (28′). Carles estuvo tres semanas de baja y el 15 de septiembre volvió a jugar, en el Coliseo Alfonso Pérez, contra el Getafe. Víctima de su propio ímpetu, se produjo un esguince de ligamentos en la rodilla. Mascherano le reemplazó (57′). Y por si no tenía bastante, el día 2 de octubre, se produjo una luxación de codo en el partido de Champions ante el Benfica, en Lisboa. Esta vez fueron cinco semanas de baja.

Todo eso, siendo mucho, no era nada si se comparaba con lo que estaban pasando Éric Abidal y Tito Vilanova. El futbolista francés iba recuperándose lentamente del transplante de hígado y nadie sabía si tendría que retirarse. El caso del entrenador fue que el 19 de diciembre le comunicaron que el cáncer de parótida que sufría se había reproducido. Volvieron a intervenirle en el hospital Valle de Hebrón y le dieron las pautas para que se tratara con radioterapia y quimioterapia. La familia quiso tener una segunda opinión y, aunque sus médicos de Barcelona le desaconsejaron que fuera a los Estados Unidos para someterse al mismo tratamiento que podía recibir en casa, Tito decidió ir a Nueva York. Mientras estaba allí, el 21 de febrero Abidal recibió el alta médica y empezó a preparar su vuelta.

El equipo, mientras, iba lanzado. La primera vuelta de la Liga fue espectacular, con récord de puntos incluido. Si el Barcelona mantenía la velocidad de crucero durante todo el campeonato, podía pulverizar el récord de los cien puntos. Pero el equipo acusó la baja prolongada de Tito. En la Copa del Rey había eliminado a Alavés, Córdoba y Málaga, pero fue eliminado por el Real Madrid en semifinales, con empate en el Bernabéu (1-1) y descalabro azulgrana en el Camp Nou (1-3). En la Champions, el equipo superó la fase de grupos ante Benfica, Celtic y Spartak de Moscú. En octavos se enfrentó al Milan. Tuvo que hacer la proeza (4-0) de levantar el mal resultado de la ida (2-0). En cuartos se midió al París Saint-Germain. Pasó llorando, con empates en la capital francesa y en Barcelona (2-2 y 1-1). Y en la semifinal, con Puyol y Messi lesionados y con varios jugadores importantes aquejados de molestias, el Bayern de Múnich pasó como una apisonadora por encima de los azulgrana, allí (4-0) y en el estadio (0-3).

El 6 de febrero de 2013, Puyol tuvo una de las pocas alegrías de la temporada. Fue convocado por Vicente del Bosque para disputar un partido amistoso ante Uruguay, en Doha. Esto no hubiera tenido nada de particular. Pero lo tenía, porque se trataba del partido número cien del defensa del Barcelona con la selección. Carles Puyol jugó como titular y fue reemplazado en el descanso por su compañero de equipo y amigo Gerard Piqué. Pero el 15 de marzo, justo después del partido de vuelta de Champions ante el Milan, el capitán azulgrana volvió a pasar por el quirófano. La rodilla derecha seguía sin estar bien. Así que se puso nuevamente en manos de Ramón Cugat. En apariencia, otra vez en apariencia, todo había ido bien, aunque se le acusara de haberse operado por despecho y sin comunicárselo a los médicos del club. Puyol desmintió que eso hubiera sido así, en una rueda de prensa que ofreció a final de temporada.

La vuelta de Tito Vilanova y de Éric Abidal fue otra buena noticia para todos y, en especial para Puyol: «He hablado más con Tito que con todos los entrenadores que he tenido. Y nunca me ha mentido». El entrenador reapareció en el partido de ida de los cuartos de final de la Champions League en París. El resultado (2-2) de aquel 2 de abril sería clave para que el Barcelona alcanzara las semifinales por sexto año consecutivo, algo que nadie ha conseguido jamás. Y el 6 de abril, en el partido de Liga contra el Mallorca (5-0), Abidal entró en el campo (69') para reemplazar a Piqué en el puesto de defensa central. Se cumplían 402 días desde que el futbolista francés se sometiera a la operación de trasplante de hígado.

La Liga fue para el Fútbol Club Barcelona. Era la cuarta en cinco años y, además, se había conseguido igualando los cien puntos del récord de Mourinho y estableciendo el nuevo récord de goles marcados en la historia del club (115). Se consiguió el 12 de mayo en el Vicente Calderón, con una victoria (1-2) y jugando los últimos minutos con un jugador menos, por lesión de Messi. Una semana más tarde, el 19 de mayo, Carles Puyol recogió el trofeo de manos de Angel María Villar, presidente de la Real Federación Española de Fútbol. Pero el capitán ni siquiera hizo ademán de levantarlo. Buscó a Tito Vilanova y a Éric Abidal y les pidió que fueran ellos quienes ofrecieran la copa a los socios y a los aficionados. Y así fue.

El día 1 de junio fue el último día que Tito Vilanova dirigió un partido del FC Barcelona y el último día, también, que Abidal jugó con la camiseta azulgrana. Salió en sustitución de Piqué (75') y al término del encuentro, el club le tributó un homenaje de despedida. El futbolista quería continuar, pero la directiva decidió que no le renovaría el contrato. Hoy está jugando en el Mónaco y en la selección francesa, donde su rendimiento está siendo notable.

Por lo que respecta a Tito, el día 19 de julio se vio obligado a renunciar a su cargo de entrenador como consecuencia de una recaída en su trágica enfermedad. Por expreso deseo suyo y de su esposa, se está observando un escrupuloso respeto a la intimidad de la familia. En el club le esperan para que desempeñe funciones técnicas tan pronto como se encuentre con fuerzas para hacerlo. Todos, empezando por Carles Puyol, están deseando que sea dentro de un rato.

Maldini y la profecía de Thuram

*D*esde que el mundo es mundo, el ser humano ha tenido una tendencia natural a buscar referentes con los que identificarse. Es algo que sucede, sobre todo, durante la infancia y la adolescencia. A lo largo de esas etapas, fundamentales en nuestra formación como individuos, es cuando más necesitamos espejos en los que mirarnos y modelos a los que parecernos. Desconozco cuáles son los mecanismos que nos impulsan a actuar de esa manera. No soy un experto en la materia. Pero así, a bote pronto, da la sensación de que todo eso sucede de un modo tan natural que ni siquiera tenemos que hacer el esfuerzo de pensar en ello. Es cierto que el entorno nos condiciona, pero también es verdad que los estímulos que impulsan nuestro crecimiento y desarrollo son distintos en función de una serie de variables que no siempre podemos controlar de forma consciente.

Buscar una explicación a las razones por las que Carles Puyol decidió que su equipo sería el Barça es relativamente fácil. Nació en un tiempo y en un lugar en el que lo difícil habría sido identificarse con otro club y con otros colores. Si metemos en una coctelera su condición de catalán, su pasión por el juego del fútbol y el contrato que, a partir de 1983, permitió que TV3 metiera en todas las casas de Catalunya los partidos del primer equipo azulgrana, ya tenemos la respuesta. En cambio, si tratamos de averiguar porqué eligió como modelo a Paolo Maldini, y no a otro futbolista, la cosa se complica mucho.

En la época en la que Puyol empezó a racionalizar las cosas que veía por televisión, el Barcelona tenía unos pocos jugadores en los que fijarse. Maradona acababa de marcharse, después de dos años poco o nada decentes. Se había despedido dando patadas y puñetazos en una final de la Copa del Rey. De vergüenza ajena.

En el equipo, sin embargo, había un centrocampista de esos en los que te fijas aunque no quieras. Alto, fuerte, con una melena rubia y lacia. Se llamaba Schuster y era puro talento. Y si era por presencia, la estampa de Migueli o de Alexanko imponía más respeto que una pareja de la Guardia Civil.

El 19 de abril de 1989 fue una fecha importante para Puyol. Por la mañana fue al colegio, como todos los días. Pero por la tarde, después de clase, había sesión doble de fútbol en televisión. El FC Barcelona jugaba la vuelta de las semifinales de la Recopa en el campo del Sredets de Sofía y, a continuación, se disputaba el AC Milan-Real Madrid de semifinales de la Copa de Europa. Los azulgrana habían ganado en la ida (4-2) y los blancos habían empatado en su casa (1-1).

Carles acababa de cumplir once años y todavía recuerda, como si fuera hoy, esos dos encuentros. En el equipo barcelonista estaban Amor, Eusebio, Begiristain, Lineker... y en el conjunto búlgaro jugaba Stoichkov, que al cabo de dos meses se incorporaría a la plantilla que dirigía Johan Cruyff. Los azulgrana volvieron a ganar (1-2) y se metieron en la final de Berna. En el Real Madrid se alineaba Schuster, a quien muchos niños de la época consideraban un traidor por haber abandonado el Barcelona y fichar por el eterno rival. Con el centrocampista alemán jugaba Hugo Sánchez, el hombre que hizo grande la leyenda de la Quinta del Buitre. Pero aquella noche, el equipo de Leo Beenhakker recibió un varapalo descomunal (5-0). Ese día, Puyol convirtió al conjunto milanista en su segundo equipo. Y no solo porque hubiera ridiculizado al Real Madrid, que también, sino porque había descubierto a Paolo Maldini.

¿Por qué Maldini y no otro? En aquel AC Milan que todavía hoy es objeto de estudio en las escuelas de entrenadores y de admiración en todo el mundo, jugaban futbolistas como Baresi, Rijkaard, Gullit o Van Basten. ¿Por qué un defensa y no un centrocampista o un delantero? Puyol jugaba ya en el equipo de fútbol-sala del colegio Sagrada Família —hoy convertido en un instituto donde se imparten los grados medio y superior de técnico deportivo— y lo hacía de delantero. A Puyol le sedujo la imagen de Maldini por su melena y por su elegancia.

Es evidente que Puyol se identificó con el Milan y con Maldini de forma casi instantánea y que los convirtió a ambos en sus modelos de referencia. Esta doble predilección, por el equipo y por el futbolista, se fue acrecentando con el tiempo. En muchos momentos le hubiera gustado vestir de rojinegro y jugar al lado de su ídolo de la infancia. Y todavía hoy, con Maldini retirado desde 2009, sigue teniéndole como referente y sigue soñando con alcanzar sus gestas. Aunque lo cierto es que jugar hasta los cuarenta años quizá sea lo único que le falta a Carles para cumplir una trayectoria como la de su idolatrado amigo italiano.

Paolo Maldini nació en Milán (Italia) el 26 de junio de 1968. Toda su carrera profesional transcurrió en el Milan, con el que debutó el 20 de enero de 1985 en un encuentro frente al Udinese. Ese fue su único partido de aquella temporada. Pero en las veintitrés siguientes jugó un total de 902 partidos oficiales de club y en 126 encuentros con la selección absoluta. Ha ganado seis *scudettos*, una Copa de Italia, cinco Supercopas de Italia, cinco Champions League, cinco Supercopas de Europa, dos copas Intercontinentales y un Mundial de Clubs. En total, veinticinco títulos. Participó en cuatro fases finales de un mundial y en tres de la Eurocopa de Naciones, pero nunca fue campeón. A nivel individual, tiene dos Balones de Bronce, ha sido elegido mejor defensa de Italia en una ocasión, ha recibido los premios World Soccer y FIFPro World y fue mejor defensa de la Champions League a la edad de 39 años. Sin duda, una trayectoria excepcional.

Basta con echarle un vistazo a la sinfonía inacabada de Carles Puyol para darse cuenta de que sus éxitos colectivos e individuales no tienen mucho que envidiar a los de Maldini. Hay diferencias o matices, pero el defensa del Barcelona ya ha disputado 581 partidos oficiales en sus catorce temporadas con el primer equipo. También forma parte del club de los cien, porque esos son, exactamente, los encuentros que ha jugado con la selección de España. También ha ganado seis Ligas, dos Copas de España, seis Supercopas de España, tres Champions League, dos Supercopas de Europa y dos Mundiales de Clubs. Y ha sido medalla de plata en los Juegos Olímpicos, campeón de Europa y campeón del mundo. Premios individuales tiene también unos cuantos. Ha formado en el once ideal de la Copa del Mundo (2010) y de la Eurocopa (2008). Ha sido mejor defensa de la UEFA (2005), ha estado seis veces en el once ideal de la UEFA (2002, 2005, 2006,

2008, 2009 y 2010) y forma parte del equipo del año de la UEFA (2011). Además tiene la medalla de oro al Mérito Deportivo (2011) y el premio Juego Limpio de la Liga de Fútbol Profesional (2012). Y todo eso sin contar con que ha formado parte de los equipos ideales para los diarios *El País*, *Marca*, *L'Equip*, *La Gazzetta dello Sport*, *The Sun*, *The Times of India*, *The European Sports Media*, *Opta Sports* y otros.

El sueño que le queda por cumplir a Puyol es jugar hasta los cuarenta años. Más que un sueño es una vieja obsesión. No es de ayer, ni de antes de ayer. De hecho, durante la temporada 2007-08 fui testigo de alguna de las largas conversaciones de vestuario que mantuvo con Lilian Thuram, su entonces compañero de equipo. El defensa francés, seis años mayor que él, le daba consejos sobre pequeñas cosas que debía hacer para prolongar su carrera al máximo. Puyol escuchaba siempre con una extraordinaria atención. Su interlocutor había llegado desde la Juventus con 34 años cumplidos y se marchó con 36 para proseguir su carrera en el Paris Saint-Germain. También Thuram quería alargar su vida deportiva al máximo.

De todo lo que Lilian le dijo a Carles en aquellas conversaciones podían extraerse muchas conclusiones. Entrenarse bien, alimentarse de un modo adecuado, dormir las horas necesarias, no beber ni fumar... Hacía hincapié en la trascendencia de lo que los entrenadores conocemos como «el entrenamiento invisible» y le recordaba que «el descanso también forma parte del entrenamiento». No se refería solo a las horas de sueño que el organismo necesita para regenerarse, sino a la capacidad de dosificar los esfuerzos. Porque la recuperación es más lenta a medida que se cumplen años. Y todo eso, lo sabía Thuram porque lo estaba viviendo en sus propias carnes. «Solo si eres inteligente jugarás hasta los cuarenta años», le dijo.

Desdichadamente, Thuram tuvo que retirarse en verano de 2008. Tras participar con la selección francesa en la Eurocopa de Austria y Suiza, llegó a un acuerdo para proseguir su carrera profesional en el Paris Saint-Germain. Después de diez años, regresaba a su país para seguir jugando. La inteligencia, sin embargo, no le bastó para prolongar su carrera. Cuando pasaba la revisión médica previa a la firma de su nuevo contrato, los doctores le detectaron una malformación en el corazón. Después de realizar diferentes pruebas y consultas, tomó la decisión de retirarse del fútbol el día 1 de agosto de 2008. En rueda de prensa, explicó que la lesión no era grave «pero puede producir una crisis cardíaca en cualquier momento». Luego confesó que «quería ser el Paolo Maldini del Paris Saint-Germain».

Los dos últimos años han sido complicados para Puyol. Acostumbrado a jugar más de cincuenta partidos por temporada, le ha costado mucho aceptar que una lesión de rodilla le impidiera participar en la Eurocopa de Polonia y de Ucrania o que otras cuatro lesiones distintas limitaran su participación de la última temporada a solo veintidós partidos. Él cree que todo eso ha sido por culpa de la edad: «Hace algunos años que sé que no puedo jugar tantos partidos y, por desgracia, tampoco puedo aguantarlos. No tengo veinticinco años».

Personalmente, me parece que no existe una relación directa entre la edad y las lesiones, entre la supuesta causa y el efecto. La mayoría de los contratiempos que ha sufrido Puyol a lo largo de su carrera no han tenido nada que ver con la edad, sino con su forma de ser, con su carácter, con su compromiso, con su forma de pelear cada pelota como si fuera la última. La mayoría de sus lesiones ha sido de carácter traumático y en acciones en las que Puyol metió el cuerpo, la pierna o la cabeza como si le fuera la vida en ello. Hay muchos ejemplos que refuerzan esta teoría, pero hay uno que ilustra muy bien lo que pretendo decir.

Muchos recordarán perfectamente la lesión de codo que Puyol sufrió a primeros de octubre de 2012. El FC Barcelona estaba ganando en el campo del Benfica (0-2). Quedaban solo doce minutos para el final del partido. Es decir, que los tres puntos de ese partido de la liguilla de la Champions ya estaban en el bote. Era cuestión de temporizar y no arriesgar. Sobre todo en el caso particular de Carles, que reaparecía después de superar una lesión de ligamento cruzado posterior. Se produjo un córner a favor de los azulgrana. Xavi, como siempre que está en el campo, se fue a sacar desde la esquina derecha, según la posición de ataque de su equipo. Y Puyol subió a rematar. Saltó muy arriba, tanto como le permite su poderoso tren inferior. Pero el corazón le pudo al cerebro y, lo que tenía que ser un duelo de cabeza con el defensa Ezequiel Garay, acabó con una terrible caída y una imagen escalofriante. Si hubiera recordado la profecía de Thuram, se habría ahorrado esa grave lesión y, posiblemente, unas cuantas más.

Para muchos, es evidente que la actitud es lo que ha permitido a Carles Puyol alcanzar sus mejores sueños y mantenerse con la energía y la ilusión necesarias para seguir en pie de guerra. De su última intervención quirúrgica, el 19 de junio de 2013, apenas quedan rastros. Por fin, después de un año de sufrimiento, los médicos dieron en el clavo. Le extrajeron un quiste de Baker que, posiblemente, fuera la causa por la que su rodilla derecha no acababa de estar bien. Desde entonces ha seguido un proceso de recuperación muy controlado.

Esta vez, a diferencia de todas las anteriores, ha controlado su ansiedad por volver pronto. Aconsejado por sus amigos y guiado por el sentido común, ha preferido vestirse despacio. Porque tiene prisa. Prisa por acabar con la pesadilla de las lesiones, por volver a sentirse futbolista, por volver a ganar y por volver a levantar alto, bien alto, los trofeos que gane el equipo. Y por eso, precisamente por eso, ha trabajado pensando en conseguir una rehabilitación perfecta de su rodilla y no en reaparecer antes de tiempo. Quiere volver en las mejores condiciones posibles y se ha esforzado más que nunca para conseguirlo. Está en el mejor peso de su vida, no le sobra ni un gramo de grasa, sus fibras musculares están mejor que nunca y, encima, tiene la misma ilusión que ha tenido siempre.

Es muy probable que, cuando esta biografía llegue a las librerías, Carles Puyol haya reaparecido ya. Que nadie dude que seguirá jugando con el mismo compromiso de siempre. Pero que nadie dude tampoco que ahora sabrá racionalizar mucho mejor las cosas, dosificar mejor los esfuerzos, calcular mejor los riesgos y asumir que si quiere retirarse a los cuarenta años, no le queda otra que aceptar que cada día puede tener un papel más importante en el Fútbol Club Barcelona sin necesidad de disputar todos los minutos de todos los partidos. ¿Hay alguien que no haya deseado volver a verle en su hábitat natural, allí donde huele a hierba recién cortada, y con el brazalete de capitán en el brazo izquierdo?

Epílogo

por VICENTE DEL BOSQUE

$\mathcal{M}$e resulta difícil hablar de compañeros o de jugadores que he dirigido. Siempre pienso que si uno lee frases cargadas de elogios hacia el protagonista de un libro como este, el primer pensamiento del lector, es creer que los halagos están sobredimensionados y que son producto del momento y la situación. ¿Quién va a escribir un prólogo o un epílogo sobre un determinado personaje y no va a definirle como un magnífico profesional y como una gran persona?

Por eso me resulta bastante complicado tratar de poner, negro sobre blanco, mis impresiones sobre Carles Puyol. No quiero que mis palabras resulten vanas y perder la magnífica oportunidad que me brinda Lluís para decir lo que pienso sobre Carles, tanto en su dimensión futbolística como en la personal. En este sentido, Puyol es uno de esos futbolistas a los que cualquier entrenador escogería para formar parte de su equipo, tanto por lo que es capaz de ofrecer en el terreno de juego como por su trascendencia dentro de un vestuario.

Conozco a Carles desde mis tiempos como técnico en las categorías inferiores del Real Madrid. Entonces era una de las joyas de la cantera del FC Barcelona y se veía claramente que pronto llegaría a la élite de nuestro fútbol. En todo este tiempo, he tenido oportunidad de conocerle en profundidad. Especialmente, desde mi llegada a la selección nacional de España en julio de 2008. Hasta ese momento podía definirle como un excelente profesional, en la distancia, pero no había tenido la oportunidad de conocer en profundidad su lado humano.

He contado mil veces que, cuando estábamos preparando el

partido contra Alemania de las semifinales del Campeonato del Mundo de Sudáfrica, Puyol y Xavi nos sugirieron distintas opciones para encarar a la defensa germánica, tanto en acciones propias del juego como de estrategia. Nos parecieron buenas ideas y decidimos trabajarlas el día antes del choque. En un saque de esquina, Puyol llegó en carrera y remató de cabeza de manera brillante. Su gol nos ponía por delante en el marcador. Ese 1-0 terminó siendo el resultado definitivo.

Recuerdo también que, al acabarse el partido, Carles enfiló el camino directo al vestuario, sin parar ante los medios de comunicación que intentaron obtener alguna declaración del que, sin duda alguna, se había convertido en el héroe del día. Sin embargo, él no quiso alterar su comportamiento habitual, y como habría hecho en cualquier otro partido, rechazó de un modo muy educado y cortés todas las peticiones que le formularon los periodistas de diversos países.

Estoy seguro de que otros muchos futbolistas habrían sacado pecho y habrían aceptado el papel de héroe que se les suele atribuir ante la trascendencia de un gol como ese. No es en absoluto una conducta reprochable. Ser el autor del tanto que clasifica a tu país para la final de la Copa del Mundo, por primera vez en la historia, es sin duda alguna algo de lo que sentirse orgulloso. Sin embargo, para Puyol se trató de algo tan simple como haber realizado su trabajo. Creo que esto define la manera de ser de Carles, un hombre comprometido con su profesión, que siempre trata de aportar todas sus capacidades al equipo, a sus compañeros, y que luego se aleja de los focos mediáticos y de la notoriedad.

No creo equivocarme mucho si afirmo que, en la mayoría de las ocasiones que la selección ha estado concentrada —y digo esto porque me parece muy rotundo utilizar la palabra siempre—, Carles es el primero en bajar de las habitaciones por la mañana, en llegar a la sala donde se realizan las charlas o en estar listo para salir a entrenar. Con ello también demuestra su profesionalidad y su liderazgo.

Como persona creo que es, por encima de todo, fiel a sí mismo. Irreprochable en su conducta, amigo de sus amigos. Con la madurez que le caracteriza siempre, prioriza a sus compañeros y al equipo, incluso por delante de sí mismo. Además,

Puyol se ha convertido en el gran capitán de su equipo, ese que siempre está pendiente de todo lo que hacen sus compañeros.

Todos le respetan y le siguen con la mirada. En la retina todos tenemos lo sucedido en el estadio del Rayo Vallecano, cuando les pidió a sus compañeros que fueran todos hasta el centro del campo. Y siempre esta ahí para el que necesite un consejo, un apoyo o, incluso, si fuese necesario, un pequeño tirón de orejas. Dentro del terreno de juego, tiene un radar ilimitado que le permite ver cuál es el mejor pase para iniciar la salida desde la defensa, dónde y cuándo salir al cruce, o si alguno de sus compañeros no hace lo que debe, futbolísticamente hablando, siempre está ahí para recordárselo del modo más adecuado.

En definitiva, Carles Puyol es, como se refleja muy bien en este magnífico libro de Lluís Lainz, un ejemplo para las generaciones mas jóvenes, que siguen su estela y tratan de imitar su juego y su actitud como capitán.

VICENTE DEL BOSQUE,
seleccionador nacional de España

Bibliografía

BOIX I POCIELLO, Jordi. *Sant Vicenç d'Adons*. Enciclopèdia Catalana. 1996.

GAVÍN, Josep M. *Inventari d'esglésies*. Arxiu Gavin. 1978.

GONZÀLEZ Y PÈREZ, Joan-Ramon. *Castell d'Adons*. Enciclopèdia Catalana. 1996.

GOODMAN, Linda. *Sun signes*. Editorial Taplinger Publishing Co. New York, 1970.

ITURRIAGA, Ángel. *Diccionario de jugadores del FC Barcelona*. Editorial Base, 2010.

LAINZ, Lluís. *De puertas adentro / De portes endins*. Editorial Córner. 2012.

PADRÓ, Santi y TORRES, Xavier. *Paraula de vestidor*. Ara Llibres. 2011.

PUYOL, Carles y MASNOU, Albert. *El meu partit*. Edecasa, Grupo Z. 2003.

SÀNCHEZ I VILANOVA, Llorenç. *La Pobla de Segur, porta del Pirineu*. Patronat de Sant Miquel del Pui. 1998.

SUÁREZ, Orfeo. *Yo soy español*. Editorial Córner. 2012.

Otros archivos consultados

Centre de Documentació del Museu del FC Barcelona.

Hemerotecas de: *La Vanguardia, El Periódico de Catalunya, ABC, El Mundo, El País, El Mundo Deportivo, Sport, Marca, As,* Antena 3, *Hola* y *Diez Minutos*.

ESTE LIBRO UTILIZA EL TIPO ALDUS, QUE TOMA SU NOMBRE
DEL VANGUARDISTA IMPRESOR DEL RENACIMIENTO
ITALIANO ALDUS MANUTIUS. HERMANN ZAPF
DISEÑÓ EL TIPO ALDUS PARA LA IMPRENTA
STEMPEL EN 1954, COMO UNA RÉPLICA
MÁS LIGERA Y ELEGANTE DEL
POPULAR TIPO
PALATINO

***
**
*

PUYOL. LA BIOGRAFÍA
SE ACABÓ DE IMPRIMIR
EN UN DÍA DE OTOÑO DE 2013,
EN LOS TALLERES GRÁFICOS DE EGEDSA
ROÍS DE CORELLA 12-16, NAVE 1
SABADELL (BARCELONA)

***
**
*